KB168173

HANGIL
GREAT BOOKS

인 류 의 위 대 한 지 적 유 산

HANGIL
GREAT BOOKS
181

질문의 책

에드몽 자베스 지음 | 이주환 옮김

한길사

Le Livre des Questions
by Edmond Jabès

Copyright © Editions Gallimard, Paris, 1963
Korean Translation Copyright © Hangilsa Publishing Co. Ltd., 2022
All rights reserved

This Korean edition was published by arrangement with
Editions Gallimard (Paris)
through Bestun Korea Agency Co., Seoul

이 책의 한국어판 저작권은 베스툰 코리아 에이전시를 통해 저작권자와의
독점 계약으로 ㈜한길사에 있습니다.
저작권법에 의해 한국 내에서 보호를 받는 저작물이므로
무단 전재와 무단 복제를 금합니다.

Published by Hangilsa Publishing Co. Ltd., Korea, 2022

에드몽 자베스(Edmond Jabès, 1912–91)
에드몽 자베스는 이집트에서 태어나 프랑스어로 작품 활동을 한
유대인 작가다. 제2차 중동전쟁을 계기로 이집트에서 추방당했으며,
이후로는 프랑스에 정착하여 『질문의 책』『닮음의 책』『환대의 책』 등을 집필했다.
종교적인 사변과 시적 아포리즘이 돋보이는 문체로
많은 독자들의 사랑을 받아왔으며,
레비나스, 데리다, 블랑쇼 등과 영향을 주고받았다.

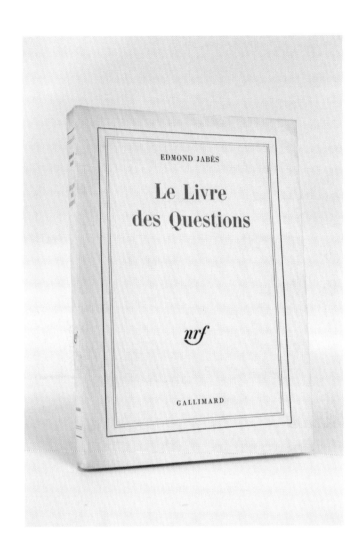

질문의 책 초판본

『질문의 책』은 에드몽 자베스가 1963년에서 1973년에 걸쳐 발표한
일곱 권의 연작 시집을 아우르는 제목이다. 각각『질문의 책』『유켈의 책』『책으로의 귀환』
『야엘』『엘야』『아엘리』『 • (엘 또는 최후의 책)』이라는 이름을 가진 이 일곱 권의 책은,
내용상의 연속성을 기준으로 다시 앞의 세 권과 뒤의 네 권으로 이분될 수 있다.
이번에 옮긴『질문의 책』은 이 앞의 세 권, 곧『질문의 책』1부의 내용에 해당한다.

막스 자코브(Max Jacob, 1876–1944)
막스 자코브는 다다와 초현실주의의 선구자로
간주되는 프랑스의 시인이다. 자베스가
작품 활동 초창기부터 서신 교류를 했던 선배 시인이며,
자베스 스스로 자신이 진정한 자신의 개성을 찾을 수
있었던 것은 막스 자코브 덕분이었다는 소회를
밝힐 정도로 자베스에게 큰 영향을 미쳤다.
유대인이었던 막스 자코브는 게슈타포에게 체포되어
1944년 파리 북동부의 드랑시 수용소에서 사망한다.
파리가 나치의 손아귀에서 해방되기 여섯 달 전이었다.

에마뉘엘 레비나스(Emmanuel Levinas, 1906–95)

에마뉘엘 레비나스는 리투아니아 출신의 유대인 철학자다. 1923년 프랑스
스트라스부르대학으로 유학하여 철학을 공부했으며, 1930년에는 프랑스로 귀화했다.
타자에 관한 윤리, 타자의 형이상학에 천착했으며, 유대교 전통과 현대 철학을 아우르는
독자적인 담론을 형성했다. 1976년에 발표한『고유명사들』(*Noms Propres*)에서
자베스에 대한 독해를 시도한 바 있다.

모리스 블랑쇼(Maurice Blanchot, 1907–2003)

모리스 블랑쇼(오른쪽 첫 번째)는 프랑스의 소설가·문학이론가다.
질 들뢰즈, 미셸 푸코 등 탈구조주의자들의 사유에 큰 영향을
미쳤다. 에드몽 자베스, 자크 데리다, 에마뉘엘 레비나스와
서신을 주고받았으며, 특히 스트라스부르대학 동문 출신인
에마뉘엘 레비나스와는 실제로도 무척 가까운 친구 사이였다.
『끝없는 대화』(L'Entretien infini, 1969)와 『우정』(L'Amitié, 1971) 등의
저서를 통해 자베스의 작품에 관한 사유를 전개한 바 있다.

파울 첼란(Paul Celan, 1920–70)

파울 첼란은 루마니아 출신의 유대인 작가다. 독일어로 작품 활동을 했으며,
1955년에는 프랑스로 귀화했다. 제2차 세계대전 기간 중
수용소에서 부모님을 여의었으며,
자신도 몰도바의 수용소에서 강제 노역을 해야 했다.
제2차 세계대전 이후 가장 중요한 독일어권 시인 중 한 사람으로 간주되고 있으며,
대표작으로는 「죽음의 푸가」 등이 있다.
비슷한 처지의 시인인 자베스와는 프랑스에서 친구가 되었다.
1970년 센강에 뛰어들어 자살로 생을 마감했다.

자크 데리다(Jacques Derrida, 1930–2004)
자크 데리다는 알제리 출신의 유대계 프랑스인 철학자다.
포스트모던 철학의 해체주의를 이끌며
기존 형이상학의 비판에 천착했다.
1964년에는 「에드몽 자베스와 책의 문제」라는
자베스론을 발표하기도 했으며,
해당 글은 데리다의 대표 저작 중 하나인
『글쓰기와 차이』에 다시 실리게 된다.

제2차 중동전쟁(1956)

제2차 중동전쟁은 프랑스와 영국의 지원을 받은 이스라엘이
이집트를 침공한 전쟁이다. 수에즈 운하의 지배권을 둘러싸고 일어난
전쟁이라는 점에서 '수에즈 위기'라는 명칭 역시 통용되며,
이스라엘과 주변 아랍 국가들 사이의 분쟁의 연장선에 있다는 점에서는
'제2차 중동전쟁'이라는 용어를 사용한다.
이스라엘, 프랑스, 영국의 전쟁 목표는
수에즈 운하의 국유화를 천명한 이집트의 지도자
나세르를 몰아내는 것이었으나,
휴전 이후 나세르의 권력은 도리어 더욱 공고해진다.
수에즈 위기는 이집트에서
민족주의의 발흥과 더불어 반유대 정서가 심화되는 계기가 되었으며,
이윽고 나세르는 이집트 내 모든 유대인의 추방을 선언하게 된다.

폴 오스터(Paul Auster, 1947-)

폴 오스터는 유대계 미국인 소설가다. 프랑스 시의 번역가로 문필활동을 시작하여
시 창작을 거쳐 소설가의 길로 나아갔다. 1990년대 이후로는
영화감독으로도 활약하고 있다.
폴 오스터는 에드몽 자베스의 『질문의 책』에 대해 다음과 같은 평을 남겼다.
"이는 소설도 시도 아니요, 에세이나 희곡도 아니다.
『질문의 책』은 이 모든 양식의 조합이며, 단편과 아포리즘,
대화와 노래와 주석이 어우러진 하나의 모자이크라고 할 수 있다.
이 모든 것은 다음과 같은 '책'의 중심 질문을 끊임없이 맴돌고 있다.
바로 '말해질 수 없는 것을 어떻게 말해야 하는가?'라는 질문 말이다."

유대인 강제노역

아우슈비츠-비르케나우는 나치 독일이 설치한 6개의 강제 수용소 중
가장 악명 높은 곳이다. 강제 노역에 선발된 서브-카르파티아(Sub-carpatia)
루스 지역의 유대인 여성들이 소독과 이발을 마치고 막사로 가고 있다.
아우슈비츠 제1수용소와 비르케나우 제2수용소로 나뉘며,
이곳에서 약 150만 명의 유대인이 학살되었다.
이곳에서는 인종 말살과 강제 노역이 함께 행해졌다.

드랑시 수용소

드랑시 수용소는 파리의 북동부 교외 지역인 드랑시에 위치해
있던 수용소다. 1943년까지는 나치 독일의 괴뢰 정권이었던
비시 프랑스의 경찰이 관리했으나, 1943년 이후에는
나치 S.S.가 직접 관리했다. 드랑시 수용소는
절멸 수용소인 아우슈비츠로 이송되기 전의 유대인들을
수용하는 임시 수용소로 사용되었다.
설계상 적정 수용인원은 700명 남짓이었으나,
유대인 박해가 정점에 이르던 시기에는
그 열 배가 넘는 7,000명의 인원이 수용되기도 했다.
1944년 8월 31일에 연합군에 의해 해방되었다.

유대인 처형사진

1941년 제2차 세계대전 당시 우크라이나의 수도 빈니차 공동묘지에서
나치스 친위대(Schutzstaffel) 준군사조직인 특수작전집단
D(Einsatzgruppe D) 부대원이 유대인 남자에게 총을 겨누고 있다.
그 당시 유대인들은 다윗의 별이 새겨진 완장을 착용해야 했고
모든 재산을 몰수당했으며 강제 노역에 동원되었다.
1943년 8월 25일 마지막 남은 유대인 300명이 처형되면서
빈니차는 유덴프라이(유대인 없는 도시)로 선포되었다.

HANGIL GREAT BOOKS 181

질문의 책

에드몽 자베스 지음 | 이주환 옮김

한길사

책으로의 귀환

일러두기

1. 이 책은 본래 7권 시리즈로 프랑스 Gallimard 출판사에서 출간된 Edmond Jabès의
   『질문의 책』(*Le Livre des Questions*) 연작에서 앞의 세 권 *Le Livre des Questions*(1963),
   Le Livre de Yukel(1964), *Le Retour au Livre*(1965)를 옮긴 것이다.

2. 본문의 각주는 독자의 이해를 돕기 위해 옮긴이가 넣었다.

3. 원서에 대문자로 쓰인 단어는 굵은 글씨로 강조했다.

『질문의 책』 또는 끊임없이 떠도는 한 가지 질문에 관하여

이주환

1. 에드몽 자베스와 『질문의 책』

에드몽 자베스는 1912년, 이집트 카이로의 상류 부르주아 가정에서 태어났다. 은행가였던 자베스의 아버지는 국적은 이탈리아였지만 문화적으로는 프랑스에 가까웠고, 혈통은 유대인이었지만 종교적이지는 않았다. 자베스는 이집트의 프랑스 학교에서 중등 교육을 마쳤고, 대학입시자격 취득 이후에는 독서와 글쓰기에 전념하기 위해 공부를 중단했다. 잠시 소르본대학 진학을 생각하기도 했으나, 대학 사회의 딱딱한 지적 분위기에 실망했던 탓이다.

본격적으로 글을 쓰기 시작한 그는 첫 작품집인 『감정적인 환영들』*Les Illusions Sentimentales*(1930)에 이어 『나는 그대를 기다린다』*Je t'attends*(1931), 『엄마』*Maman*(1932)를 발표하는 등 활발한 문필 활동을 펼친다. 프랑스에서 활동하던 시인 막스 자코브Max Jacob(1876–1944)가 일찌감치 자베스의 글에 주목하기 시작한 것도 이때 즈음이다. 서신교류를 통해 우정을 쌓기 시작한 두 사람은 1935년에 첫 만남을 가진다. 자베스가 신혼여행지로 파리를 선택했을 때였다. 자베스보다 23세 연상이었던 막스 자코브는 자베스 부부의 관광 안내를 맡는 한편, 그의 시에 관해서도 진심 어린 조언을 아끼지 않았다. 자베스는 막스 자코브의 조언을 경탄과 함께 받아들인다.

자베스가 오직 문예 활동에만 집중했던 것은 아니다. 그는 무솔리니의 이탈리아 파시즘에 반대하는 정치 운동에 뛰어드는 한편, 집안의 압력에 의해 소위 '생업' 전선에 뛰어들기도 한다. 1931년에서 1932년에 걸쳐, 그는 주식 중개인이었던 삼촌을 도우며 일을 배웠고, 1936년에는 스스로 주식 중개소를 열어 중개업자로 활동하기 시작한다.

이러한 삶의 양식은 제2차 세계대전 기간 중에도 크게 달라지지 않는다. 자베스는 계속해서 주식 중개업과 문예 활동, 그리고 반이탈리아 파시즘 운동을 열성적으로 이어간다. 이집트 시민으로서, 프랑스어 작가로서, 이탈리아 국민으로서.

여기까지만 보면 『질문의 책』이라는 저작이 어떻게 자베스란 작가의 손에서 탄생할 수 있었는지 의문스러울 것이다. 행정적으로는 이탈리아, 문화적으로는 프랑스, 그리고 심정적으로는 나고 자란 고향인 이집트에 속해 있던 이 부르주아 작가는 어떻게 해서 자신의 유대적인 '뿌리'를 발견하게 되었는가? 결론부터 말하면, 자베스가 스스로를 유대인으로 자각하게 된 것은 자의가 아니었다. 훗날 자베스의 작품세계를 완전히 뒤바꿔놓을 주제인 '유대인'을 발견하기까지, 그에게는 독일 제3제국의 패망과 제2차 중동전쟁이라는 두 번의 계기가 필요했다.

1945년 독일의 항복과 함께 나치에 의한 조직적인 유대인 대학살의 실체가 만천하에 드러나게 되었다. 자베스는 아우슈비츠로 대변되는 유대인 절멸 수용소의 상세를 알고 심한 충격을 받게 된다. 그가 문학적인 스승이자 동반자로 여기고 있던, 막스 자코브가 사망한 장소도 수용소였다.[1] 만년의 자베스가 쓴 아래의 짧은 인용문을 보면, 아우슈비츠가 자베스의 문학에 미친 영향이 어느 정도였는지를 가늠할 수 있으리라.

> 나는 두 줄의 한계선으로부터 글을 쓴다.
> 줄 바깥에는 공허가 있고,
> 줄 안쪽에는 아우슈비츠의 공포가 있다.[2]

1945년 이후로 유대인 대학살(쇼아)은 자베스 문학의 중심적인 주제가 된다. 그는 파울 첼란 및 프리모 레비 등과 함께 '아우슈비츠 이후의' 대표적인 유대인 작가로 여겨진다.

자베스가 레비나스의 표현대로 '용서할 수 없는 신의 침묵'을 인식하게 된 계기가 쇼아였다면, 제2차 중동전쟁은 자베스가 스스로의 '유대성'을 자각하게 된 계기였다고 할 수 있다. 1957년, 신생 이스라엘과의 전쟁에 돌입한 이집트 정부가 모든 유대인을 자국 영토에서 추방한다는 결정을 내렸던 것이다.

스스로를 유대인이 아닌 이집트인으로 인식하고 있던 자베스가 받은 충격은 어마어마한 것이었다. 이후로 그의 시풍은 일변하게 된다. 자베스는 1989년 『르몽드』지와의 인터뷰에서 이렇게 단언하기도 했다.

이집트에서 쓴 제 시 속에서 당신은 '유대인'이라거나, '주님'과

---

1) 막스 자코브가 최후를 맞이한 드랑시 수용소는 '절멸 수용소'로 이송되기 이전의 유대인들이 갇히는 임시 수용소였다. 그는 1944년, 악명 높은 아우슈비츠로 이송되기 30시간 전에 죽었다. 자베스는 막스 자코브에게서 직접 건네받은 그의 사진을 죽을 때까지 작업 책상에 두었다.
2) 에드몽 자베스, 『도정』(*Le Parcours*), 갈리마르, 1985, 95쪽.

같은 단어를 결코 찾지 못할 것입니다. 저는 이 두 단어를 갑작스럽게 짊어져야만 했습니다.

가족과 함께 파리로 망명한 자베스는 결국 죽을 때까지 고향인 이집트로 돌아가지 못했다. 『질문의 책』은 프랑스로 망명하게 된 자베스가 1963년에서 1973년에 걸쳐 발표한 일곱 편의 연작이다.[3]

지금까지 우린 자베스라는 작가가 어떤 과정을 통해 이런 책을, 그러니까 이토록 집요하게 '유대인'과 유대인 박해를 논하는 책을 쓰게 되었는지에 대해 알아보았다. 이제는 대화문과 시, 아포리즘과 가상의 인용문들이 어지럽게 얽힌 이 책을 통해, 자베스가 과연 어떤 메시지를 전달하고자 했는지를 생각해볼 차례.

우선 이 책의 자기 정의는 다음과 같다.

사라와 유켈의 소설은 여러 대화 및 가공의 랍비들에 의해 제시된 성찰들로 이루어진 사랑 이야기다. 그것은 사람들에 의해, 그리고 단어들에 의해 파괴된 사랑이다. 우리는 이 이야기에서 책의 의미를 다루고, 또한 끊임없이 떠도는 한 가지 질문에 대해 쓰라린 집념을 보이리라.[4]

비교적 앞부분에 제시되어 있는 위의 정의에 따라, 우리는 이 책의 성격을 '**사라와 유켈**의 파괴된 사랑에 관한 픽션을 통해, **책**의 의미를 다루고, **한 가지 질문**에 천착하는 책'으로 규정할 수 있을 것이

---

3) 일곱 편의 연작은 내적인 연속성에 따라 다시금 두 작품군으로 분류될 수 있다. 여기에 옮긴 이 책은, '사라와 유켈' 이야기로 분리되는 첫 세 편을 하나로 묶은 것으로, 전체『질문의 책』연작의 1부라고 할 수 있다.

4) 이 책, 80~81쪽.

다. 그런데 벌써부터 뭔가 이상하다. 분명 이 책의 제목은 '질문들' questions의 책이 아니었던가? 어째서 복수의 질문들에 대한 천착이 아닌, '한 가지 질문'에 대한 천착인가? 다른 모든 '질문들'을 포괄할 수 있는, 단 하나의 절대적인 질문이라도 있단 말인가.

2. 절대적인 질문의 존재, 절대적인 대답의 부재

절대적인 질문 혹은 최후의 질문의 존재 여부에 관한 의문은 다음의 대화문을 통해 풀리는 듯하다.

두 번째 제자가 말했다. "이 모든 질문들로부터 우리는 무엇을 얻을 수 있는 것입니까? 질문이란 것은 언제나 충분히 만족스럽지 않은 답에서부터 태어납니다. 우릴 다만 또 다른 질문들로 이끄는, 이 모든 질문들로부터 우리는 무엇을 얻을 수 있는 것입니까?"

렙 망델은 이렇게 답했다. "새로운 질문에 대한 약속을 얻을 수 있다."

가장 오래된 제자가 말을 이었다. "우리의 질문에 대해 어떠한 답변도 불가능할 때가 와서든, 더는 우리가 어떠한 질문도 던지는 것이 불가능할 때가 와서든, 분명 언젠가는 우리가 질문을 멈춰야 할 때가 올 것입니다. 그렇다면 애초에 질문을 시작하는 것에 어떤 소용이 있는 것입니까?"

렙 망델은 이렇게 답했다. "그대는 모르겠는가, 모든 추론의 끝에는 언제나 하나의 결정적인 질문이 기다리고 있다."[5]

---

5) 이 책, 201쪽.

결정적인 '하나의 질문'이란 것은 존재하며, 우리는 숱한 질문들을 통해 그것에 다다를 수 있다. 그런데 결정적인 질문이 존재할 수 있다고 해서, 필연적으로 결정적인 대답도 존재한다고 볼 수 있는 것은 아니다. 결정적인 대답은 존재하는가? 자베스는 이에 부정적이다. 제자들과 렙 망델의 이어지는 대화를 살펴보도록 하자.

두 번째 제자가 말을 이었다. "묻는다는 것은 절망의 길에 들어서는 일입니다. 우린 결코 우리가 배우고자 하는 것을 알게 되지 못할 것이니까요."

렙 망델은 이렇게 답했다. "진정한 앎은, 우리가 결국 **어떤 것도** 배우지 못하게 될 것임을, 매일같이, 아는 일이다. 왜냐하면 아무것도 아닌 어떤 것, 즉 **무**無란, 앎인 동시에, **모든 것의 이면**이기 때문이다. 마치 공기가, 그것에 받쳐지는 날개의 이면인 것처럼."

"우리의 희망은 곧 절망의 날개다. 그렇지 않다면, 어떻게 우리가 앞으로 나아갈 수 있겠는가?"

세 번째 제자가 이렇게 말했다. "지성은, 오직 스스로의 고동에만 기댈 뿐인 심장보다 더 위험한 것입니다. 우리들 중에 과연 누가 스스로 옳다고 확언할 수 있겠습니까?"

렙 망델은 이렇게 답했다. "오직 옳음에 대한 희망만이 실재한다. 진리는 공허다."

가장 오래된 제자가 말을 이었다. "만약 인간 안에 있는 진리가 공허라면, 저희는 다만 살과 거죽 뭉치 안에 머무는 무無일 따름입니다. 그렇다면 저희의 진리이신 주님께서도 또한 무無인 것입니까?"

렙 망델은 이렇게 답했다. "주님께서는 하나의 질문이시다. 그리고 그 질문은 아무것도 아닌 우리를 **빛**이신 **그분**께 인도하는, 우리에 의한, 우리를 위한 질문이다."[6]

오직 결정적인 질문이 존재할 뿐, 결정적인 대답은 존재하지 않는다. 그러나 복수의 질문들을 통해 결정적인 '질문'으로 나아가는 일은 '빛'으로, '주님'으로 혹은 '옳음'으로 나아가는 일이다. 자베스는 '질문'이라는 행위에 명백한 윤리성을 부여하고 있으며, 동시에 그것으로부터 종교적 구원이라는 보상을 탈각脫却하고 있다. 우리가 '주님'을 향해 나아가야 하는 이유는, 그로부터 구원을 받거나 보상을 받거나 영원한 생명을 얻기 위함이 아니다. '옳음'은 그러한 것을 도저히 해줄 수가 없다. 그것은 공허에 불과하니까 말이다. 주님을 향해 나아간다는 것은 그 자체로 맹목적인 희망이다. 그리고 결정적인 질문은 그 자체로 주님과 마찬가지인 무엇이다.

질문은 윤리적인 행위이며 그 자체가 희망이다. 하지만 이러한 결론으로 멈추지 말고, 사고의 방향을 약간 돌려보도록 하자. 우리가 질문이라는 행위를 '답을 찾기 위한 것'으로 정의할 수 있다면, 아무한테나 질문을 던지는 것은 시간 낭비요 무의미한 행위에 불과할 것이다. 질문은 '답'의 담지자에게 던져야 적절하다. 그렇다면 최종적이고 절대적인, '하나의 질문'을 던져야 하는 대상은, 온전한 진리의 담지자 혹은 그러한 진리 자체여야 마땅할 것이다. 이 책에는 그러한 진리의 정체가 밝혀져 있는가? 그렇다. 다음 인용문을 살펴보자.

내가 나타내고자 하는 것은 온전한 진리이다. 그리고 그러한 진리란 울부짖음이고, 지워질 줄 모르는 고집쟁이 영상이며, 우리를 우리의 무력감으로부터 끌어내는 영상이다. 그것은 우리를 매혹하

---

6) 이 책, 201쪽.

는 눈부신 영상, 혹은 우리에게 구토를 일으키는 영상이다.[7]

자베스에게 온전한 진리란 곧 '울부짖음'이다. 이제 우리는 절대적인 질문에 대한 절대적인 답을 얻는 일이 어째서 불가능한지 짐작할 수 있다. 절대적인 답이 '울부짖음'인 이상, 그것을 어떻게 언어화할 수 있겠는가? 수많은 질문들을 통해 가까스로 얻어낼 수 있는 '하나의 질문', 우리는 그것을 통해 '절대적인 답'으로서의 울부짖음을 가리킬 수 있다. 그리고 그것이 끝이다. 어떤 언어로도 울부짖음을 규정하거나 재현하는 것은 불가능하다. 그리고 그 울부짖음의 정체는 아우슈비츠의 울부짖음이다.

3. 진리로서의 '울부짖음'

앞에서 우리는 자베스가 말하는 '울부짖음'의 정체를 '아우슈비츠의 울부짖음'으로 간주했다. 그리고 여기서 '아우슈비츠'라는 단어는, 다시는 일어날 수도, 일어나서도 안 되는 절대적인 폭력, 곧 정체성의 차이를 유일의 구실로 벌어진 인간의 다른 인간에 대한 극한 폭력을 의미한다. 우리가 『질문의 책』의 울부짖음을 아우슈비츠의 울부짖음으로 해석할 수 있는 근거는, 울부짖음 그 자체로 묘사되고 있는 등장인물 '사라 슈발'에 있다.

사라가 묻는다.
―저 올빼미는, 정말로 나인가요?

---

7) 이 책, 206쪽.

—그대에게 들려오는 이 절규는 올빼미의 것입니다. 집으로 돌아가지 않겠습니까. 시간이 늦었습니다.

　사라는 말한다.

　—나는 더는 이 절규를 듣지 않습니다. 내가 바로 그 절규입니다.[8]

　또 다른 주요 인물이자 사라 슈발의 연인으로 설정된 '유켈 세라피'와는 달리, 사라 슈발의 가족사는 이 책에 비교적 상세히 묘사되고 있다. 우리는 두 차례에 걸쳐 서술된 사라의 가족사[9]를 통해, 조부모 대부터 사라 본인에 이르기까지의 대강의 역사를 파악할 수 있다. 사라의 부모는 절멸 수용소에서 사망했고,[10] 미쳐서 생환한 그녀는 정신병동에 갇히게 되었다. 슈발 일가는 그들의 이웃에게 '유대인'이었을 뿐이다. 철저하게 개인성을 무시당한 그들은, 너나 할 것 없이 다만 '유대인'이란 유일의 정체성으로 환원될 뿐이다. 사라의 부모인 모이즈 슈발과 레베카 시옹이 사망한 것도 그러한 환원 탓이다. 이야기에 탁월한 재능이 있던 프랑스인 선원과 그런 그를 사랑했던 카이로 출신의 이집트인은, 두 사람의 '유대인'이 되어 살해당한다. 그로부터 사라 슈발은 끊임없이 울부짖게 되고, 그녀의 절규는 작가 '유켈'의 글쓰기의 원천, 곧 유켈의 '질문'이 영원히 겨냥하는 절대적인 대상이 된다.

---

8) 이 책, 263쪽. 옮긴이가 여기서 '절규'로 번역한 단어와 다른 곳에서 '울부짖음'으로 번역한 원어는 'cri'로 동일하다.

9) 이 책, 253~256쪽, 263~265쪽.

10) 자베스 본인은 『질문의 책』 어느 곳에서도 '아우슈비츠'를 비롯한 실제 수용소의 명칭을 쓰지 않았다.

그리고 사라는 내게, 가혹하게 핍박받는 내 진리의 울부짖음이
었다.[11]

『질문의 책』을 통틀어 유켈은 모범적인 '작가'로 묘사되고 있으
며, 사라는 유켈의 글쓰기가 유래하는 '원천'으로 간주되고 있다. 그
런 사라가 미쳐 울부짖게 된 계기가 절멸 수용소의 경험이었다면, 작
가의 '원천'인 '울부짖음'을 '아우슈비츠의 울부짖음'으로 해석하는
데에도 그리 큰 무리가 없으리라. 지금까지의 논의를 다시 한번 정리
해보도록 하자. 우린 끊임없는 질문을 통해 최종적인 질문에 이르러
야 하며, 그 최종적이고 절대적인 질문이 겨냥하는 대상은 아우슈비
츠의 울부짖음이다. 우리는 그로부터 물론 어떠한 절대적인 '답변'
도 들을 수 없지만, 그럼에도 불구하고 그것을 향해가는 과정 자체를
희망으로 **여겨야만 한다**. 절대적인 질문은 주님과 마찬가지이기 때
문에.

점점 이 수수께끼 같은 책의 의미가 드러나고 있는 것 같긴 하지
만, 아직 우리 머리를 혼란케 하는 요소는 남아 있다. 사라와 유켈의
죽음에 관한 작중 서술의 불일치 때문이다. 사라가 울부짖음이고, 유
켈이 그에 귀 기울이는 작가라는 것까지는 알겠다. 그런데 대체 사라
가 먼저 죽은 것인가, 유켈이 먼저 죽은 것인가?

그(=유켈)는 그의 품 안에서 죽은 누이를 생각한다. 빗장을 걸어

---

11) 이 책, 303~304쪽. 엄밀히 말하면, 해당 구절은 사라와 동일한 차원에 놓인
유켈 세라피가 아니라, 사라와 유켈의 창조자로 등장하는 '서술자' 유켈 세라
피가 한 말이다. 하지만 서술자 유켈 세라피도 사라의 연인 유켈 세라피와 마
찬가지로 작가임이 분명하므로, 해당 구절의 발화자가 '연인 유켈 세라피'가
아니라는 사실은 이하 우리의 논의에 저촉되지 않는다.

잠근 고장에서, 질식으로 죽어버린 사라에 대해, 그리고 사라의 광증을 한껏 즐기고 있는 모든 망자들에 대해 생각한다. 종자와 과일의 생명 속에서, 죽은 사라를 생각한다.[12]

유켈, 그대가 침대보를 한껏 움켜쥘 때, 나는 그대 곁에 있었다. 우리 주변의 누구도, 그대가 죽어가며 헐떡이던 소리를─그런데 그 소리가 그 정도로 약했던가?─신경 쓰지 않았다. 그대는 무척 빠르게 혼수상태에 돌입했고, 몇 시간 뒤에는 그대의 몸이 굳어버렸다. 나는 누군가 찾아와, 그대 집 문을 두드릴 것은 예상치 못했다. 나는 달아났다.

그대의 정부情婦는 꽃들의 지옥에서 시들었다. 보다 나중에는, 광기가 그녀를 지탱했다. 오늘날, 그녀의 울부짖음은 한결 더 절망적인 듯하다. 그 비명들은 그녀의 상처 입은 존재로부터, 그녀의 영혼이 빛만큼이나 투명한 것으로 바꿔 놓은, 그녀의 무방비한 몸뚱이로부터 솟구쳐 오른다. 그 몸뚱이에서는 살이 드러낸 풍경처럼 뼈들이 비친다. 그 몸뚱이에서는 뺨 너머로 이빨이 비친다.[13]

첫 번째 인용문에 따르면 사라는 유켈의 품 안에서 죽었다. 이 경우 먼저 죽음을 맞이한 것은 사라다. 두 번째 인용문에서, 유켈은 음독자살한다. 사라는 그가 죽은 뒤에도 계속해서 울부짖는다. 이 경우, 먼저 죽음을 맞이한 것은 유켈이다.

혼란스러운 것은 이뿐만이 아니다. 독자의 혼란은, 두 번째 인용문의 또 다른 '유켈'에 의해 배가된다. 해당 인용문에서, 죽어가는 유

---

12) 이 책, 269쪽.
13) 이 책, 304쪽. 고딕체 강조는 옮긴이.

켈에 관한 서술을 이어가는 이의 정체는 유켈과 동일한 이름을 가진 '유켈 세라피', 곧 본문 이곳저곳에서 "나는 그 사람이 될 수도 있었다"를 읊조리는 '사라와 유켈 이야기'의 **저자**다.

내게는 이름이 없었다. 내가 그대로부터 받아들이려 했었고, 그대가 다시 가져갔던, 그 이름을 제외한다면.[14]

사라가 먼저 죽었는가, 유켈이 먼저 죽었는가? 그리고 사라의 연인 유켈 세라피와 '사라와 유켈 이야기'의 저자 유켈 세라피는 동일 인물인가? 맞다면 어째서 맞고, 아니라면 또 어째서 아닌가?

4. 사라, 유켈, 또 다른 유켈, 그리고 자베스

사라와 두 사람의 유켈 세라피에 얽힌 혼란은 『질문의 책』의 이야기 층위가 **삼중**으로 나뉘어 있다는 점에 기인한다. 가장 바깥쪽, 그러니까 『질문의 책』의 가장 얕은 층에는, 『사라와 유켈의 책』의 저자로 소개되는[15] 서술자 '유켈 세라피'가 있다(다만 그가 명시적으로 이 이름을 인정하는 것은 이 책의 마지막 페이지에 이르러서이다). 서술자 '유켈 세라피'보다 한 층 아래에는 그의 피조물인 '사라와 유켈'이 있다. 그리고 사라보다도 한 층 아래, 가장 깊은 곳에 있는 인물은, 사라의 창조물로서의 작가 '유켈 세라피'이다.

---

14) 이 책, 306쪽.
15) 이 책, 446쪽.

사라의 어머니는 남편의 이야기가 지긋지긋해지거나 어린 사라를 침대로 보내고 싶을 때마다 그에게 이렇게 말하곤 했다. "모이즈, 대체 언제까지 당신이 유켈 세라피인 척하고 있을 건가요?"

그러면 사라는 이렇게 간청했다. "아버지, 계속 이야기해주세요." 그녀는 그녀가 일상적인 양식으로 삼고 있던 거짓말에 굶주려 있었다.

"아버지, 유켈 세라피에 대해 이야기해주세요. 유켈의 이야기는 정말이지 놀라운 걸요."

사라의 아버지는 이렇게 답했다. "인내심을 갖거라. 언젠가는 네가 그를 만들어낼 거란다."[16]

위의 인용문에서 알 수 있듯, '유켈 세라피'는 본래 타고난 이야기꾼이었던 사라의 아버지 '모이즈 슈발'이 사라에게 들려주던 이야기의 주인공이었다. 이 대목에서 유켈과 사라의 이름에 대한 이야기를 짚고 넘어가지 않을 수 없다. '사라'는 본래 히브리어로 '지체 높은 여성' 내지 '여군주'를 가리키며, 모든 이스라엘 민족의 어머니 격인 아브라함의 아내, '사라'의 이름이기도 하다. 한편 '유켈 세라피'의 경우, 이름인 유켈은 Yuk + el의 형태로 유대인의 신el을 담지하고 있으며[17] 성인 세라피는 '불타는 자', 곧 치품천사熾品天使 세라핌을 의미한다.

---

16) 이 책, 253~254쪽.

17) 얼핏 지나친 해석으로 보일 수도 있지만, 『질문의 책』 연작에 등장하는 주요 인물들의 이름이 이러한 해석의 정당성을 뒷받침하고 있다. '사라와 유켈' 연작에 해당하는 앞의 세 권에는 '유켈'(Yukel)이, 그리고 나머지 네 권에는 야엘(Yaël), 엘야(Elya), 아엘리(Aëly) 등 신의 이름 'el'을 짊어진 자들이 등장하기 때문이다. 연작의 마지막 작품과 같은 경우에는, 아예 제목이 『‧ (엘, 또는 최후의 책』(El, ou le dernier livre)이다.

사라는 유켈이 귀를 기울이는 글쓰기의 원천으로서의 비명일 뿐만 아니라, 유켈의 연인maîtresse겸 여주인maîtresse으로 그의 **창조자**다. 그녀는 자신의 신ⁿ으로서, 자기 자신에게 질문을 던지기 위한 대리인으로서, 유켈 세라피란 인물을 창조했다.

주님께서는 주님에 대한 질문이시다.[18]

이렇게 생각하면 어째서 유켈 세라피의 가계도가 그처럼 빈약한지, 그리고 어째서 그 배경이 비교적 상세히 기술된 '인물'인 사라 슈발이 아니라, 유켈 세라피가 『질문의 책』 곳곳을 종주하며 랍비들과 대화를 나누는지에 대해 이해할 수 있다. 『질문의 책』의 가장 깊은 층위에 있는 이야기들의 작가는 유켈 세라피가 아니라 사라 슈발이다. 유켈은 갇혀버린 사라 슈발을 대신해 『질문의 책』 곳곳을 순회하는 그녀의 대리인이다.

하지만 유켈 세라피가 사라 슈발이 창조해낸 분신이라는 결론을 갖고도, 우린 여전히 다음과 같은 의문을 해소할 수 없다. 그래서 사라 슈발의 죽음이 먼저인가, 아니면 유켈 세라피의 죽음이 먼저인가? 유켈 세라피의 죽음이 먼저라면 사라 슈발은 어떻게 유켈 세라피의 품에 안겨 죽을 수 있었던 것이며, 사라 슈발의 죽음이 먼저라면 유켈 세라피는 어떻게 그녀의 사후에 존재할 수 있었단 말인가?

이러한 의문을 해소해주는 존재가 사라 슈발보다 한 차원 높은 곳에 위치하고 있는 '서술자' 유켈 세라피이다.

그대 책의 인물들은 누구인가? 확실히, 그대의 책 속에는 사라와

---

18) 이 책, 229쪽.

유켈이란 인물들이 있다. 그러나 그 외에도 이 책에는 그대 주인공의 이름을 가로챈 서술자가 존재한다.[19]

사라의 연인 유켈 세라피가 수용소에서 돌아온[20] 생존자인 반면, 서술자 유켈 세라피는 전쟁 시기 "이집트에 있었"다는 점에서, 달리 말해 수용소에 끌려간 적이 없다는 점에서, "행복한 유대인"이다.[21] 그렇게 우린, 사라의 연인과는 전혀 다른 정체성을 가진 또 다른 유켈 세라피를 만나게 된다. 그는 『사라와 유켈의 책』을 쓴 사람으로, 사라가 죽은 뒤에도 줄곧 그녀가 남긴 '울부짖음'에 귀 기울인 자라고 할 수 있다. 사라의 연인 유켈은 서술자 유켈 덕분에 존속할 수 있었던 것이다.

언어로 환원할 수 없는 울부짖음이 있고, 그것을 어떻게든 가리켜야만 하는 글쓰기가 있으며, 그러한 글쓰기가 존재한다는 것을 말하기 위해 자베스가 삼중의 서사 구조를 마련했다는 것이 지금까지 이야기의 결론이다. 여기서 우리 마음속에는 너무나 자연스럽게 새로

---

19) 이 책, 437쪽.

20) "유켈, 내게는 그대가 바로 그 사람이었고, 그 주인공이었으며, 그 순교자였다.

나는 곧 사라지리라.

그대는 그대의 마지막 시간에 헌신하기 위해 저 죄 많은 수용소들에서 돌아왔었다. 그렇게 내 책의 낱장에는 그대 신념의 잿가루 냄새가 배게 되었다"(이 책, 305쪽).

21) "우리 부부도 강제 수용을 겪었답니다… 남편하고 나는 여기로 돌아왔지만, 우리 아들하고 딸은 거기서 죽고 말았죠. 손님께서는 전쟁 때 프랑스에 계셨나요?"

"아뇨, 이집트에 있었습니다."

"그럼 손님은 행복한 유대인이시군요. 지금 어떤 괴로움을 겪고 계시든, 손님은 행복한 유대인이세요"(이 책, 447쪽).

운 의문이 떠오르게 된다. 자베스는 어째서 그러한 이야기를 전달하기 위해 삼중의 서사 구조를 마련해야만 했던 걸까? 픽션의 형식, 정확하게는 픽션 속 픽션 속 픽션의 형식을 취하지 않고도(달리 말해 '등장인물'들을 대리인으로 내세우지 않고도)『질문의 책』의 내용은 충분히 전달될 수 있지 않았을까? 애초에 문학적 본령이 시에 있는 사람이 이런 '소설적' 장치를 동원해야 했던 이유는 무엇일까?

5. 윤리적 자문 도구로서의 '거울'

앞의 질문에 답하기 위해, 서로 상당한 거리를 두고 떨어져 있는 다음 세 인용문을 모아 보도록 하자.

진리와 정의는 둘 모두 결코 타락하지 않는 하나의 시선입니다. 그것은 아이의 무구한 시선입니다.
그리고 자유는 그 끝에 있습니다.[22]

진리는 끊임없는 발명이다. 왜냐하면 진리는 스스로에게 반하며, 오직 잠정적인 것만이, 나뉘어질 수 있는 것만이 진실하기 때문이다. 우리의 시선이 어떤 대상이나 광경에 가닿자마자, 그리하여 언뜻 보인 이 사물들에 의해 촉발한 감정이 우릴 사로잡자마자, 그 사물들은 변화한다. (중략) 주님께서도 우리 안에 살아계심으로써 영원하기를 그치신다. 주님께서 영원히 살아계실 수 있는 것은 인간들의 삶 속에서 계속해서 이어지는, 주님의 무수한 삶들 덕분이

---

22) 이 책, 202쪽.

다.[23]

　　우리의 자유는 거울을 복원하는 데 있다. 그것이 매 순간마다 우
　리를 해석해내기에.[24]

　　첫째 인용문에서 우리는 '진리'와 '정의'(곧 '주님')가 '시선'에 있
으며, 이는 곧 '자유'와도 직결된다는 주장을 읽어낼 수 있다. 그러나
자유라고 해도, 얽매인 바가 없는 상태를 상상해서는 안 된다. 그와
는 정반대로, 자베스는 곳곳에서 '자유'를 '얽매임' 내지 '윤리적 의
무'의 동의어로 사용하고 있기 때문이다.[25]

　　둘째 인용문에서 우리는 '잠정적'이고 '나뉘어질' 수 있는 것만이
진실하다는 주장을 발견하게 된다. 또한 시선은 대상에 가닿자마자
그 대상을 변화시킨다는 것을 알게 되며, 영원한 단일성으로 상정되
곤 하는 '주님'마저도 그 영원성을 복수성에, 곧 사상事象의 천변만화
千變萬化에 빚지고 있다는 주장을 알게 된다.

　　앞선 절의 질문과 가장 직접적으로 관련되는 것은 바로 세 번째 인
용문이다. 우린 이 세 번째 인용문을 통해 자유, 곧 우리의 윤리적 의
무가 거울을 통해 우리 자신을 **새로이 해석**해내는 데 있음을 알게 된
다. 거울을 통해 해석된 우리 자신은 이전에 알고 있던 자신과는 다
른 존재일 수밖에 없다. 왜냐하면, 두 번째 절의 주장에 따르면, 시선

---

23) 이 책, 275~276쪽.
24) 이 책, 385쪽.
25) 한 가지만 예를 들면, 다음의 인용문을 들 수 있다.

　　"모든 제약은 자유의 밑거름이다. 만약 그대가 그대의 모든 피에 의해 그대 주
　님과 인간에게 묶여 있지 않다면, 어떻게 그대가 자유를 희망할 수 있을 것인
　가?"(이 책, 198쪽).

의 대상은 **시선을 통해** 변화하기 때문이다.

다시 앞의 질문으로 돌아가보자. 자베스가 구태여 자기 자신의 대리인(서술자 '유켈 세라피') 및 대리인의 대리인들(사라와 유켈)을 내세워 『질문의 책』의 여러 메시지들을 전달하고 있는 이유는 무엇인가? 그것은 끊임없는 윤리적인 자문을 이어나가기 위해서이다. 달리 말하면 결코 하나의 정체성에 갇히지 않기 위해, 또는 결코, 감히, 나치들처럼, 절대적이고 최종적인 결론을 내놓지 않기 위해서이다.

　　둘로 나뉜 상태로, 나는 어디로 가야 할까?[26]

반복적인 재귀, 그러면서도 매번 다른 존재가 되어 갱신되는 재귀라는 테마는, 사라와 유켈 이야기라는 중심 이야기를 감싸고 있는 수많은 아포리즘과 인용문에서도 발견된다. 예컨대 "정오"를 "시간들의 예루살렘"으로 표현하는 구절이라거나, "바다의 뿌리를 뽑아 바다로 돌려보내는" 파도에 관한 구절에 나타나 있는 이 원환성은, 자베스에게 있어 생명력과 반항의 표상이요, 거듭되는 갱신과 복수성複數性에 대한 찬미이기도 하다.

물론 여기서 이런 의심이 들 수도 있다. 원환성과 재귀성이라고 한다면, 언제나 결국 '같은 것'으로 돌아오게 되는 숙명성 내지 '뿌리'에 대한 집착에 지나지 않은 것 아니냐는 의심 말이다. 그러나 자베스는 모든 원의 시발점으로 작용하는 '중심'에 관한 서술을 통해 이러한 의심을 피해간다. 『질문의 책』에는 우리가 지금까지 분석해왔던 대부분의 열쇠 말들, 곧 '울부짖음' '질문' '원' '선線' '창조'를 하나로 묶는 구절이 있다. 다소 길지만, 전체를 인용해보도록 하자.

---

26) 이 책, 304쪽.

중심은 우물이다.

중심은 울부짖음이고, 갓 입은 상처이며, 열쇠이다.
(중략)
중심은 어쩌면, 질문의 이동인지도 모른다.

원을 그리는 것이 불가능한, 중심점.
(중략)
최후의 장애물, 궁극의 경계, 그것은 어쩌면, 중심일지도 모른다.

중심에서는 모든 것이 밤의 끝으로부터, 유년기로부터 우리를
찾아오리라.

중심은 문간이다.
렙 나망은 이렇게 말했다. "주님께서는 **중심**이시다."
(중략)
폭풍우와 시간은 중심을 변경한다,
선과 악도 그와 마찬가지이다.
(중략)
"중심은 실패다. **창조자**는 창조된 것에게 버려진다. 우주의 광휘.
사람은 창조하며 스스로를 파괴한다."
(중략)
중심은 애도다.[27]

---

27) 이 책, 508~510쪽.

얼핏 절망적으로 보이는 구절이지만, 자베스는 그러한 절망 안에 희망을 담고 있다. 예컨대 원운동의 대표적인 예시로 제시되는 '파도'는 그것 자체로 바다를 긍정적인 시어로 만들고 있지 않은가?[28] 절대적인 답을 얻을 수 없음을 알면서도 절대적인 질문을 추구해야 하는 것과 마찬가지로, 우리는 끝이 없는 과정임을 알면서도 끊임없이 스스로를 '바라보고', 바라봄에 의해 '나뉘고', 나뉨에 의해 '변화하고', 마침내 새로운 모습이 되어 우리 자신으로 돌아가야 한다. 시시포스의 중노동에 비견할 만한 이 복잡하고 고된 과정을 밟아나가며, 우리가 왜 희망을 가져야 하는가? 자베스는 희망을 가져야 하는 소명에는 이유가 없다고 말한다. 자베스가 유대교 전통에서 가장 마지막까지 취하고 있는 그 희망의 이름은, 구원에 대한 광적인 희망, 근거 없는 희망, 가져야만 하는 희망이다.

> 이성을 잃는 것이 유대인의 소명이다. 소명이란, 유대인에게 있어 스스로 소명을 가졌음을 믿는 것에 있다.[29]

---

28) 다음 두 인용문에서 볼 수 있는 것처럼, 자베스는 『질문의 책』의 지배적인 배경으로 묘사되고 있는 '사막'을 물기(생명력)를 잃어버린 바다와 동일시하고 있다.

"사막은 바다에 대한 그리움을 품고 있다. 바다가 우리를 홀리는 힘에 대해서는 더 이야기할 것도 없다"(이 책, 400쪽).

모래 알갱이가 오렌지에게 말했다. "나는 가슴속에 과실을 품고 있었다." 오렌지가 모래 알갱이에게 대답했다. "바다는 그대가 자고 있는 사이에 물러났다. 그대와 꼭 닮은 무엇인 소금 알갱이가 없으면 그대는 한층 더 외롭지 않은가? 민물이 나를 그대에게 보냈노라."(이 책, 545쪽).

29) 이 책, 210쪽.

이제 우리는『질문의 책』의 요지를 다음과 같은 다섯 명제로 정리해볼 수 있을 것이다.

1) 아우슈비츠라는 절대적 폭력 속에서 발해진 '울부짖음'이란 진실이 있다.

2) 우리는 그 울부짖음에 귀 기울이며 끊임없는 윤리적 질문을 제기해야만 한다.

3) 윤리적 질문의 제기 방식은 자기 자신의 동일하다고 간주된 정체성에 대한 끝없는 자문에 있다.

4) 그러한 자문을 통해 우리는 자기 안에 깃든 타자성을 끊임없이 상기해야 한다.

5) 그리하여 결코 (집단적) 동일성에 의해 타자의 박해를 하는 일이 없어야 한다.

신 없는 구원의 가능성, 오로지 희망만을 품을 수 있는, 잠재적 구원의 가능성은 거기에 있다.

6. 깨어진 모세의 석판과 유대인의 '자유'

우리는 앞에서 다섯 가지의 명제를 정리하며, 그 윤리적 주체를 '우리'라는 말로 표현했다. 당연하게도, 이때의 '우리'는 종교적이거나 혈통적인 의미의 '유대인'에 국한되지 않는다.

자베스가 말하는 유대인은 유대 민족이 아니고, 이스라엘은 국가 이스라엘이 아니며, 예루살렘은 도시 예루살렘이 아니다.『질문의 책』곳곳에 흩어져 반복되고 있는 얘기지만, 자베스의 유대인은 좁게는 '작가' 넓게는 만인을 지칭하며, 이스라엘과 예루살렘은 상징적인 의미에서의 '책'을, 곧 모든 박해와 추궁을 피해 피신할 수 있는 (그리고 끊임없이 돌아가야만 하는) '장소 아닌 장소'를 지칭한다.

자베스는 유대교적 전통에 기댄 사유를 전개하면서도, 그 폐쇄성과는 결별하고 있다. 이에 대해서는 자베스의 친구이기도 했던 철학자 자크 데리다Jacques Derrida의 짧은 논평이 잘 밝혀주고 있다. 그가 인용한 『질문의 책』의 한 구절과 함께 해당 논평을 살펴보도록 하자. 여기서 데리다는, 작가로서의 자베스가 유대교적 전통과 갈라서는 지점이 "거룩한 텍스트"의 해석에 관한 작가와 랍비의 태도 차이에 있음을 지적한다.

그리고 렙 리마는 이렇게 말했다. "자유는 본래 율법의 석판들 위에 열 차례 새겨져 있었다. 그러나 우리에게는 그러한 자유를 얻을 자격이 너무도 부족했기에, 예언자께서는 분노 속에서 그것들을 깨트렸다."[30]

말에 대한 권리는 부서진 십계명 석판의 조각들 사이에 뿌리를 내린다. 텍스트의 모험은 마치 잡초처럼, 율법을 벗어난 곳에서, 곧 '주석들의 중심을 이루는 거룩한 텍스트'인 '유대인들의 조국'과 멀리 떨어진 곳에서, 재개된다. (중략) 태초에 해석학이 있었다. 그러나 거룩한 텍스트의 중심에 닿을 수 없다는 저 공통의 불가능성, 거룩한 텍스트를 해석해내야 한다는 저 공통의 필요성, 해석에 대한 이 절대적인 필요는, 시인과 랍비에 의해 각각 다르게 해석된다.[31]

---

30) 이 책, 198쪽.

끊임없는 질문과 해석의 대상이 되는 "거룩한 텍스트"는 랍비들에게 있어서는 '토라'요, 자베스에게 있어서는 '울부짖음'이다. 그리고 끝없는 '해석'이 필요하게 된 근본적인 이유는, 이스라엘 백성들이 우상숭배를 하는 모습을 목격한 예언자 모세가 주님의 손으로 **직접** 쓰인 십계명 판을 부숴버렸기 때문이다.

하느님께서는 시나이산에서 모세와 말씀을 다 하신 다음, 당신 손가락으로 쓰신, 돌로 된 두 증언판을 그에게 주셨다.[32]

모세는 두 증언판을 손에 들고 돌아서서 산을 내려왔다. 그 판들은 양면에, 곧 앞뒤로 글이 쓰여 있었다.[33]

모세는 진영에 가까이 와 사람들이 춤추는 모습과 수송아지를 보자 화가 나서, 손에 들었던 돌판들을 산 밑에 내던져 깨버렸다.[34]

성경 이야기를 조금 더 해보자. '주님'께 받은 십계명 석판을 부숴버린 모세는 다시 시나이산으로 올라가, 이번에는 신의 목소리에 따라, 인간인 자신의 손으로 새로운 십계명 석판을 파낸다. 전자와 후자의 차이는 명백하다. **신**이 직접 쓴 글이라면 그 글은 무결하고 완전하여, 그 자체로 어떠한 오해의 소지가 없을 것이다. 하지만 **인간** (또는 최초의 작가) 모세가 쓴 글이라면, 그 글은 끝없는 해석의 여지를 안고 있는 불완전한 글, 좋게 말해 '풍부한' 글이 될 것이다.

---

31) 자크 데리다, 『글쓰기와 차이』(L'Écriture et la Différence), 쇠이, 1967, 102쪽.
32) 한국천주교주교회의, 「탈출기」 31:18, 『성경』, 한국천주교중앙협의회, 2005.
33) 같은 책, 32:15.
34) 같은 책, 32:19.

글쓰기가 가진 원초적인 결핍 탓에, "텍스트의 모험"이 시작된다. 랍비와 작가가 가진 결정적인 차이는, 첫 번째 석판의 파괴로 인한 이 모험을 '자유를 얻을 자격이 부족했기에' 받게 된 저주로 받아들이는지, 아니면 진정한 '글쓰기의 자유'로 받아들이는지에 있다.[35] 그리고 바로 이러한 태도 차이로부터, 랍비의 폐쇄성과 작가의 개방성이 갈리게 된다. 유켈 세라피가 다른 유대인들로부터 비난받는 내용을 담고 있는, 다음 구절을 읽어보도록 하자.

> 나에게, 내 민족의 형제들은 이렇게 말을 이어갔다.
> "형제애는 자기 이웃의 입장이 되어 그를 이해하는 데 있지 않으며, 그 이웃이 현재의 존재 방식에서 벗어나 마땅한 존재가 되기를, 즉 성스러운 글들이 요구하는 모습대로 되기를 바라는 데 있다. 설령 그 과정에서 그가 상처 입게 되더라도 말이다."[36]

위의 인용문은 유켈 세라피가 "민족의 형제들"로부터 유대인답지 않다는 비난을 받는 대목의 절정을 장식하는 부분이다. 그런데 '유대인답게' 굴어야 한다는 것은, 유대인 스스로가 스스로를 유대인이라는 단일 정체성으로 환원하는 행위가 아닌가?

> 우리는 스스로의 중요성을 과신하는 도구에 불과하다. 아마도 우리는 우리의 말들을─어느 정도까지는─짊어짐으로써 우리 자신을, 가끔은, 그것들과 동일시하는 데 성공하는 듯하다.

---

35) 이러한 관점에 따르면, '사바티노 루레'와 그의 가족이 빚는 갈등에 관한 이야기는 작가와 랍비 사이의 갈등을 구체화한 이야기로 볼 수 있다. 이 책, 538~540쪽 참조.
36) 이 책, 125쪽.

우리는 진리를 드러내는 것 같다, 그러나 우리가 하나라도 진리를 드러낸다고 감히 말할 수 있는 때는, 우리가 우리를 지울 때이며, 우리가 말의 과거와 미래가 되기 위하여 우리 자신의 과거와 미래와 단절할 때이며, 우리가 우리 오감의 침묵이 될 때, (중략) 매끄러운 금속판이 될 때이며, 마지막으로 우리가 더는 얼굴을 갖지 않을 때이다.[37)]

자베스는 모든 종류의 결정적 동일시와 환원을 거절한다. 우리가 진리를 드러낼 수 있는 것은 고정된 정체성의 규정을 넘어설 때뿐이다. 말과의 동일시는 오만함이자 오류일 뿐이다. 그것이 '아리아인'이 되었든, '유대인'이 되었든 말이다.

7. 보편적 유대인과 저항으로서의 도피

자베스의 '유대인'이 특정한 집단을 지칭하는 용어가 아님은 명백하다. 그는 유대인의 보편화를 꿈꾼다. 아니, 자칫 수동적으로 해석될 수도 있는 '꿈'이라는 말로는, 그의 태도를 나타내기에 한참 모자랄지도 모르겠다. 그는 모든 이를 유대인으로 혹은 그와 구분되지 않는 존재인 '작가'로 인도하는 데 사뭇 적극적이다.

아, 유대인이 아닌 그대여 ─ 나는 거의 유대인이 아니었다. 지금 나는 유대인이다 ─ 나는 그대를 나의 영역으로 인도한다. 작가가 아닌 그대여 ─ 나는 거의 작가가 아니었다. 지금 나는 작가다 ─

---

37) 이 책, 130쪽.

나는 그대에게 내 책들을 선사한다. 그대, 유대인이며, 어쩌면 작가이기도 한 사람이여.[38]

'울부짖음'에 귀 기울이며 끊임없이 윤리적인 성찰을 이어나가는 이가 '유대인'이고, '작가'라면 그러한 유대인과 작가가 되게끔 작품을 통해 권유하는 자베스의 태도에는 전혀 이상할 것이 없다. 보편적인 윤리가 아니라면, 애당초 공표할 이유도 없을 테니 말이다. 오히려 여기서 떠오르는 의혹은 다음과 같다. '유대인'이 된다는 것이 악과의 맞대결이 아니라 끊임없는 도주와 생존을 의미한다면,[39] 그러한 가운데 성립하는 윤리는 수동적이고 비겁한 것이 아닐까?

그러나 그렇지 않다. 자베스에게 있어, '유대인'은 곧 절대 권력에 대한 '불복'과 '저항'을 의미하기 때문이다.

불의의 희생자 유대인은 제 정의를 불의 위에 세우는 이들의 적이다. 절대 권력의 눈에 거슬리는 자 유대인은 절대 권력의 담지자들의 표적이 된다. 유대인은 복종하지 않는다, 그래서 거슬린다.[40]

유켈: 사회는 유대인을 내치는 데 반해, 사유는 단어를 있는 그대로 존중한다. 사회는 대체로 유대인에 대한 경멸과 맞먹는 정도의

---

38) 이 책, 128쪽.
39) "살아남기 위해 유대인은 얼마나 다양한 술책들을 사용하는가. 수단들에 있어서는 얼마나 기발하고, 변신들에 있어서는 얼마나 진심인가.
결론을 이끌어내기, 적응하기, 길을 내기. 사람들이 그를 적대적으로 추격할 수는 있지만, 누구도 그를 파괴하는 데 성공하지는 못한다.
반은 사람, 반은 물고기, 반은 새, 반은 환영. 언제나 그에게는 형리의 손아귀에서 빠져나가는 반쪽이 존재한다"(이 책, 135~136쪽).
40) 이 책, 135쪽.

경멸을 사유에 대해서도 갖고 있다. 시인들은 단어들에게, 자신들의 몽상과 함께 살 수 있는 기회를 부여한다. 그들은 단어들이 영혼을 가질 수 있게 한다. 정서적으로, 나는 박대당한 단어의 곁에 있는 것처럼 느낀다. 박대당한 단어는 나와 같은 민족이기 때문이다. 나의 저항은 그러한 단어 안에서 무르익고 있다. 나의 글은 그러한 저항의 귀결이다. 단어들을 통해, 나는 폭군을 겨냥한다.[41]

도주, 나의 술잔, 나의 장창長槍.[42]

따라서 자베스에게 '유대인'의 도주, '유대인'의 피난이란, 거악에 맞선 지하 저항운동과도 같은 것이 된다.

'유대인' 공통의 도피처(혹은 기지)는 작중 다양한 이름으로 제시된다. 게토의 단편, 예루살렘, 거절, 면소免訴, 주님, 부재, 그리고 '책'. 이것들의 공통점은, 그것들 모두가 제 안에 모종의 '비어 있음'을 품고 있다는 데 있다. 비어 있음, 간격, 곧 서로가 서로를 해하거나 동화시키지 못하게 하는, 절대적인 차이. 자베스에게는 이 차이가 곧 '별'을 빛나게 해주는 근원이요, '유대인'을 생존케 하는 '장소 아닌 장소'다. 대개는 부정적인 의미로 사용되기 마련인 '침묵' '그림자' '죽음' 등을 긍정적으로 그려내고 있는 다음의 두 인용문을 함께 검토해보도록 하자.

"광대한 침묵이 인간을 그의 동포들로부터 갈라놓는다. 우린 나지막이 이야기한다고 생각하지만, 실은 절규하고 있다.

---

41) 이 책, 349쪽. 고딕체 강조는 옮긴이.
42) 이 책, 366쪽.

이따금 나는 불시에 모든 간격이 사라지게 된다면 무슨 일이 벌어질 것인지 자문해본다. 그럼 오래 지나지 않아 우린 청각을 상실하게 될 것이다. 그리고 만약 푸른 하늘과 그림자가 사라지게 된다면 무슨 일이 벌어질까? 그럼 서로서로에게 용접된 별들이 하늘의 불타는 천정을 이루게 되리라. 태양은 홀로 날을 이루게 될 것이고, 우린 불길 속에서 스러지리라."

• 렙 베앙

("정당한 보상. 그림자의 초석을 위하여, 낮은 스스로 밤이 된다. 그러면 모든 별들이, 따로따로, 돋보이게 된다."

• 렙 데미바)[43]

렙 자셰르는 이렇게 썼다.

"별들이 뛰어넘을 수 없는 간격 속으로 도피하듯, 우린 거절 속으로 피난을 간다. 그렇게, 우린 우리의 반짝임 속에서 결코 도달할 수 없는 존재가 된다."

유켈은 이렇게 말했다. "그리고 그들은 자신들이 죽음 안으로 나아가고 있음을 깨달았다. 그들이 향하고 있던 죽음은 그들을 기다리고 있던 죽음이 아니라, 예전에는 그들의 뒤에 서 있던 죽음이었다. 그것은 태어남과 동시에 죽어버린 세상의 죽음, 영영 입을 다물어버린 말의 죽음이었다. 그들은 눈이 먼 채로, 다음 피난처를 향해 나아갔다. 그곳에서 그들의 육신은, 잿더미 앞에 유기될 터였다. 그

---

43) 이 책, 548~549쪽.

러나 그들이 앞으로 어떤 일을 겪게 되든 무슨 상관이랴. 그들 안의 죽음이 그들을 죽음으로부터 보호하고 있었다. 그들에게는 이해받은 영혼의 출중한 용기가 있었고, 그들의 발걸음은 땅에 리듬을 부여하고 있었다. 그들은 누구였는가? 그들의 이름에 더는 어떤 의미도 없었다. 그들은 함께 모여 **이름**이었고, **유일한 자**였다. 서로의 시선이 마주칠 때 그들은 미소를 지었다. 그들 모두는 같은 얼굴이기 때문이었다.

아! 언젠가 당신 역시도 그들을 제거하고자 했었다. 하지만 그들은 당신의 고문과 당신 가마의 불길을 견뎌내고 살아남았다. 그들은 당신의 손에 죽는다는 것에 대한 거절로 나아간다. 그들의 죽음은 신의 죽음이고, 별에 홀린 눈물 속에서 부활한 우주의 죽음이다.

그리고 그들 가운데 사라와 유켈이 있다. 한 권으로 묶인 두 권의 책처럼."[44]

'우리'라는 집단 속에서 낱낱의 존재인 개별자를 살게 하는 것은 침묵과 어둠, 간격이다. 침묵, 간격, 그리고 '죽음'이 유대인을 동화 및 '제거'로부터 보호한다. "그들 안의 죽음이 그들을 죽음으로부터 보호하고 있었다"는 말은 얼핏 지독한 역설처럼 보인다. 그러나 "그들 안의 죽음"으로 지칭되고 있는 것은 기실 "말의 죽음"이며, 이는 곧 모세의 부서진 석판 이후로 이루어지고 있는 인간적인 글쓰기에 다름 아니다. 끝없는 질문의 요람으로서의 침묵, 배제와 동화 모두를 불가능한 것으로 만드는 간격, 그리고 울부짖음에 얽매인 덕분에 진정으로 '자유롭게' 된 글쓰기, 유대인을, 작가를 살리는 것은, 바로 그러한 것들이다.

---

44) 이 책, 550~551쪽. 고딕체 강조는 옮긴이.

"한 권으로 묶인 두 권의 책"은 "책은 책을 부풀린다"[45]는 구절의 실례實例에 해당한다. 끝없는 질문이 기재되는 공간인 책은 스스로 불어나고 확장되지만, 그 과정은 어디까지나 '통일'이 아니라 아우름의 법칙을 따른다. '끈'lien을 통해 책은 영영 확장될 수 있지만, 그것은 어디까지나 '관계'lien를 통해 하나로 묶인 여럿, 하나로 환원되지 않는 여럿인 것이다.

8. 결론

우리 모두는 유대인이 될 수 있다. 곧 모두가 작가의 소명을 짊어질 수 있다. 그때 작가가 해야 하고, 또 할 수 있는 일들은 다음과 같다. 울부짖음에 귀 기울이기, 울부짖음을 글로 옮기기, 그렇게 울부짖음의 흔적을 거처 삼아, 새로운 울부짖음에 귀 기울이기, 그러는 와중에 글 속에서, 책 속에서, 완전히 사라지기, 박해자들의 추적으로부터 몸을 감춰 버리기. 이를 우리는 문학적 저항운동이라고 부를 수도 있겠고 혹은 자베스 본인의 표현을 따라 "신의 몸짓을 되살리는 일"이라고 부를 수도 있겠다.

작가는 주님의 무한한 고독 속에서 끝없이 자문한다. 작가는 주님에게서 생기 없는 몸짓을 물려받았다. 매번, 신의 몸짓을 되살리는 일, 그러한 것이 빛에 대한 우리의 기여다.
우린 창조의 한가운데 있다. 우린 **모든 것** 안에는 없고, **부재**의 골수 내지 일렁임 안에도 없다. 우리와 함께하며, 우리에게 의지依

---

45) 이 책, 87쪽.

ㅊ가 되어주는 것은 **아무것도 아닌 것**이다. 그것은 우리가 존재하고, 또 살아남기 위한 수단이다. 그리하여 우린 창조 행위 가운데서, 우리 자신의 초극에 이르기까지, 재생자再生者인 **모든 것**을 마주한 **아무것도 아닌 것**이다.

　책에게서 쫓겨나고 책에게서 요구되는 책이여. 내가 그것의 성찰이자 고통이었던 말은 깨닫는다, 진정한 장소는 주님께서 머무르시는 면소免訴임을. 장소 아닌 장소인 그곳에서, 존재하고 있지 않으며 결코 존재한 적도 없다는 사실에 의해, 주님께서는 반짝이신다. 따라서 **엘로힘**에 대한 모든 해석과, **아도나이**에 대한 모든 접근은 다만 개인적인 것일 수밖에 없다. 모든 법은 개인적인 법일 수밖에 없으며, 모든 진리는, 그 진리가 우리에게서 끌어내는, 절규 속 외로운 진리일 수밖에 없다. 그리고 이는 공인된 진리의 전달 가능성 안에, 공통되고 완결된 법의 전달 가능성 안에 있다.[46]

모든 해석은 개인적인 해석이고, 모든 진리는 우리가 자신에게서 이끌어내는 외로운 진리일 수밖에 없다. 그리고 이것이 전달될 수 있는지에 대한 여부는, 믿음의 영역이다. 작가는 진리의 전달 가능성에 대한 굳센 믿음 속에서 희망을 이어간다.

　이제 이 글을 마무리 짓기 전에, '서술자' 유켈 세라피가 비로소 자신의 이름을 선언하게 되는 이 책의 마지막 페이지를 살펴보도록 하자. 유대교 전통에서 '새로운 이름'(이 경우에는 '돌려받은' 이름이지만)을 부여받는 것에 갱생更生의 의미가 있음을 생각해보면, 해당 페이지 전후로 '유켈 세라피'에게 인생을 바꿀 깨달음이 주어졌다고 보아도 무방하리라.

---

46) 이 책, 556~557쪽.

세계와 사과의 둥긂은 나로 하여금, 간혹 원죄라는 것은 다만 신성한 조화에 대한 분별없는 탐구가 아니었을까 하는 생각을 하게 하였다. 책은 그러한 세계와 사과의 영상을 본뜬 것이었다. 책은 손 안에서 그리고 단어 안에서 우주가 된다. 그것은 쓰인 것을 이야기하고, 읽힌 것을 창조한다.

그렇게 그것은 책의 영원한 시작이었다. **주님**께서 **기호**로 머무르시는, 스스로의 의식적인 엄격함과 자유로움 속에서, 책은 영원히 다시 시작된다.

눈을 훈련하는 것은 이상이 될 수 없다. 나는 언제나 이해와 사랑에 대한 알 수 없는 욕망에 떼밀려, 보다 먼 곳을 바라본다, 보다 먼 곳에서 나는 내 새로운 출발지점을 찾게 되는 것이다. 만약 내 모든 나아감이 기원으로의 운명적 회귀라고 한다면, 대체 내가 생각하는 나의 목적지가 무슨 상관이랴. 우린 결코 우리 자신의 발걸음을 넘어서지 못한다.

이미 언급한 바 있는, 회전식 양수기에 매인 암물소에 관한 기억이 내 머릿속을 떠나지 않는다.

나는 누군가에게 마실 것을 내어주었던가? 오직 갈증만을 알고 있던 나,

내가 없는 나,

몇 문장으로 그 삶이 요약될 수도 있을 이 유퀠 세라피는?

나의 운명은 스스로 원한 밤 속에 짓눌린 저 짐승의 운명이었다.

나는 내 작품들이 나의 세 횃불이 되기를 바라며,

내 주인공들의 심장과 동조하여 뛰기를 멈춘 내 심장이, 그들의 것과 마찬가지로 주어진 낱장 가까이에서 흥분을 가라앉히고 얼어붙기를 바란다.

인간은 존재하지 않는다. 주님께서도 존재하지 않는다. 오직 세

상이 존재할 따름이다. 주님과 인간을 통하여 펼쳐진 책 속에서.[47]

마지막 페이지에서도 다시금 '원환'과 '재귀'가 묘사되고 있다. 그러나 그 재귀는 같은 곳이 아니라, 매번 새로운 곳에 도달하는 재귀다. 『책으로의 귀환』을 마친 뒤, 서술자 유켈 세라피는 마침내 스스로를 '유켈 세라피'로 지칭하게 된다. 물소가 회전식 양수기를 돌리는 일과 마찬가지로, 글쓰기 역시 매번 같은 곳으로 돌아오는 듯하지만, 실은 갈증에 시달리는 타인에게 마실 것을 내어줄 수 있는 일임을, 그리고 그것이 언제나 자신의 숙명이었음을 깨달았기 때문이다.

글쓰기는 동일성으로의 환원에 대한 저항이자, 질문 던지기이자, 타인의 갈증에 대한 답, 곧 새로운 질문이다. 그렇게 세상은 절대적인 창조자도 피조물도 존재하지 않고, 영원히 순환과 확장을 거듭하며, 새로운 시련에 대한 새로운 생존을 거듭하는 '책'이다.

결론을 갈음하여, 우리의 첫 번째 의문으로 돌아가 보도록 하자. 그래서 결국 『질문의 책』이 천착한 '하나의 질문'이란 어떤 질문인가? 500페이지가 넘는 질문 덩어리를 한 문장으로 요약한다는 것이 얼마나 가당찮은 일인지 옮긴이도 물론 잘 알고 있다. 그러나 그럼에도 불구하고, 감히 이 질문을 정리해보자면 다음과 같다.

누군가가 자신과 다르다는 이유만으로 그를 제거하고자 하는 '나치의 태도', 누군가가 자신과 닮았다는 이유로, 그가 상처를 입을 수 있음에도 불구하고, 완전한 동화를 시도하는 '랍비의 태도', 과연 다른 누군가를 향해 그러한 태도들을 취할 수 있을 정도로, 당신의 동일성은 공고한 것입니까?

---

47) 이 책, 561~562쪽.

혐오가 만연한 우리 시대에, 이 책이 시사하는 바가 있으리라 믿는다. 그저 졸역이 독서에 걸림돌이 되는 일이 없기를 바라며 부족한 글을 마무리 짓는다.

개인적으로 무척 힘든 시기에 이루어진 번역이었다. 힘겨워하는 옮긴이를 물심양면으로 도와준 은인이자, 옮긴이를 번역의 세계로 인도해준 선배이기도 한 최성웅 번역가에게 특별한 감사의 인사를 전한다.

2022. 11.
이주환

■ 참고 문헌

Jabès, Edmond, *Le Parcours*, Gallimard, 1985.

Derrida, Jacques, *L'Écriture et la Différence*, Éditions du Seuil, 1967.

Chitrit, Armelle, *Jabès ne revient pas au même*, Études littéraires 29(3-4), 1997, pp.121~132.

Jaron, Steven, *Le remaniement dans Edmond Jabès: l'éclosion des énigmes*, Presses Universitaires de Vincennes, 2008.

Levi, Jacob Ezra, *The Adventure of the Book: Jabès, Derrida, Levinas*, Johns Hopkins University Press, 2021.

Taylor, Benjamin, *The Question of Jewishness and the Question of Writing: An Exchange with Edmond Jabès*, The Threepenny Review, Spring, No. 21, 1985, pp.16~17.

질문의 책

헌사

밝혀진, 삶과 죽음의 높은 수원水源에,

우물의 먼지에,

내가 나의 말들을 빌려주었으며, 세기와 세기를 거쳐 그 이름 나의
것이었던, 랍비-시인들에게,

사라와 유켈에게,

마지막으로, 잉크와 피로 된 길 위에서 말과 사람들을 만나게 될
모든 이에게,

그리하여 보다 가깝게는, 네게, 우리에게, 다시 너에게 바침.

너는 쓰는 자이자 쓰이는 자

책의 문간에서

책의 첫 장에는 붉은 책갈피를 끼워놓아라.
처음 벌어졌을 때의 상처는 보이지 않으니까.

• 렙[1] 알세

---

1) Reb: 유대인 성인 남성의 이름 앞에 붙이는 경칭.

1

"사라, 나는 당신에게 내 이름을 주었고, 그것은 출구가 없는 길입니다."

(유켈의 일지)

"나는 울부짖습니다. 유켈, 나는 울부짖어요. 우리는 이 울음에 대해 무고합니다."

(사라의 일지)

2

—이 문 뒤에서 무슨 일이 벌어지고 있는 겁니까?

—한 권의 책이 들춰지고 있습니다.

—그 책은 어떤 이야기입니까?

—어느 울부짖음에 대한 인식이지요.

—하지만 랍비들이 문으로 들어가는 것을 봤는걸요.

—선택받은 독자들에 대해 숙고하고자, 몇 사람씩 짝을 지어 온답니다.

—그들은 책을 읽었나요?

—읽는 중이지요.

—재미 삼아 미리 뛰어드는 것인가요?

—그들은 책에 대한 예감을 가졌고, 책에 맞서기 위해 대비했습

니다.

　—그들은 등장인물들을 알고 있나요?

　—희생자들을 알고 있지요.

　—책은 어디에 있습니까?

　—책 속에 있습니다.

　—당신은 누구인가요?

　—이 집의 문지기입니다.

　—당신은 어디에서 왔죠?

　—저는 길을 잃었습니다.

　—유켈은 당신의 친구인가요?

　—저는 유켈과 닮았지요.

　—당신의 숙명은 무엇입니까?

　—책을 열어보는 일입니다.

　—당신은 책 속에 있습니까?

─내 자리는 문간입니다.

─당신은 무엇을 배우고자 했습니까?

─저는 때때로 원천의 길 위에 멈춰 서서, 기호들을, 조상들의 우주를 살핍니다.

─되찾은 말들을 살펴보는 것이로군요.

─밤이고 낮이고 바로 나의 것인 음절들을 살펴본다는 점에서, 그렇습니다.

─길을 잃어버렸군요.

─걷기 시작한 지가 2,000년입니다.

─당신을 따라가기 힘겹습니다.

─저 역시 포기하고자 할 때가 많습니다.

─우린 지금 이야기 앞에 있는 것인가요?

─제 이야기는 무척 여러 번 전해졌지요.

─당신의 이야기는 무엇인데요?

─그것이 존재하지 않는 한 '우리' 이야기입니다.

―당신을 잘 모르겠네요.

―말들이 나를 찢고 있습니다.

―당신은 어디 있습니까?

―말 속입니다.

―당신의 진리는 무엇입니까?

―찢어지는 고통을 주는 진리입니다.

―당신의 구원은요?

―나의 말들을 망각하는 일입니다.

―문 안으로 들어가도 되겠습니까? 벌써 어두워졌군요.

―단어 하나마다 심지가 타고 있습니다.

―문 안으로 들어가도 되겠습니까? 제 영혼 주변이 어두워졌군요.

―제 주변 역시 검습니다.

―저를 위해 무엇을 해주실 수 있습니까?

―당신의 운은 당신에게 달려 있지요.

—스스로의 꼬리를 무는 글쓰기는 경멸의 표현에 지나지 않습니다.

—인간이란 쓰인 끈이자 장소입니다.

—저는 말해진 것을 싫어합니다. 저는 더 이상 그곳에 없습니다.

—당신은 미래를 바꾸고, 미래는 곧바로 번역됩니다. 당신에게는 당신 없는 당신만이 남습니다.

—당신은 나 자신을 내게 맞세우는군요. 나는 이 전투에서 결코 승리자가 되어 나가지 못할 것입니다.

—패배는 합의된 대가입니다.

—당신은 유대인이고, 그렇게 스스로를 표현합니다.

—제 기원을 가리키는 네 글자[2]는 당신의 네 손가락입니다. 당신은 남은 엄지손가락을 나를 짓뭉개는 데 씁니다.

—당신은 유대인이고, 그렇게 스스로를 표현합니다. 하지만 나는 추워요. 날이 어두워졌습니다. 집에 들어가게 해주세요.

—제 탁자 위에 램프가 하나 놓여 있습니다. 그리고 집은 책 안에

---

2) 유대-기독교 전통에서 신의 이름을 가리키는 네 글자(YHWH)를 의도한 듯하다.

있습니다.

—저는 결국 그 집에서 살게 될 거예요.

—당신은 책을 좋게 될 것입니다. 각각의 페이지는 심연이요, 심연
에서는 날개가 이름과 함께 반짝이고 있는, 책을요.

"바다에는 계단이 없고, 고통에는 단계가 없다."

• 렙 유레

"단어들을 통해 잠에서 끌어내어진 우주, 책에게 새로운 한 해가 깃들 때마다, 서광은 거기 드러난 형상들을 일그러뜨린다."

• 렙 탈

"본다는 것은 거울들을 가로지르는 일.
끝에는, 마지막 별의 밤."

• 렙 엘라르

"그것을 통해 신이 자문하는 **신의 책**이 있다. 그에 버금가는 인간의 책도."

• 렙 리다

"한 세기를 인식하는 데 1분이면 족하다."

• 렙 켈라

"우주가 그로부터 끌려져 나오는 데 필요했던 세월, 내 책은 그 세월만큼 일곱 날과 일곱 밤을 반복한다."

• 렙 알룸

"책의 나이는 물과 불의 나이."

• 렙 라팡

4

("저기 **유대인**이 있어." 렙 톨바가 말했다. "벽에 등을
기대고 구름이 흘러가는 것을 지켜보는군."

—"**유대인**은 구름에는 관심이 없어." 렙 잘레가 대꾸
했다. "그는 걸음을 세고 있는 거야. 삶으로부터 멀어지는
걸음의, 수를.")

그리고 그대는 책 속에 있게 되리라

애야, 처음으로, 내가 내 이름을 썼을 때,
나는 꼭 책을 시작하는 느낌이었단다.

• 렙 스텡

1

*("빛이란 무엇입니까?" 렙 아바니에게 그의 제자 중 한
사람이 물었다.*

*—"책 속에는," 렙 아바니가 답하였다. "네가 상상도 못
할 희고 너른 공원들이 있다. 단 하나, **주님**의 이름을 제외
하고, 단어들은 쌍쌍이 짝을 이뤄 그곳들에 드나든다. 빛
은 그 단어들의 연인에 대한 열망, 그 격정 속에 있다."*

*"이야기꾼의 업적이 얼마나 눈부신 것인지 보아라. 우
리 눈의 볼 기회를 위하여 그가 그것들을 그토록 먼 곳에
서부터 데려왔으니."*

*또한 렙 아티는 이렇게 말했다. "책의 낱장은 단어들이
돌파하는 관문이다. 다시금 서로 모이려는 열망, 작품을
가로질러 끝내 자신들의 명징함을 되찾고자 하는 열망을
참지 못하여, 단어들은 낱장을 뛰어넘는다."*

"단어들의 기억은 잉크에 의하여 종이 위에 고정된다."

"빛은 네가 읽어가는 그들의 부재 안에 있다.")

사람들의 시선이 하늘을 우러러, 지식을 통해, 상상력으로부터, 보
다 아름답고 풍요로운 무엇을 캐어낼 때—우주의 모든 비밀은 개화
를 앞둔 불의 새싹이니—나는 아는가, 나의 유배생활 속에서 무엇

이 날 과거로 밀어냈는지, 눈물과 세월을 거슬러 내 조상들이 목숨을 위협받았던 사막, 그곳의 샘들sources[3])에 이르게끔, 나를 추동한 것이 무엇인지를? 아무것도 보이지 않는다. 펼쳐진 페이지의 문간에서 보이는 것은, 저기 되찾은 상처, 책으로부터 나온 한 민족의 벌어진 상처 말고는 아무것도 없다. 오직 고통, 지나간 것과 지속되는 것이, 글쓰기의 지나감, 글쓰기의 지속과 뒤엉키는, 그러한 고통뿐이다.

단어는 단어와 엮일 뿐 결코 인간과 엮이지 않는다. 그렇게 **유대인**은 결코 자신의 유대적 우주와 결합되지 않는다. 단어가 자기 철자들의 무게를 짊어지듯이, 이스라엘의 자녀들은, 태초의 빛 이래, 자기 영상影像, image의 무게를 짊어진다.

물은 오아시스를 구획한다. 한 그루의 나무와 다른 나무 사이에는 대지의 온 갈증이 깃들어 있다.

"나는 말﹅입니다." 어느 날, 자신을 만나러 온 한 랍비에게, 렙 조쉬에는 이렇게 말하였다. "그런데 그대는 내 얼굴을 보고 '나를 알아보았다' 하는군요." 그는 사람이 다른 사람을 생김새로 알아볼 수 있음에 분노한 것이었다.

밤이 오면, 도시는 속이 텅 비어버린 진열장이 된다.

나의 두 손에 잠들어 있던 기억들이 펜을 움켜쥐는 데는, 담벼락에 그어진 몇몇 낙서들로 충분했다. 그렇게 손가락들이 내 시각을 지휘하기 시작했다.

사라와 유켈의 소설은 여러 대화 및 가공의 랍비들에 의해 제시된 성찰들로 이루어진 사랑 이야기다. 그것은 사람들에 의해, 그리고 단어들에 의해 파괴된 사랑이다. 우리는 이 이야기에서 **책**의 의미를 다루고, 또한 끊임없이 떠도는 한 가지 질문에 대해 쓰라린 집념을 보

---

3) 기원, 원천(源泉)을 뜻하기도 한다.

이리라.

(*"영혼은 가장 첫마디 말에 의해 산산조각 날 수 있는
한 순간의 빛, 깨어지면 살거죽 위로 떠오르는 수천수만
의 별, 그로써 우리는 우주와 닮게 되나니, 광도光度의 차
를 통해 하늘의 별을 구별하듯이, 자신의 별들 또한 빛의
강도로 구별하노라."*

• 렙 아베르

*"그대가 경계라는 것이 존재하지 않는다고 간주하는
한, '간격'은 곧 빛을 의미하니."*
"그렇게, 우리들은 간격이라네."

• 렙 미르샥)

2

해가 지면 랍비들이 등불 주위로 모여들 듯, 그들도 그를 둘러싸고 모였다.

"아," 렙 아몽이 말했다. "등불을 마주할 때면, 저는 경청하게 됩니다. 저의 얇은 등불이 길러내었습니다."

그러자 유켈은 이렇게 말하였다. "그는 파리의 길거리를 따라 나를 쫓아왔고, 나에 관한 이야기를 모두 기억하고 있었습니다.

그는 내 과거의 빛과 그림자를, 사유의 혼란을, 그리고 부재하는 나의 미래를 따라왔습니다.

그는 때때로, 나의 이름을 사칭했습니다.

하지만 나는 그자가 아닙니다.

왜냐하면 그는 글을 쓰기 때문이고

글 쓰는 이는 그 누구도 아니기 때문입니다."

(골목길―언젠가 막다르고 마는 길―을 내버려두었더라면, 골목길은 도시를 관통할 수도 있었으리라. 그러나 담벼락이 그 길을 가로막았다. 그리고 그 담벼락 뒤로는, 세월이 상복喪服을 입힌 높다란 집들이 있다. 골목길은 돌들의 장방형에 갇혀 발버둥친다. 마치 책이 잉크와 종이의 한계 속에서 닳아빠진 표지 아래 눌려 그러하듯이.

한 사람의 작가에게 있어, 그가 쓰게 될 작품을 발견하는 일은 기적과 닮은 동시에 상처와도 닮은 일이다. 기적, 그리고 상처 말이다.

나는 결국, 새롭게 생겨나는 그 장소에 가닿기 위하여 몇 세기 동안이나 삶과 죽음 사이를 오간 것 같았다. 그리고 그 삶과 죽음은 나의 민족의 것이었다.

나는 내 책에서 단어들이 자기 자리를 찾도록 내버려두었고 손가락으로 그 단어들을 따라갔다. 그것들은 둘씩 짝을 지어, 때로는 다섯이나 열씩 짝을 지어 나아갔다. 나는 그것들이 내 안에 들어오는 감정적 순서를 존중했다. 내가 이 책을 이미 오래전부터 지니고 다녔음을 깨달았기 때문이었다.

항구에서 멀리 떨어진 곳에서 배는 자란다. 내가 난바다에 맞서면 맞설수록 내 책은 유일무이한 장소가, 그곳에서 모든 길들이 교차하고, 그곳에서 모든 길들이 우리를 유혹하는 그런 장소가 되어갔다. 그때 하나의 울부짖음이 나를 꿰뚫었고, 내가 바다에서 바다로 나아가기 위해 나의 고통을 건조한 것은 바로 그 울부짖음 위였다.)

3

"그대는 책 속에 그대의 장소를 갖길 꿈꾼다. 그러면 곧, 그대는 눈들과 입술들이 나눠 갖는 하나의 단어가 된다."

• 렙 스니

"기호signes[4]와 주름은 같은 잉크에 의한 질문과 답이다."

(*나는 나의 거처를 짓네*[5])

"그대는 선택했습니다." 렙 엘로다가 말하였다. "그리하여 이제 그대의 운명은 그 선택에 달려 있습니다."
"그런데 그대는 유대인이기를 선택했습니까?"

그러자 렙 일데가 대답하였다. "선택에 복종하는 길 외에는 선택할 수 없는 것이 우리입니다. 그렇다면 선택하는 것과 선택받는 것 사이에 어떤 차이가 있을까요?"

"그대가 침묵한다, 나는 있었다. 그대가 말을 한다, 나는 있다."

• 렙 몰린

---

4) '징조' '징후'를 뜻하기도 함.
5) 1959년에 발표된 자베스의 시집(*Je bâtis ma demeure*).

4

(만약 바다가 바다의 뿌리를 뽑아 바다로 돌려보내는 파도를 갖지 않았다면. 바다에, 지나치게 많은—그러나 충분치 않은—파도가 있어 수평선을 휩쓸었다면. 바다에, 충분히 많은—겨우 그 정도인—파도가 있어 땅을 불안케 하였다면. 만약에 바다에 바다를 듣기 위한 귀가 없었다면. 바다에 두 눈이 없어, 바다가 영원한 바다의 시선이 될 수 없었다면. 만약 바다에 소금과 거품이 없었더라면. 그랬더라면, 바다는 뿌리가 잘린 태양 가운데, 죽음에 취한 바다였을 것이다. 바다는 태양이 잘린 가지들 한가운데, 빈사의 바다였을 것이다. 바다는 쇠약해진 바다여서, 폭발이 세계를, 육지 사람의 기억을 간직한 세계를, 위협하는 바다였을 것이다. 만약에 그랬더라면 과일들은, 과일들은 어떻게 될까? 사람들은, 사람들은 어떻게 될까?)

5

("만약 저희가 창조된 이유가 동일한 고통을 견디기 위해서라면, 또한 동일하게 계획된 죽음에 바쳐지기 위해서라면, 그렇다면 어째서 저희에게 주셨나이까, 다른 입술과 다른 눈을, 다른 목소리와 다른 영혼, 다른 언어를?"
• 렙 미드라슈)

책 속에 존재한다는 것. 질문의 책 속에 등장하고, 그 일부를 이룬다는 것. 한 단어에 대해서 또는 한 문장이나 단락, 하나의 장에 대해 책임을 진다는 것.

이렇게 선언할 수 있다는 것. "나는 책 속에 있다. 책은 나의 우주요, 나의 나라, 나의 지붕이자 나의 수수께끼. 책은 나의 호흡이자 나의 안식이다."

나는 넘겨지는 페이지와 함께 일어나서, 넘겨진 페이지와 함께 잠든다. 이렇게 대답할 수 있다는 것. "나는 말의 민족의 일원, 우리는 단어들로 우리 거처를 짓네." 알면서도, 이와 같은 대답 역시 다시금 하나의 질문이요, 그렇게 지은 거처가 끊임없이 위협받고 있음을, 똑똑히 알면서도 이렇게 대답할 수 있다는 것.

나는 책을 거론하고, 질문들을 제기하리라.

주님께서 계신다면, 그것은 그분께서 책 속에 계시기 때문이다. 현자와 성인, 예언자들이 존재한다면, 식자들과 시인들이, 인간과 곤충이 존재한다면, 그것은 그들의 이름이 책에 실려 있기 때문이다. 세상이 있는 것은 책이 있기 때문이다. 존재한다는 것은 자신의 이름과 함께 성장함을 의미하기 때문이다.

책은 책의 작품이다. 책은 바다를 낳는 태양이고, 땅을 드러내는 바다고, 사람을 깎아 낳는 땅이다. 그렇지 않다면, 태양은 밝힐 것 없는 광원光源일 것이요, 바다는 떠남도 돌아옴도 없이 출렁이는 물결일 것이요, 대지는 있는 것 없는 모래더미일 것이요, 사람은 기다림일 터, 이웃 없이, 교류할 상대 없이, 형제도 적도 없이, 사람은 살과 혼에 대한 기다림이 되리라.

영원은 동사動詞로써 순간들을 떼어낸다.

책은 책을 부풀린다.

유켈, 그대는 언제나 살거죽 아래를 불편해했다.[6] 그대는 결코 거기 없었고, 다른 곳에 있었다. 가을이 바라보는 겨울처럼, 봄이 바라보는 여름처럼, 그대는 그대보다 앞서 있거나 뒤서 있었다. 밤에서 낮까지가 너무도 번개 같아, 그것이 시간의 흐름인지 펜의 움직임인지 혼동될 지경인 음절들처럼, 그대는 과거에 있거나 미래에 있었다.

그대에게 현재란, 포착되기에는 너무도 재빠른 이 흐름이다. 펜의 흐름으로부터 남는 것은 단어다. 단어의 가지들, 단어의 푸른 잎들 또는 이미 죽어버린 단어의 낙엽과 함께 해석을 위해 미래로 던져지는 단어다.

그대는 미래를 읽는다, 그대는 미래를 읽게 한다. 그리고 어제 그대는 없었다. 그리고 내일이면 그대가 더는 없으리라.

그러나 그대는 현재에 붙박이고자 했다. 그대는 펜이, 앞으로도 살

---

6) 원문에서 사용된 표현은 '몸이 안 좋다'(être mal dans sa peau)는 의미의 숙어다. 여기서는 후속 문장의 맥락상, 공간을 나타내는 부사어(dans sa peau, '피부 속에서')를 드러내기로 한다.

아남게 될 한 단어를 갖는, 바로 그 한때가 되고자 했다.

그대는 시도했다.

그대는 그대의 발걸음이 바라는 바를, 발걸음들이 그대를 어디로 이끌어갈지를 말할 수가 없다. 모험이 언제 시작되고 끝나는지에 대해 상세히 안다는 것은 불가능하다. 그러나 어쨌든 모험은 어떤 장소에서 시작되어 보다 먼 다른 장소에서 끝난다. 특정한 장소에서.

모시, 모일에.

유켈, 그대는 꿈과 시간을 가로질렀다. 그대를 보는 사람들에게 있어—그러나 그들은 그대를 보지 않는다. 내가 그대를 본다—그대는 안개 속에서 꿈틀대는 형상일 뿐이다.

그대는 누구였는가, 유켈?

그대는 누구인가, 유켈?

그대는 누구일 것인가?

"그대"라는 말은 때때로 "나"라는 말이다.

나는 "나"라고 하지만, "나"라는 말인 것은 아니다. "나"는 그대이다. 그대는 죽을 것이다. 그대는 비워졌다.

이제부터 나는 혼자일 것이다.

(눈먼 다리를 본 일이 있는가, 눈먼 팔, 눈먼 목을 본 일이 있는가?

눈먼 입술들을 본 일이 있는가? 그날 저녁의 산책자가 그랬다. 다리도 팔도 목도 입술도 눈이 멀었다.

삶의 끝, 마지막 날 저녁에 산책을 하던 그는.

유켈, 그대가 갖지 못한 시선은 바로 나였던 것인가? 포석鋪石을 밟고 있던 그대 발의 시선, 포옹하고 있던 그대 팔의 시선, 갈증에 타던 그대 목의 시선, 입 맞추고 말하던 그대 입술의 시선은 나였는가?

"나", 그것은 그대이다. 그대는 죽을 것이고 그렇게 나는 혼자되리라.)

그대는 죽음을 향해 걸어간다. 죽음은 이제껏 그대를 봐주었다, 그대가 제 발로 자신을 향해 오도록 말이다. 그대는 저 모든 죽음들을 짓밟고 간다. 그대의 것이었고 그대 민족의 것이었던 죽음들과 그것들의 모호한 의미와 그것들의 무의미를 짓밟고 간다.

그리고 그대를 걷게 하는 것은 나다. 바로 내가 그대 발걸음에 씨를 뿌린다.

그대를 대신해 생각하고, 말하고, 찾고, 운율을 붙이는 것도 나다.

나는 글쓰기요

그대는 상처이기 때문이다.

나는 그대를 왜곡했는가, 유켈?

물론 그렇다.

나는 다만 허공에 그대 고통이 엿보일 조악한 창 하나를 내었을 따름이다. 그대는 햇볕에 금빛으로 물드는 이삭 가운데 하나, 그것은 집단의 울부짖음에서 빚어졌으니.

이 떠나지 않는 울부짖음에,

숨결과 한 몸 이루었으며, 우리 모두보다 오래된 울부짖음에,

변함없는,

자신의 씨앗보다도 오래된,

그 울부짖음에 나는 그대와 사라의 이름을 붙였다.

용서해다오 유켈. 나는 그대의 문장이 아니라, 내 영감에 따른 문장들을 써내었다. 그대는 일화逸話의 거짓말들 가운데 불이 꺼진 말, 주변의 별들에 빛이 삼켜진, 천체와도 같은 말이다. 저녁이면 사람들은

오직 나의 별들만을, 나의 별들이 발하는 그 강렬하고 눈부신 반짝임만을 보게 될 터이다. 그러나 그것은 그대가 없어진 짧은 시간 동안뿐이다. 그대는 돌아와 묵묵히 자리를 되찾으리라.

어떻게 그대에게 그대 자신을 표현하는 것이 가능했겠는가, 그대는 오직 울부짖음을 연장하기 위해서만 입을 떼거늘. 어떻게 그대가 그대 자신의 행적을 설명하는 데 필요한 욕망과 인내심을 가질 수 있었겠는가,

그대에게는 욕망도 인내심도 없거늘.

유켈의 봄에 있어, 사라, 그대는 누구인가?

> (대지의 피가 지구보다도 둥글 때,
> 새벽이, 그녀에게 입힐 아마포를 짜낼 때,
> 그녀가 있을 때,
> 그녀 발가락에서 끝도 없이 물방울이 떨어질 때, 우리는 아는가, 물에서 끌어올려진 한 여자가,
> 손수 일구는 소박한 생활을, 파도의 환희를 빼앗긴 한 여자가, 어떻게 되는지 아는가?
> 그들은 그녀를 조각조각 잘라냈고
> 그녀는 그들 밧줄의 포로가 되었네.)

사라의 봄에 있어, 유켈, 그대는 누구인가?

> (밤에는 무엇이 되느냐고 자기 그림자에게 묻기도 한다던가?
> 자기 그림자의 소식을 밤에게 묻기도 한다던가?)

그대는 밤이었고, 밤을 향해 나아간다. 밤의 상냥함을 알기에, 그대 눈길 위로 얹히던, 그 손바닥의 서늘함을 알기에, 그대는 밤을 그리워한다. 낮은 그대에게 온전한 고통이었다. 밤은 그대의 휴식이었다. 그럼에도 그대는 빛을 꿈꾼다. 빛의 들판을 꿈꾸고 빛의 지평을 꿈꾼다.

"사실입니까," 어느 날 순수한 메뭉Maimoun이 렙 나티에게 물었다. "제가 최초의 인간과 함께 났다는 것이 사실입니까?"

"그대는 주님의 가장 첫 번째 원의顧意로 태어났다." 렙 나티가 답하였다. "그리고 주님께서는 그대가 사람이길 원하셨다."

"사실입니까," 메뭉이 다시금 물었다. "주님을 사랑하는 것은 곧 사람들 가운데 계신 그분을 사랑하는 것이라는 게 사실입니까?"

"주님을 사랑한다는 것은," 렙 나티가 답하였다. "**그분의** 사랑을 본떠 사람을 사랑하는 것이다.

주님께서는 눈에 잘 띄지 않는 하나의 심지이다. 네 손으로 그것에 불을 붙여야 한다. 심지는 유리 덮개 아래에서 너의 등불이 되기를 기다리고 있다."

"그렇다면 저는 제 주님을 잃은 셈입니다." 순수한 메뭉은 이렇게 탄식하였다. "왜냐하면 저는 제 아버님을 죽인 자들을 사랑하지 않기 때문입니다. 그 후로 저는 어둠 속에 살고 있습니다."

유켈의 겨울에 있어, 사라, 그대는 누구인가?

(오늘 저녁 내가 들어가는 아스팔트와 납의 미궁으로
내몰린 암사슴, 불길 속에 던져지기 위해 산 채로 포획된
암사슴 그대는 인간들의 불에서는 벗어났으나, 그대 자신
의 불에서는 벗어나지 못하였다네. 그대의 자유를 은닉하

는 자들에게 넘겨지기 위해, 날랜 다리와 뻗친 팔을 난도
질하는 자들에게 넘겨지기 위해, 동향同鄉의 사냥꾼들 손
에 이끌려온 사슴이여.

　　낙서들이 그대를 못 박아둔 벽처럼,
　　그대가 향해가는, 사랑의 말마디로 화한 바다처럼,
　　새하얀,
　　방랑의 사라.)

　사라의 겨울에 있어, 유켈, 그대는 누구인가?

　그대는 보이지 않는 가시관을 쓴 나의 동무. 그대는 영웅이 아니며
결코 한 사람의 시민이 아니다. 그대는 그대의 동류들에게서 내쳐진
자. 나는 그대의 운명이 연필로 끄적여진 그대 어린 시절의 공책들
속에서도, 지우개질로 내용을 알아볼 수 없게 된 그대 성년기의 공책
들 속에서도 그대를 수행해왔다.
　나는 내가 읽지 못한 그대의 모든 문장들을 하나하나씩 고쳐 썼다.
그런데 그대는 저 문장들을 썼는가, 입에 담았는가 혹은 다만 생각했
을 뿐인가?
　나는 낱자들의 원래 모습으로 추정된 것 위로 잉크를 부어 넣었다.
그것은 그 글자들이 유켈, 원래는 그대의 것인, 본래의 생명력에 따
라 살고 죽게 하기 위해서였다.
　책 속에서,
　그리고 책에 대한 수많은 접근과 은폐 속에서.
　"책을 믿지 않는 자들은," 렙 강두르는 이렇게 말했다. "인간에 대
한 믿음과 인간의 왕국에 대한 믿음을 잃은 자들이다."

나의 형제여, 그대가 육화肉化하는 단어보다, 주의 깊고, 꿈 많고, 비참하고, 고독한 단어가 또 있을까?

6

"우리를 존재들과 사물들에게 엮어놓는 끈은 너무도 약한 것이어서, 자주, 우리도 모르는 사이에 끊어지곤 한다."

"숨 한 번, 눈길 한 번, 기호 하나, 때로는 그림자 하나가 털어놓는 비밀. 거칠게 묘사하여, 그러한 것이 우리가 맺는 관계의 시작이다."

"사슬이 영원하다면, 그것은 신성하다."

"그대는 글쓰기를 통해 속박에서 벗어나고자 한다. 얼마나 그릇된 생각인가! 모든 단어는 새로운 사슬이 들춘 베일이거늘."

• 렙 레카

"나는 그대를 명명한다. 그대는 있었다."

• 렙 비타

그대는 그대가 요청하지 않은 이름을 갖고 있다. 일생 동안 그대는 그 이름의 포로이다.
대체 그대는 그것을 언제 깨달을 것인가?

(그대 이름이 한 글자만을 가졌다면, 그대는 그대 이름

의 문간에 있다.

그대 이름이 두 글자를 가졌다면, 두 개의 문이 그대의 이름을 열어젖힌다.

그대 이름이 세 글자를 가졌다면, 세 개의 돛이 그대 이름을 실어간다.

그대 이름이 네 글자를 가졌다면, 네 개의 수평선 아래 그대 이름이 잠긴다.

그대 이름이 다섯 글자를 가졌다면, 다섯 권의 책이 그대의 이름을 열람한다.

그대 이름이 여섯 글자를 가졌다면, 여섯 현자가 그대 이름을 해석한다.

그대 이름이 일곱 글자를 가졌다면, 일곱 개의 가지가 그대의 이름을 불태운다.)

공백은 그대의 얼굴이다.

"애야, 네 이름의 글자들은 서로 너무나 멀리 떨어져 있기에, 너는 별이 총총한 밤하늘 가운데 기쁨의 불이 된단다."

"너도 때가 되면 느끼게 될 것이다, 어떤 것에 이름을 붙이는 일의 중요성을. 그렇게 해서 네가 응답하게 되는, 무無의 비참함을."

• 렙 아미엘

공백은 그대의 여행이다.

"그대 이름으로 귀속된 글자는 그대의 것이다. 그러나, 곧, 그대는 그대 재산의 노예가 되리라."

• 랩 테리스

"그대는 책의 죄를 짊어진다."

• 랩 레비

7

랍비 압, 텐, 잠, 엘라르, 다베르, 엘라티의 논평과 유켈의 두 번째 노래

> *"메아리를 소홀히 여기지 마라. 그대가 사는 것은*
> *메아리 덕분이므로."*
>
> • 렙 프라토

렙 압의 논평

"한 작가의 삶이 의미를 얻게 되는 것은 대대손손 전승될 수 있는 그의 말과 글을 통해서이다.

그리고 조탁彫琢을 거친 언어는 때로 한 문장이나 한 소절로 요약되기도 한다.

거기 진리가 있다.

그런데, 그것은 어떤 진리인가?

한 문장이, 한 소절이 작품에서 살아남는다고 할 때, 다른 것들이 아니라 바로 그것이 살아남을 수 있도록 특별한 기회를 부여한 이는, 작가가 아니라 독자다.

거기 거짓이 있다.

작가는 작품 앞에서 지워지고, 작품은 독자에 종속된다.

그리하여 흐르는 시간 속에서 진리란 것은, 우리가 우리의 눈물과 피를 대가로 치르는, 저 부조리하고도 풍요로운 거짓의 탐구이다."

(“내가 현존한다고 믿는 그대에게,
내가 어떻게 말할 수 있을 것인가
그 의미가 여럿인 단어들을 사용하여,
나처럼, 누군가 바라볼 때마다 변화하는,
그 목소리가 기이한,
그런 단어들을 사용하여, 내가 어떻게 그대에게
내 아는 바를 전달하겠는가?
그대의 현실은 빛의 현실로 바뀌었다
빛 속에서
세계는 세계를 알게 되고
그대를 잃는다.
그러한 그대에게,
빌린 이름에 응답하는 그대에게
내가 어떻게 말할 수 있을 것인가
나는 있지 않다고,
다만 각각의 단어 속에서
내가 나를 보고,
듣고,
이해한다고?
어떻게 보여줄 수 있을 것인가
회의懷疑에 의해 내 모든 행적이 지워진,
나의 바깥에서
내가 한 장 한 장에 걸쳐
만들어가는 무엇을?
누구에게 모습을 드러내는가
내가 전하는 이 영상들은?

나는 마침내, 내가 받아 마땅한 것을 요구한다.
어떻게 나의 무고함을 증명할까
나를 죄어드는
저 하늘을 정복하기 위해
내 두 손으로부터 독수리가 날아오를 때?
나는 내 힘의 한계점에서
오만으로 죽는다.
내가 기다리는 것은 여전히 더 먼 곳에 있다.
어떻게 그대를 나의 모험에 참여시킬 수 있겠는가
나의 모험이 다름 아닌
나의 고독과 길의 고백이라면?")

렙 텐의 논평
"나의 길은 위대한 시간을 가졌다,
그 길에는 여러 차례의 부딪힘과 고통이 있었다.
높다란 꼭대기들도 있고, 큰 파도들도 있으며,
모래도 있고, 하늘도 있다.
나의 길 혹은 그대의 길 위에는."

("나는 모른다
땅은 목마름처럼 둥글다는 가르침을
그대가 받았는지를,
사랑스러운 그림자들의 동요 속에서
빛이 다가옴에 따라,
시인들의 혀,
곧 우물들과 여러 세기의 혀는

마르고, 거칠어지고, 또 말라간다는 것을
그대가 아는지를,
그토록 오래 섬기고, 오래 통通한 나머지
그토록 오랜 시간 동안 공기에, 소음에,
스스로의 말에 노출된 나머지
시인의 혀는 딱딱해지고
누레졌다가
바스라지고 만다는 가르침을
그대가 받았는지를.
그렇게 길들이 길을 잇게 되며,
그렇게 길들은 예고한다,
돌들을, 흩어진 돌들 위의 재 가루를.
책은
희생된 꽃잎들의 울부짖음에서,
예언의 장미로부터 타오르는 큰 불길에서 솟아나온다.
연기.
거기서 오직 불을 바라보는 자,
오직 새벽빛과
죽음의 향기만을
들이마시는 자를 위한
연기여.
그러나 절정의 질서정연한 배치는,
그러나 몰락의 질서정연한 배치는
혼인의 기쁨과도 같나니.")

렙 잠의 논평

"바늘귀 속으로 들어가는 실처럼
우리는 밤 속으로 들어간다.
다행스럽게 열린
혹은 피에 젖은 입구로,
가장 밝은 균열 속으로.
우리는 바늘이자 동시에 실
자기 자신 안으로 들어가는 것처럼
우리는 밤 속으로 들어간다."

렙 엘라르의 논평
"한 단어에서 다른 한 단어 사이,
가능한 공백,
먼 곳의,
거스를 수 없는.
꿈은 공백의 착수금
약소한, 가장 첫
계약금.
하나의 길은 회상될 수 있다 기억을 통해
또는 혈관을 통해.
사람들의 눈에 길을 파 넣을 수도 있다.
아이들은 길 찾기의 거장이다.

내려가기.
추락과 함께,
그리고 망각과 함께,
죽기 위해

자신의 무게를 되찾은
무게를 지니고
사물들과 존재들이 임하는 추락,
그러한 망각과 함께
녹아들고 섞여들기."

유켈, 살아내야 하는 페이지가 얼마나 남았길래, 죽도록 그대를 그
대 자신과 갈라놓고 있는가,
책에서 책의 포기에 이르기까지?

그리고 유켈은 이렇게 말한다.
나는 그대를 찾는다.
내가 거기서 그대를 찾고 있는 세상은 나무가 없는 세상이다.
있는 것이라고는 오직 텅 빈 길들,
헐벗은 길들뿐이다.
내가 거기서 그대를 찾고 있는 세상은
이름 없는 다른 세상들에 열려 있는 세상.
그대가 없는 세상, 내가 그대를 찾는 세상이다.
거기 그대의 발자국들이 있다.
내가 좇고 기다리는 그대의 발자국들이.
나는 그림자 없는 그대 발자국이 남긴 느긋한 길을 따라갔다,
내가 누구인지 모르는 채로,
내가 어디로 가는지 모르는 채로.
언젠가 그대는 거기 있으리라.
언제나처럼 그대가 거기 있을 언젠가,
여기, 다른 곳에

어쩌면 내일.

나는 그대를 붙잡기 위해 다른 지독한 길들도 밟았었다.

소금이 소금을 부수던 길들을 따라갔었다.

나는 그대를 붙잡기 위해 다른 시간들과 다른 기슭들도 따라갔었다.

밤은 밤을 좇는 자에게 하나의 손이다.

밤이면 모든 길들은 쓰러진다.

필요했다, 내가 그대의 손을 잡았던, 오직 우리뿐이었던 그 밤이.

이 길이 있어야 했던 것처럼, 그 밤도 있어야 했다.

내가 그대를 찾고 있는 세상 속에서 그대는 풀이고 녹아듦이다.

그대는 내가 그 속에서 헤매는, 잃어버린 울부짖음이다.

그러나 그대는 망각이기도 하다. 더는 어떤 것도 밤을 새우지 않는 곳에서, 거울의 잿더미에서.

렙 다베르의 논평

"나를 그대 쪽으로 향하게 하는 길은 안전하다. 그것이 큰 바다들로 통할 때조차도."

"내가 운문을 쓰고 있는지 산문을 쓰고 있는지 어떻게 알 수 있는가." 렙 엘라티는 이렇게 지적했다. "나는 리듬을 따라간다."

그리고 다른 곳에서는 이런 말도 했다. "리듬이 없었다면, 그대들은 매일 아침 태양을 보지 못했으리라.

그대들은 그럴 수 없었으리라.

리듬은 내재한다. 그것은 숙명의 리듬이다.

그대들이 무엇을 하든, 그것보다 더 빠르거나 느릴 수는 없다.

그대들은 동조하여 움직일 수밖에 없다. 그대들의 피, 영혼, 심장에 동조하여서.

그대들이 미리 혹은 뒤늦게 존재할 수는 없으리라.

그대들은 그럴 수 없으리라.

달에 이어 다시 달이 떠오르는 것을 상상할 수 있는가?

나는 주님을 향해 갔다. 주님께서 나의 운명이었기 때문에.

나는 주님의 말씀을 향해 갔다. 주님의 말씀이 나의 운명이었기 때문에.

나는 말씀을 향해 갔다

그 말씀을 나의 행동으로 삼고자.

그렇게 나는 갔으며

가고 있다."

부재자不在者의 책

1부

모든 글자는 부재를 이룬다.

그렇게 주님께서는 그분의 이름이 낳은 자식이다.

• 렙 탈

1

아이는 어른보다 더 많은 악을 야기할 수 있다. 악순환
이다. 그 첫 번째 순환에서, 아이보다는 어른이 악하다.
한쪽은 분필로 악을 부르고, 다른 쪽은 검으로 부른다.

대체 어떤 것이 그를 멈춰 세우고, 돌연 깊은 생각에 잠기게 하는
가? 그의 삶을 바꾸지 못할, 또는 그 어떤 것도 바꾸지 못할 별것 아
닌 사건.

강물에 던져지는 조약돌 하나가 그를 멈춰 세운다.

그는 낯선 구역들을 통과했던가? 인파로 가득한 거리, 지나가던 한
남자가 그의 어깨를 부딪쳐왔다. 어제였던가, 오늘이었던가? 어디서
였던가? 분명 그의 거처에서 먼 곳일 테다. 그는 부둥켜안은 연인들
을 지나쳤다. 그들은 하늘에 뿌리를 두고, 별들을 주렁주렁 매단 젊
은 나무들 같았다. 그는 그에게 무엇인가를 묻던 여인을 지나쳤다…
그는 그녀에게 아무 대답도 하지 않았다. 그는 듣고 있지 않았다. 그
는 여인의 말소리만을 들었다. 그는 그녀를 바라보지도 않았다. 그는
정말로 그녀와 마주쳤던 것일까? 그는 소리들을, 소음들을 들었다…
그는 빨간불 아래를 건넜고, 파란불 아래를 건넜다. 그는 가로등과
가로등을 따라갔고, 잃었고, 되찾았고, 다시 따라갔다. 그는 이런저런
대화의 단편들을 기억해두기도 했다. 그랬다가 그 대화들을 잊어버
리고, 그랬다가 그 대화들을 다시 떠올려, 거기 있던 성찰과 생각과

계획들에 대해 생각하기도 했다. 그는 걸었다. 그는 걷고 있다. 그는 귀가할 생각이 없다. 그럴 용기가 나지 않는 것이다. 그는 발걸음 닿는 대로 계속해서 걷는다. 그의 방으로 돌아가기 위해서는, 기억해내는 수고가 필요할 것이며, 다시금 방향을 잡고 나아가야 할 것이며, 시간과 장소를 의식해야 할 것이다. 그는 항해를 하고 있다. 그를 위해 바람이 분다. 순풍이 불고 역풍이 분다. 그의 가슴속과 그의 발치에는 그토록 많은 낙엽이 쌓여 있다. 그토록 많은 돛들이 올라가 있다가, 금세 찢어진다. 그는 흔들린다. 그를 흔들리게 하는 것은 다만 피로뿐만이 아니다. 아니, 사실 그럴지도 모르겠다. 짐짝보다 무거운 천년의 피로. 그를 좀먹는 지긋지긋함이, 그를 비틀거리게 한다. 그토록 많은 길을 밟았으나, 그것은 모두 같은 길이다.

어떻게 스스로를 밝혀야 하는가, 대체, 어떻게? 그는 결코 그 답을 몰랐다. 언어는 언어고, 그는 그이다. 그는 말 없는 사람이다. 그에게는 말할 것이 많았다만, 결코 그것을 표현하지 않았다. '안녕'이란 말처럼 소박한 것들이었다. 사람들이 더는 생각하지 않는 말들, 어쩌면, 이젠 잊힌 말들. 어떤 이들에게는 기쁨이 되고, 또 다른 이들에게는 부끄러움이 될.

이제는 너무 늦었다. 너무.

그는 눈가리개를 쓴 암물소가 매여 있는 아프리카의 회전식 양수기에 대해 생각한다. 그는 굴복당한 그 짐승에 대해 생각한다. 끝도 없이 제자리를 돌며, 땅에게, 그리고 자신을 욕보이는 인간에게, 마실 거리를 주는, 그 꼴사납고 유순한 짐승에 대해 생각한다.

그는 그 짐승이 친근해졌다.

그는 걷는다. 목덜미에서 계속 통증이 느껴진다.

"세상에는 정복자들이 있다." 포로가 된 랍비, 붙잡힌 성인^{聖人}은 이렇게 말했다. "오만함과 웅변을 가진 정복자들이 있다. 또한 정복당한 자들도 있다. 말도, 몸짓도 없는 이들이 있다.

　말 없는 자들의 민족은 끈질기다."

　저기 농토 아래에 랍비들의 재가 묻혀 있다.

　그리고 그들의 말은 도시에 묻혀 있다.

　살아 있기 때문에 그는 걷는다. 그에게 있어, 그가 지나는 이 거리들보다 무엇이 더 현실적이겠는가? 그에게 있어, 두 눈 감은 채로, 두 눈 크게 뜬 채로 가로지르는 이 수도보다 무엇이 더 현실적이겠는가? 이 비현실보다, 즉 비현실적인 현실보다, 무엇이 더 현실적이겠는가? 선장이 자기 배의 주인인 것처럼,

　그는 이 비현실의 주인이자 꼭두각시인데.

　하나의 얼굴이 끊임없이 그를 사로잡는다. 싸움꾼처럼 두터운 목으로부터 머리칼이 얼마간 거리를 둘 수 있도록, 그리고 머리카락이 관자놀이를 덮지 않도록 이발기로 깎아낸 짧은 금발머리. 마침내 경찰서 사건 파일들이 가진 위엄을 얻게 될 정도로 셀 수 없이 많이 쌓인 모눈종이 위의 메모들, 그들을 그러모아 하나로 묶기 위해 아주 오래전부터 사용되어온 녹슨 압정들, 그리고 그러한 압정들에 둘러싸인, 근시를 가진 두 눈이.

　"압정은 가장 확실한 속박이다. 시간이 지나면 압정은 압정에 뚫린 페이지와 한 몸을 이루어 자신의 작품을 끌러보고자 하는 이를 찌른다."

　울부짖음의 인내에는 한계가 없다. 그것은 희생된 자보다 오래 살아남는다.

　울부짖음의 인내에는 공功이 없다.

　어떠한 기관도, 어떠한 정부도 울부짖음을 독점할 수는 없다.

　그 어떤 천체의 운행이나, 그 어떤 산마루, 바닷물 역시도.

　우리가 쐐기를 박아 예속시킨 '다른 곳', 즉 '이곳'에서 울부짖음이

문제 삼는 것은 다만 한 국가나 대륙이 아니라 세계다. 한 개인이 아닌 모두다.

울부짖음이 규탄하는 것은 하나의 묵주나 하나의 예배당이 아니다. 울부짖음은 수백 개의 예배당과 수백만 개의 묵주를 규탄한다. 그것이 규탄하는 것은 하나의 성가나 기도도 아니고, 한 포기 풀이나 초승달이 아니며…

> (하나의 나라와 한 포기 풀, 묵주 하나와 한 개의 대륙,
> 하나의 기도와 하나의 성가, 초승달 모양으로 기운 지구
> 와 초승달이다.)

울부짖음을 참지 않는 것이 그의 미덕이다.

"영원의 관점에서 보면," 렙 무사는 이렇게 말했다. "인내는 곧 비이성적인 '참을 수 없음'이라네."

> (나뭇가지가 가르쳐준 것이었는데
> 사람들이 가르치네,
> 이번엔 그들이 가지에게.
> 바다가 노래해준 것이었는데
> 사람들이 부르네,
> 이번엔 그들이 바다에게.
> 그 모든 기쁨과 그 모든 거처를
> 우리는 남김없이 없애버렸는가?)

사라, 나는 그대의 복수를 하지 않을 것이다. 다른 이들에게야 그대의 이름이 무슨 상관일까? 그대는 내 사랑을 위한 이름, 새벽빛을 위

한 이름을 갖고 있었다. 그러나 그대의 복수는 이루어지리라.

그대는 양심, 그대는 듣기에 괴로운 진리. 심판하는 진리.

언젠가는 사람들도 똑똑히 깨닫게 되리라. 아름다움이 그대의 얼굴을 가졌었다는 것을, 그대의 구름들과 그대의 흐린 하늘을 가졌었다는 것을.

자동차 헤드라이트가 어느 건물의 전면을 밝힌다. 어느 거리인가? 그의 앞으로도 뒤로도 거리들이 너무 많아, 더는 어디인지 알 수가 없다. 거기서 그는 다음과 같은 글을 읽는다.

MORT AUX JUIFS
(유대인에게 죽음을)
JEWS GO HOME
(유대인은 집으로)

글은 흰색 분필로, 대문자로 쓰여 있다.

어느 거리에서인가? 여러 거리에서, 여러 벽면에서. 그는 모든 낙서들을 읽어내고자 했다. 그리고 다음과 같은 문구를 읽고 또 읽었다.

MORT AUX JUIFS
(유대인에게 죽음을)

매번 다른 경계 앞에 멈춰 설 때마다. 멈춰 설 때마다 언제나 같은 경계 앞에.

이제 그에게는 벽들 위에 쓰인 저 세 단어밖에 보이지 않았다. 아마도 그 단어들은 애초에 존재하지 않았을지도 모르겠다. 그가 아닌 다른 행인들에게는 말이다. 이제 그에게는 저 열두 글자밖에 보이지 않았다. 기억의 유리판 위에 새겨져, 오직 열두 글자만이 투명하게 보이고 있었다.

매끄러운 허공에 비탄의 원호를 그리던 사이렌 소리들이 있었다. 그를 둘러싸고 또한 그의 살 안에서 터져나가던 포탄들이 있었다. 지상으로 또는 해상으로의 탈출이 여러 번 있었고, 그럴 때마다 약탈당한 집으로의 또는 넋을 잃어버린 마음으로의 외로운 귀환이 있었다.

시체더미들이 있었다. 그 위로 풀들이 자랐고, 들판을 이루었다. 거기서 꽃들은 계절마다 달리 피어난다. 인골로부터, 그리고 인골에 잠긴 생각들로부터 양분을 얻은 꽃들이다. 그들의 향기는 거짓 증언이다.

"저의 하느님"이라고 그가 중얼거린다. 세월의 시곗바늘들이 모두 같은 시각을 가리키고 있다.

2

유년기는 그 위로 자그마한 종이배들이 떠다니는, 물에 잠긴 흙이다. 종이배들이 전갈로 변모하는 일도 있다. 그러면 삶은 매순간 독에 당해 죽어간다.

태양 안에 땅이 있는 것처럼, 모든 꽃부리 속에는 독이 있다. 밤이면 땅의 지배권은 땅에게 돌아가나, 사람들은 행복하게 잠을 잔다. 수면 속에서 그들은 상처를 입지 않는 자들이다.

독은 꿈이다.

물론 그의 개입이 적지는 않겠으나, 아래 페이지들에서 유켈 세라피라는 인물 자체는 거의 다루어지지 않을 것이다. 그는 증인이기 때문이다. 그리고 우리는, 우리를 보고, 듣고, 꿈꾸고 또 판단하게 하는 단어들이, 오직 그들이 만들어내고 또 빠져나가는 현실과 관련되어서만 존재한다는 것을 알고 있다.

그렇게 책이 펼쳐진다. 반짝일 운명을 품은, 황금의 그림자가 그려질 책이.

("볕이 난다. 밤이 비옥해졌다."

• 렙 가니)

그는 쓴다.

그는 자기 손과 펜을 위해 쓴다. 그는 자기 눈길을 달래기 위해 쓴다. 만약 그가 쓰지 않는다면, 그것들은 어떻게 될 것이란 말인가? 사용되지 않는 그의 펜은 지금쯤 슬어버린 녹에 묻혀 질식했으리라. 그의 손은 어디에서도, 어떤 단어에서도, 어떤 글자에서도 만족을 느끼지 못할 것이며, 어떤 즉흥적인 영상도 잉크로 써내지 못하리라. 단 한시도 문장으로부터 위안받지 못한 그의 눈길은, 코앞에서 굳게 닫힌 페이지 아래로 침잠해 들어가리라. 글쓰기만이 쓰는 자의 눈길을 표면에 붙잡아둘 수 있으니까 말이다.

그는 두 눈의 여정을 반복한다. 그는 질문한다. 그에게는 질문에 답할 시간이 없다. 그토록 많은 질문들이 그의 혀에서 빠져나와 팔을 따라 손바닥에 이르려 한다. 그토록 많은 열망들이 그의 펜을 틀어쥐고 그의 손가락들에 그 펜을 잡을 힘을 부여한다.

길은 어디에 있는가? 길은 언제나 찾아내야 할 무엇이다. 한 장의 백지는 길들로 가득 차 있다. 왼쪽에서 오른쪽으로 나아가야 할 것임은 안다. 많이 걷고 많은 고생을 하게 될 것임도 안다. 언제나 왼쪽에서 오른쪽으로 말이다. 가끔이지만 미리 알기도 한다. 한 페이지가 기호들로 까매졌을 때, 우리가 그것을 찢어버릴 거란 사실. 우린 같은 길을 열 번이고 백 번이고 걷는다. 자기 코의, 목덜미의, 입의 길을. 이마의 길과 혼의 길. 그리고 이 모든 길들은 각자 여럿의 갈림길들을 갖고 있다. 그렇지 않다면 길이 아니리라.

어떻게 이럴 수 있단 말인가, 우리가 우리 앞에 나아갈 길을—혹은 잠재적으로 택하게 될 길을—갖고 있으면서도, 우리가 받아들임의 상태 내지는 은총 상태에 있을 때를—그러나 이는 정말로, 정말로 드문 일이긴 하다—제외하면, 대개는 우리 자신을 우리 목표로부터 멀게 만드는 길을, 우리를 우리가 거기 없는—하지만 어쩌면 우리는 거기에도 있지 않을까—다른 곳으로 이끄는 길을 택하게 된다니 말이다. 그리고 이것은 또 무슨 일인가, 그러한 상태에 있는 자들—즉 은총의 상태에 있는 자들—은 그것을 모른다니 말이다. 그들은 자신들이 언제 은총의 상태에 놓여 있는지 모른다. 은총의 상태에 놓인다는 것이 흔히 의미하는 바가 더 비밀스럽고, 신비로운 길들을 따라가기 위해 자신의 익숙한 길을 잃어버린다는 것이기에 더더욱.

우리는 갈 수 있는 모든 길들을 알고 있다. 그리고 가장 먼 길들은 의식의 지도를 펼쳐놓고 보았을 때 가장 가까운 길들이다. 그는 최근에도 다시금 그러한 경험을 했다. 어느 날 오후, 그는 위험을 무릅쓰고 동쪽으로 펼쳐진 사막지대로 나아갔다. 그의 부모님이 자리를 잡았던, 어느 중동국가의 국경 너머로 펼쳐진 사막이었다. 그에게는 그의 외로움을 위한 풍경이 필요했다. 그는 차를 타고 서로 다른 여러 길들에 진입하였다. 그는 구원의 끝까지 빠져들었다. 포근한 밤이 그에게서 팔찌들이며 목걸이들을 벗겨냈다.—가장 매력적인 것은 분홍빛이었다.—그는 밤이 모습을 드러내고 또 감출 수 있다는 것에, 불어날 수 있다는 것에, 돌연 무척이나 호리호리해져서, 그가 끌어안을 수 있을 만큼 날씬해질 수 있다는 것에 놀랐다. 그는 밤이 여자가 될 수 있다는 것에, 여성적 우주가 될 수 있다는 것에, 그녀가 벗을 수 있다는 것에 혹은 별들을 옷가지처럼 걸칠 수 있다는 것에 감탄했다.

이따금 바람이 조심스레 불어와 그림자와 그의 잠자리를 스치고, 말하자면 척후병처럼 잠자리 안에 슬며시 틈입했다가 떠나갔다. 어떤 낌새도 없었다. 바로 그 바람이 해 뜰 무렵에는 그토록 난폭하게 불어와, 그가 몸을 의탁하고 있던 저 미미한 거처를 덮칠 것이라는 낌새는 전혀 없었다. 모래가 아직 제 무심함을 버리지 않고 있었으니 말이다.

—혹은 바로 그러한 낌새 없음을 위하여 모래는 무심함을 버리지

않았던 것일까?

정오에, 그는 다시금 무한 앞에, 곧 새하얀 페이지 앞에 서게 되었다. 모든 발자국들이 모래 아래 파묻혀 사라져 있었다. 그는 지켜보았다, 그가 도착하며 세웠던 천막 안에서—어떻게 그 천막은 날아가지 않았던 것일까?—바람이 만들어내는 복잡다단한 즉흥 공연을. 그는 바람이 느닷없이 모래와 함께 웃고 모래와 함께 춤추는 소리를 들었다. 모래를 즐겁게 하고 모래를 성나게 하고 수많은 그 모래 알갱이들을 즐기고, 그로부터 성내다가는 제 자신의 욕망 속에서 미쳐버린 모래의 신이 되어 날개 달린 끔찍한 피조물들을 거느리고 이 우주를 정복하려 드는 것을 들었다.

분명 그는 출발지로부터 몇십 킬로미터 떨어진 지점에 있었다. 하지만 그는 그 출발지라는 것을 알지 못하였다. 그리고 과연 이곳에서, 누가 '출발'이나 '도착'에 대해 이야기할 수 있었을까? 어느 곳이든 망각이, 부재가 부숴버린 침상이, 산산이 조각난 떠돌이 왕국이 있었을 따름이다.

인간에게 있어 구원이란 자신처럼 시작과 끝을 가지며 반복되는 무엇이다. 구원은 목마름을 적셔주고서 다시금 갈구되는 물이며, 허기를 가라앉히는 동시에 유지시키는 빵이다. 구원은 인간을 위해 그리고 인간과 함께 싹트고, 나아가고, 무르익는 무엇이다. 무한, 그리고 영원은 속살과 껍질을 가진 존재의 적이다. 더는 아무것도 남지 않게 되었을 때도 모래는 남을 것이다. 무無를 그러모으기 위해 사막이 남게 되리라.

동요하고 뿌리내리는 것을 그만둔 것의 가운데, 스스로가 스스로에게 충분한 것이 되어 이성과 사계절마저를 무시하게 된 어떤 것의 가운데—사막의 열쇠들은 다섯 대륙을 내어놓는다—'느림'에 사로잡혀, 점점 바다를 거절하고 밀어내게 된 이 면적들 가운데—느림은 가공할 만한 힘이니, 왜냐하면 그것은 '움직임 없음'에 대한 정열을 품고 있기 때문이요, 언젠가는 스스로를 그 움직임 없음과 혼동하기 때문이다—살아간다는 것은 스스로의 한계를 인정한다는 의미이기에, 존재하기를 확고히도 거절하는 가운데, 마침내 스스로의 패배를 —패배의 승리를—인지하게 된 인간은 스스로의 옥獄에 갇힌 수인과 닮아 있다. 무너뜨리는 일이 아니고서야 어떻게 벽에 대항할 수 있겠는가? 잘라내는 일이 아니고서야 어떻게 쇠창살에 대항할 수 있겠는가? 그런데 만약에 그 벽이 모래라면? 그런데 만약에 그 쇠창살이 모래 위에 드리워진 우리 자신의 그림자라면? 이처럼 목표가, 끊임없이, 보다 멀리 있다면, 대항의 방식이란 요컨대, 더는 앞으로 나아가지 않는 것이다.

무한에는 악의 투명함이 있다. 우리를 넘어서는 것은 우리를 멸시하고 우리를 벗어나는 것은 우리를 파괴한다. 새들이 사구들의 형태를 알아보기 위해 낮게 나는 곳에서, 푸른 바다는 그것들의 사이를 벌려놓았으며, 죽음은 그곳에 자리 잡았다. 넉넉한 죽음의 경계들에 환영받으면서.

그러나 그가 위험한 상황 속에 빠져 있는 것은 아니었다. 그는 바다로 가야 했다. 도보로. 엔진이 돌풍으로 망가지고 바퀴들이 모래에 파묻힌 차량은 그에게 어떤 도움도 될 수 없었기 때문이었다.

그는 계획을 세웠다. 해질 무렵에는 귀환을 시도하리라. 하지만 그때까지는? 밖은 찌는 듯이 더웠다. 그는 천막 아래 눕기로 한다. 머리가 아파왔다. 걷는다고 해도 두 시간마다는 멈춰 서게 될 것이다. 그는 본능에 따라 지름길들을 택하여 나아가게 되리라.

3월 바람은 매들의 습성을 갖고 있어, 일단 무리를 지어 모이면, 당신들의 눈을 쪼고, 쓰러트린다. 그는 생사가 바람의 자비에 맡겨진, 눈이 멀어버린 한 세계를 상상했다. 그는 모래톱들을, 그의 집을 다시 찾을 수 있을까?

심장이 규칙적으로 뛰었다. 그리고 이는 마치 그의 가슴속에서 어떤 새로운 수원이 처음으로 물줄기를 튼 듯했다. 그는 심장에, 샘의 손잡이에 매달렸다. 모든 종류의 상징들에 매달렸고 삶의 모든 자연스러운 표상들에 매달렸다. 불행히도 그는 자신이 자신으로부터 멀어지고 있다는 생각을 하지 못했다.

매번의 시련 속에서 삶과 죽음 사이의 원초적 균형을 회복하기. 한쪽에게 그러한 것처럼 다른 쪽에게도, 한쪽에 이어 다른 한쪽에 희생제물을 바치기. 죽음의 승리를 뜻하는 것이 아니라 다만 육신의 포기, 인간적인 건강의 포기를 의미하는 최후의 날숨에 이르기까지 삶과 함께 살아 있으면서도 죽음을 위해 죽어 있기.

소년기에 이미 그는 죽음으로부터 고통스러운 도제 교육을 받았었다. 그때 처음으로 그는 죽음을 가까이서 보았다. 그는 죽음의 침상 머리맡에 있었다. 죽음은 우리의 언어로 말을 건다. 이해 가능한 것이 되기 위하여, 죽음은 스스로를 우리의 수준까지 낮추거나—우리를 대참사의 수준으로 끌어올린다, 그리하여 마침내 우리에게 제 목소리를 빌려줄 수 있을 때까지. 누이의 침상 위에 몸을 굽힌 채, 그는 죽음이 말하는 것에 귀를 기울였다. 죽음이 그의 치기어린 반항을 제압하고, 상황에 따라 달라지는 이런저런 것들의 앞면과 뒷면을 밝혀주는 것을 들었다.

죽어가는 누이의 말에 답하기 위해, 그도 누이와 마찬가지로 죽음이 속삭여주는 단어들을 사용했다.—오직 그 단어들만이 그들을 하나로 묶어줄 수 있었다.—대화가 멎었을 때, 비로소 그는 누이를 영영 잃었다는 사실을 이해했다.

잎과 모래에 대해서도 사정은 마찬가지다. 대화는 멎을 수도 없고, 멎어서도 안 된다. 잎과는 산 자들의 대화. 모래와는 죽은 자들의 대화.

그는 조금씩 손을 놓았다. 죽음은 그의 과업이 되었다. 그는 존재하기의 조건을 결정짓는 체계 속에 들어갔다. 그는 그 체계의 치밀하고 정교한 작동을 재발견하였다. 몸과 마찬가지로, 영혼도 유지되어야 할 필요가 있다. 그리고 영혼은 삶의 빵과 죽음의 빵에 굶주려 있다.

그는 자신의 가르침에 대해 질문하러 온 어느 낯선 랍비에게, 렙 아롱이 다음처럼 답한 것을 떠올렸다.

"절대적으로, 자신의 신 곁에서, 신의 삶과 죽음 곁에서 사는 사람은, 하나의 문에 의해 구분되는 나란한 두 방 안에 사는 것이다. 그는 신을 찬양하기 위해 한 방에서 다른 방으로 건너간다. 그는 의식 안의 존재로부터 부재 속의 존재로 건너간다. 더는 존재하지 않기를 열망하기 위해, 다시 말해 더 존재하는 것을, 모든 것이 되는 것을 열망하기 위해, 그는 우선 온전히 존재해야만 한다. 왜냐하면 **모든 것**le Tout이란 곧 부재이기 때문이다."

그는 매 순간마다 죽어갔다. 그는 사후의 기력을 되찾고 있었다. 그는 사막의 한 조각이었고, 풍향이 바뀐 바람이었다. 그는 사람의 손이 닿지 않은 페이지를 뜯어내고 있었다.

하지만 언어는 지배자이며 씨 뿌리는 사람이다. 여명과 황혼은 민족처럼 적혀 있다. 그가 자신의 마을과 거처로 돌아왔을 때—유목민한 사람이 그를 낙타 등에 태우고, 가장 가까운 초소까지 데려다주었다. 그는 거기서 군용 트럭을 타고 살던 도시로 향했다—무척이나 많은 단어들이 그의 마음을 끌었다. 하지만 그는 완강하게 그 단어들을 피했다. 그가 그것들을 고착시킬 생각을 하기에는, 아직 그 단어들이 지나치게 공간에 사로잡혀 있었기 때문이다.

3

나는 글 쓰는 이의 소명을 믿는다. 작가는 자신의 소명을 언어로부터 받는다. 작가에게 그의 고통과 희망을 가져다주는 언어로부터 말이다. 그는 그에게 질문하는 단어들에게 질문하고, 그와 동행하는 언어와 동행한다. 주도권은 양쪽 모두에게 있으며, 자발적인 것처럼 보인다. 단어들에게 봉사하는 것—단어들을 사용하는 것—을 통해, 작가는 자신의 삶에, 그리고 그 삶이 비롯한 단어들의 삶에 깊은 의미를 부여한다.

지금 시기는 멀고도 지나치게 가깝다.
나, 부재하는 자 세라피는 책들을 쓰기 위해 태어났다.

　　(나는 화자이기 때문에 부재한다. 오직 이야기만이 실재한다.)

나는 부재의 세계를 일주하였다.
나는 멍한 상태에 있는 내 동류들에게, 그들에게 있어 나는 어느 때고 동류가 아니었던, 나의 동류들에게, 그들의 언어로—그들에게 사로잡힌 희생양이자, 그들을 사로잡고 있는 언어로—말했다.
나는 그들에게 사로잡힌 희생양의 무게를 짊어졌다.

나는 나의 책들에서 삶과 죽음의 경계들을 부숴버렸다.

나는 작별 인사를 하였다.

어머니, 당신께서는 예상치 못하셨습니다. 저를 잉태하심으로써 세상에 살과 빛으로 된 종이들을 남기고 떠나시리라는 것을. 그 종이들은 문장들을 위한 것이었습니다. 제가 훗날 변호의 소명을 갖게 될, 문신과도 같은 모든 문장들. 두루마리이자 벌레들인 저 모든 문장들을 위한 것이었습니다.

당신께서는 울부짖음 속에 날카롭게 새기셨습니다.

> (내가 물을 긷는 우물은 유대인의 땅에 있다.
> 나의 이야기는 그 우물 속에서 태어난다.
>
> 내가 물을 긷는 우물은 유대인의 땅에 있다.
> 우물의 테두리 돌 위에는, 나의 형제들이 앉아 있다.
> 그들은 그들 땅의 물을 위해 건배하였다.
> 나는 그대들에게 우물을 돌려준다.
>
> 나의 이야기는 그 우물 속에서 태어난다.
> 그것은 처음에는 맑고 시원한 물이었다.
> 내 형제들은 그들의 우물을 잃어버렸다.
> 내 형제들은 그래서 눈물 흘렸다.
> 나는 그대들에게 우물을 돌려준다.)

─유켈, 그대가 유대인의 것이라 부르며 모든 유대인이 결코 거기 살아본 적이 없음에도 불구하고 자신들의 것이라 확언하는 그 땅은

어떤 땅입니까?

　—그 땅은 내가 나의 우물을 판 땅입니다.

　—유켈, 갈증을 풀기에 너무도 훌륭하여 다른 어떤 물도 비할 바 못 되는, 우리 땅의 그 물은 어떤 물입니까?

　—그 물은 50세기 동안이나 우리의 손바가지가 담아보지 못한 물입니다.

"그대들의 두 손을 열어라, 나의 형제들이여," 렙 스그레는 이렇게 썼다. "그리고 그 안에 그대들의 얼굴을 묻어보라. 그러면 물을 만난 식물들처럼, 그대들의 얼굴이 피어나리라."

"나의 엄지는 야만적인 지킴이다." 렙 아킴은 이렇게 말했다. "나의 검지는 목자의 별[7]을 가장 재빨리 알아보는 것이었다. 가장 멀리 있는 나의 중지는 가장자리들을 내치는 꿈이다. 나의 약지는 자기 아래쪽에 우리의 맹세와 사슬들을 짊어진다. 소리들은 나의 소지小指에 산다. 소리들은 소지를 다이아몬드들로 장식한다.

그러나 내가 가장 좋아하는 것은 검지다. 검지는 언제나 눈물을 닦아줄 준비가 되어 있기 때문이다."

내 책들이 나와 내 형제들 사이의 오해를 두드러지게 했던가? 나의 책들은 희망을 절망으로 바꾸어놓았다.

　　　(한 작품의 처음 구절들은 언제나 희망에 차 있다. 의심이 파고들어, 도중에 싹튼다.

---

7) 금성을 가리키는 말이다.

결말에 이르러서는 이중의 절망이 있다. 글쓴이의 절망
과 증인의 절망이.)

밤샘의 나날들 속에서, 나는 지구전도를 일주하였건만 어디에서도
안식을 찾지는 못하였다.

(부재하는 자일 때 실재하는 것은 다만 지구전도뿐.)

나는 일주하였다.
나는 나 자신을 축으로 돌아보았고, 안식을 찾지 못하였다.

나에게, 내 민족의 형제들은 이렇게 말하였다.
"그대는 유대인이 아니다. 그대는 시나고그[8]에 드나들지 않는다."

내 민족의 형제들에게, 나는 이렇게 답하였다.
"나는 가슴속에 시나고그를 품고 있다."

나에게, 내 민족의 형제들은 이렇게 말하였다.
"그대는 유대인이 아니다. 그대는 이제 기도하지 않는다."

내 민족의 형제들에게, 나는 이렇게 답하였다.
"기도는 나의 척추, 나의 피다."

나에게, 내 민족의 형제들은 이렇게 말하였다.

---

8) 유대교 회당을 의미한다.

"그대가 인용하는 랍비들은 헛소리꾼들이다. 그들이 실제로 존재하긴 했는가? 그대는 그들의 불경한 말들로 그대 정신을 살찌운 셈이다."

내 민족의 형제들에게, 나는 이렇게 답하였다.

"내가 인용하는 랍비들은 내 기억의 등대들이다.—사람은 오직 자기 자신에 대해서만 기억할 수 있다.—그리고 그대들도 알고 있듯이, 말은 영혼의 꽃잎이다."

나에게, 나의 형제들 중 가장 나이가 많은 자가 이렇게 말하였다.

"우리의 부림절 축제는 더는 그대의 사육제와 기쁨의 축제가 아니다. 파스카에도 그대는 사막에서의 휴식과 바다 횡단을 기념하지 않는다. 욤 키푸르는 더 이상 그대의 단식일이 아니다.[9]

그러니 이제 우리의 달력에 표시되어 있는 이런 날짜들이 그대에게 무슨 의미인가?

친족들에게 부인당하고 전통으로부터 뛰쳐나온 그대는 누구인가?

그대는 다른 이들에게 있어서는 유대인이지만, 우리에게 있어서는 거의 그렇지 않다."

내 민족의 형제들 중 가장 나이가 많은 자에게, 나는 이렇게 답하였다.

"나는 유대인의 상처를 갖고 있다. 나 역시 그대처럼 생후 8일차에

---

9) 부림절(Purim)과 파스카(유월절)은 각각 페르시아의 고관 '하만'의 유대 민족 말살 계획이 좌절된 일(구약 성경 「에스테르기」 참조)과 유대 민족의 이집트 탈출(구약 성경 「탈출기」 참조)을 기념하는 축일이며, 욤 키푸르는 구약 성서 「레위기」에 근거한 유대교 속죄일이다.

할례割禮를 받았다. 나 역시 그대처럼 내 모든 상처들에 의해 유대인
이다.

　그런데 사람은 사람으로서의 가치를 갖는 것이 아닌가?"

　나에게, 내 민족의 형제들 중 가장 점잖은 이가 이렇게 말하였다.
　"유대인과 유대인이 아닌 사람 사이에 어떤 구분도 세우지 않는다
는 것은, 이미 더는 유대인이 아니라는 것이 아닌가?"

　나에게, 내 민족의 형제들은 이렇게 말을 이어갔다.
　"형제애는 자기 이웃의 입장이 되어 그를 이해하는 데 있지 않으
며, 그 이웃이 현재의 존재 방식에서 벗어나 마땅한 존재가 되기를,
즉 성스러운 글들이 요구하는 모습대로 되기를 바라는 데 있다. 설령
그 과정에서 그가 상처 입게 되더라도 말이다.
　잣대란 것은 곧 목표이다. 가장 상상력이 풍부한 이들은 가장 형제
애가 풍부한 이들이다.
　믿는 자의 완고함은, 자신의 날카로움이 무뎌질까 염려하는 면도
날의 그것과 같다."

　또한 그들은 이렇게 덧붙였다.
　"형제애란, 주고, 주고, 또 주는 것이다. 그리고 그대는 그대의 존재
말고는 그 어떤 것도 결코 내어줄 수 없으리라."

　나는 주먹으로 가슴을 치며 이렇게 생각했다.
　"나는 아무것도 아니다.
　나는 머리가 잘린 사람이다.
　그런데 사람은 사람으로서의 가치를 갖는 것이 아닌가?

그리고 머리가 잘린 이도, 믿는 자와 같은 가치를 갖는 것이 아
닌가?"

4

내 책들은 읽히기 위해, 그리고 낭독되기 위해 이루어졌다. 그렇기 때문에 나는 그것들을 이야기들*récits* [10]이라 부른다.

  (*"우리의 존재를 서원誓願으로 삼은 모든 단어들에 의해 우리는 하나로 묶여 있다."*

  • 렙 베일)

그대는 렙 에프라임이 그의 스승들을 찬양하며 지은 시의 첫 연을 기억하는가?

  "한 권의 책과도 같은 하나의 문.
  열리고, 닫히고.
  그대는 지나간다, 읽는다.
  그대는 지나간다. 문은 남는다."

아, 유대인이 아닌 그대여—나는 거의 유대인이 아니었다. 지금 나

---

10) 원문에서 활용된 récit(이야기)는 동사 réciter의 명사형으로, réciter의 원뜻이 '큰 소리로 말하다, 암송하다'이다.

는 유대인이다—나는 그대를 나의 영역으로 인도한다. 작가가 아닌 그대여—나는 거의 작가가 아니었다. 지금 나는 작가다—나는 그대에게 내 책들을 선사한다. 그대, 유대인이며, 어쩌면 작가이기도 한 사람이여.

그대는 내가 확실한 것을 버리고 공상을 추구했음을 비난할 것이며, 그런 나를 벌하기 위해 이 페이지들의 반대 입장에 설 것이다.

그대는 한 단어가 살아 있는 것을 본 적이 있는가?

두 개의 단어가 살아 있는 것을 본 적이 있는가?

이제, 들어보라.

나는 그대에게 내 책들의 말을 선사한다.

> (확실히, 글쓰기와의 관계는 복잡하다. 단어들은 쉽게 상처받고 변덕스럽다. 그러나 그들은 또한 관대함과 이해심을 갖출 수도 있다.
>
> 그들과 접촉할 때, 그대는 일신되어야 하며 그대가 익히게 될 것을 위해 그대가 아는 것을 잊어야 한다.)

단어가 사는 것을 보아라.

단어들이 사는 것을 보아라.

그러고 나서, 들어보라.

나는 그대에게 내 책들의 운명을 선사한다.

그것은 사라와 유켈의 운명이다.

> (나는 다만 그들의 비극적인 사랑에 관해 이야기하고

자 했다. 그러나 그들 주변에는, 그들의 기원에 관한 기호들이 우글거리고 있다. 그들의 이름, 그들의 행동과 말을 가리키는 철자 사이로 알파벳에서 잊힌 글자들이 너무도 많이 틈입하고, 북적거려, 나는 더는 그들이 어디 있고, 또 어디 없는지를 확실히 알지 못할 정도이다. 마치 세상이 너무도 많이 우리 자신에게 섞여 있어, 우리 자신이 어디 있고, 또 어디 없는지를, 우리가 결코 알지 못하듯이 말이다.)

나는 그대에게 내 책들의 우주를 선사한다.
그것은 사라와 유켈의 우주이다.

그대는 내가, 아마도, 쓰인 것보다는 말해진 것에 큰 가치를 부여하는 사람임을 짐작했으리라. 왜냐하면 쓰인 것에는 내 목소리가 결여되어 있는데, 나는 내 목소리를 믿는 사람이기 때문이다. 나는 결국은 하녀에 불과한 공모자로서의 목소리를 이야기하는 것이 아니라 창조자로서의 목소리를 이야기하고 있다.
내게 질문해보라, 내가 말을 걸고 있는 그대여. 그대의 질문들에 대한 답들은 침묵 속에 보석처럼 박혀 있다. 나는 그것들을 뽑아낸다. 만족했는가? 답변을 하는 것은 내가 아니라 문장들이다.

(단어들은 모든 것을 전복하며 하나씩 정복하길 원한다. 인간의 진정한 대화, 즉 손의 대화와 눈의 대화는 침묵의 대화이다. 사람들 사이에 말을 통한 대화나 글을 통한 대화는 결코 존재하지 않는다. 그렇게, 나는 이 책의 논의와 이야기를 통해 우리의 역할은 어떤 것인지 자문해

본다. 우리는 스스로의 중요성을 과신하는 도구에 불과하다. 아마도 우리는 우리의 말들을—어느 정도까지는—짊어짐으로써 우리 자신을, 가끔은, 그것들과 동일시하는 데 성공하는 듯하다. 우리는 진리를 드러내는 것 같다, 그러나 우리가 하나라도 진리를 드러낸다고 감히 말할 수 있는 때는, 우리가 우리를 지울 때이며, 우리가 말의 과거와 미래가 되기 위하여 우리 자신의 과거와 미래와 단절할 때이며, 우리가 우리 오감의 침묵이 될 때, 즉 그 위로 글자들을 새기고 다듬는 자들이, 글씨가 현관이자 출입로인 자들, 글씨를 바람으로 통하는 길로 삼는 자들이, 그것에 어떤 것도 털어놓지 않는 자들이, 그것에 모든 것을 털어놓는 자들이, 스스로의 철자법이 눈뜨고 볼 수 없는 지경이라고 판단하게—깨닫게—되는 매끄러운 금속판이 될 때이며, 마지막으로 우리가 더는 얼굴을 갖지 않을 때이다.

렙 데보라는 이렇게 지적했다, "글씨의 예술은 가장 귀족적인 삶의 예술이다."

글씨를 잘 빚어내기 위해 정성을 쏟아 단어들을 꼼꼼하게 그려낸 자들은 지복至福을 누리는 존재들이다. 그들은 잠들었다가 궁궐에서 깨어난다. 다른 자들은 고통받는 존재들이다. 그들의 우주는 형태가 불분명하고, 서로 다른 천 가지 해석의 주제가 되며, 그 해석들이 모든 변모의 구실이 된다. 그들의 펜촉 아래에서, 모음들은 낚시 바늘에 꿰뚫린 물 밖 물고기들의 주둥이를 닮게 되며, 자음들은 그로부터 떨어져 나간 비늘을 닮게 된다. 그들은 잉크로 지어진 오막살이와도 같은 그들의 문서더미 속에서, 비좁

*게 살아간다. 무한이 그들을 사로잡는다. 그리고 무한만
이 그들을 구제할 수 있다. 마치 별이 되는 데 성공한 모래
알갱이가 구원받듯이.)*

우주가 되기, 달래어지고, 다시금 화합을 이룬 단어들을 위한 사계
절이 되기. 단어들의 휴식 속에서, 그들의 피비린내 나는 싸움을 넘
어선 곳에서 고요함이 되기. 왜냐하면 대체로, 그 뜻이 명백하든 난
해하든, 단어는 활이며 말은 화살이기에. 이러한 전쟁들의 의미는 무
엇인가? 상처 입은 패자들이 주저앉으며 항복 문서를 써내면, 승리
자들은 그것을 선택받은 자에게, 자기도 모르는 사이에 그 전쟁을 일
으켰던 선택받은 자에게 바치는 어떤 결전. 사실 그러한 전투가 벌어
지는 까닭은 우월성을 확고하게 드러내기 위함이다. 인간에 대한 언
어의, 그리고 언어에 대한 언어의 우월성을. 선택받은 자들이라 해
도, 실은 들것 나르는 사람들이다. 그들은 우쭐거리는 마음으로, 자
신들을 어쨌든 위험에 노출시킨 바로 그 일로부터 명예네 영광이네
하는 것들을 찾아낸다.

그러나, 어쨌든, 그 일은 아름다운 것이다─진실되고자 하는 열망
에 사로잡힌 사랑의 모험가 여인처럼. 이야기가 없는 부상자에게 다
시금 삶을 선사하기, 전설과 역사의 세계 속으로 그를 돌려보내기.
나의 이야기에는, 찢긴 상처가 여전히 만져지는 그런 단어들이 필요
하다. 보살핌을 받아 되살아난 단어들이 필요하다.

내게는 꿈꿀 시간이 너무도 없다.
나는 충분한 시간을 가지고 있다.

나는 꿈꾸면서 말한다.

나는 꿈들보다 뒤에 말한다.

정해진 때가 오면, 노래하는 자와 순교자가, 세계의 영혼인 것처럼
단어들의 영혼이면서, 끝이며 또한 시작인
침묵에 대하여, 유켈, 우리에게 말해다오.
—나는 그대들을 인도하리라, 그대들이 열쇠를 갖고 있는, 문 앞
까지.

5

그 안에 우주가 자리 잡지 못하는 책은 책이 아니리라. 가장 아름다운 페이지들, 가장 어둡게 숨은 암초마저를 되비추는 왼쪽 페이지들이 결여된 책은, 책이 아닐 것이기에.

어느 날 저녁, 시나고그에서 나오며, 렙 누알은 렙 스리엘에게 이렇게 말했다.

"우주는 사발 안에 담긴 맑은 물이다. 그대는 두 손으로 사발을 잡을 수는 있어도, 결코 맑은 물을 손에 쥐진 못할 것이다."

렙 스리엘이 답하였다. "나는 그 맑은 물에 손가락들을 적실 수 있고, 그 물을 마실 수도 있다."

그러자 렙 누알이 말했다. "그래서 무슨 소용인가? 그대의 손가락들은 금세 마를 것이고, 그대의 갈증이 달래지는 것은 다만 한순간뿐일 터."

그리고 이렇게 결론지었다.

"갈증은 우리의 운명이다."

유켈, 우리에게 불행한 갈증에 대해 말해다오.

─다섯 개 대륙은 유대 정신judaïsme의 다섯 손가락이다.

그리고 모든 유대인이, 모든 대륙에서, 자기 손가락의 역사를 알고 있다.

제 권리의 역사,

제 손의 향수 어린 역사,

제 주먹의 역사,

제 손의 피의 역사,

피에 젖은 제 손의 역사를.

렙 르다는 이렇게 썼다. "조국은 시민들에게 있어 그들의 시선과 발이 체험하는 매일의 현실이다. 우리에게 있어 조국이란 우리의 영혼과 몸이 부딪혀 깨지러 오는 바위다."

그리고 다른 곳에서는 이렇게도 썼다.

"내 나라의 역사는 다섯 계단 위에 놓여 있다. 다섯 개의 횃불이 내 나라 역사를 밝힌다. 내 나라의 역사를 이야기하기 위해 다섯 개의 파도가 바다를 뒤엎는다. 내 나라의 역사에 눈물을 뿌리기 위해 다섯 개의 구름이 떠오른다."

유켈, 우리에게 말해다오, 파도와 횃불, 계단과 구름에 대하여.

—나는 그대들에게 더는 내 나라의 흙을 찾을 수 없어 죽어가는 올리브 나무의 이야기를 들려주겠다.

나는 그대들에게 내 나라 국경에서 버려진 탓에 죽어가는 대추야자의 이야기를 들려주겠다.

나는 그대들에게 더는 내 나라 오솔길들을 찾을 수 없어 죽어가는 당나귀의 이야기를 들려주겠다.

나는 그대들에게 자기 주인을 잃어버린 탓에 죽어가는 개의 이야기를 들려주겠다.

유켈, 우리에게 그대의 나라 이야기를 들려다오.

—내게는 나라가 없다. 나는 유켈 세라피이고, 나의 삶은 이야기이다.

나는 그 사람이 될 수도 있었다. 나는 그와 출생을 공유하였다.

유대인이라는 것. 그것은 제 존재를 증명해야 한다는 뜻이다. 그것은 다 함께 잠들지 못하는 밤을 공유한다는 뜻이고 동일한 모욕을 받는다는 뜻이며 절망적으로 같은 구명대, 같은 도움의 손길을 찾았다는 뜻이고 침몰하지 않기 위해 헤엄치고, 헤엄치고, 또 헤엄쳤다는 뜻이다.

유대인이라는 것. 그것은 눈가 아래 동일한 그늘을 드리운다는 얘기이고 회의적인 미소를 띠운다는 얘기이며—어쨌든, 유대인도 위대한 정열을 가질 수 있지만—금지된 태양을 마주하고 두 눈을 파르르 떨었다는 뜻이다.

불의의 희생자 유대인은 제 정의를 불의 위에 세우는 이들의 적이다. 절대 권력의 눈에 거슬리는 자 유대인은 절대 권력의 담지자들의 표적이 된다. 유대인은 복종하지 않는다, 그래서 거슬린다.

유대인이라는 것, 그것은 당신을 거부하는 땅으로부터 몇 미터쯤 떨어져 살아가는 것을 배운다는 뜻이고, 대지라는 것이 물로 이루어졌는지, 공기로 이루어졌는지 또는 망각으로 이루어졌는지를 더는 알 수 없게 된다는 뜻이다.

살아남기 위해 유대인은 얼마나 다양한 술책들을 사용하는가. 수단들에 있어서는 얼마나 기발하고, 변신들에 있어서는 얼마나 진심인가.

결론을 이끌어내기, 적응하기, 길을 내기. 사람들이 그를 적대적으로 추격할 수는 있지만, 누구도 그를 파괴하는 데 성공하지는 못한다.

반은 사람, 반은 물고기, 반은 새, 반은 환영. 언제나 그에게는 형리刑吏의 손아귀에서 빠져나가는 반쪽이 존재한다.

> ("보라, 얼굴이 새가 되는 것을, 렙 엘페르가 렙 요드에게 말했다. 그리고 다람쥐가 그 얼굴 속에서 제 모습을 찾으려 애쓰는 것을.
>
> 보라, 얼굴이 나뭇가지가 되는 것을. 그리고 그 나뭇가지가 얼굴을 위해 꽃피는 모습을.
>
> 오리나무에서 전나무까지, 우람한 바오밥에서 산책자의 참빗살나무까지, 보라, 나무들의 즉흥으로 만들어진 세계가 인간의 얼굴 속에서 늙고 죽는 모습을.
>
> 도래하리라, 우리에게도, 투명의 시간이.")

렙 수내는 이렇게 썼다. "모과 한 개를 따 반을 쪼개어 그대의 친구에게 주어라. 모과를 먹고 나면, 맛은 남고 우정은 퍼진다.

대상의 투명함은 대상 너머, 대상이 바친 충만함 안에 있다.

인간의 투명함은 그 안에 있다."

그리고 렙 이삭은 이렇게 썼다. "나는 자네의 말에 귀 기울이고 있네. 그리고 자네를 통하여 하늘을 본다네."

당신인 것 말고는 제게 줄 수가 없어서, 당신께서는 제
게 빛을 주셨습니다.

어머니, 당신께서는 제게 제 죽음의 나날을 주셨습니다.

그로부터 저는 사랑이신 당신 안에서 살고 죽습니다.

그로부터, 저는 우리의 죽음에서 거듭거듭 되살아납
니다.

유켈, 우리에게 얼굴에 대해 이야기해줄 수 있는가?

　　("모든 얼굴은 **주님**의 얼굴이다. 그렇기 때문에 **그분**에
게는 얼굴이 없다."

　　　　　　　　　　　　　　　　　　• 렙 알랑

"그대는 조금씩 그대의 몸을 잃는다. 그대가 그 속에서
전진하는 밤 때문에 또는 뒷걸음질 치는 빛 때문에. 그대
는 윤곽을 잃는다. 투명해지기 이전에 먼저 매끈해진다.

그대는 미끄러진다, 뺨을 따라 뺨이 미끄러지고, 살을
따라 이마가 미끄러진다. 그대는 흐른다, 그대 피와 함께.

왜냐하면 얼굴이란 붙들린 순간에 지나지 않기 때문이
다. 그것은 배 젓는 노들이 들어올려졌을 때의 순간 또는

바닷속으로 추락할 때의 순간."

• 렙 자케

"일곱째 날이 시작할 때, 주님께서는 별들이 반짝이는 우주를 봉투에 담아 닫고, 그분의 봉랍인封蠟印을 찍으셨으니, 인간은 그것을 '태양'이라는 눈부신 이름으로 불렀다."

• 렙 재스

렙 에고르에게 제자 중 한 사람이 이렇게 물었다. "선생님께서 일군 글들의 밭이 저희 배고픔을 달래줄 수 있을까요?"

렙 에고르는 대답했다. "단어들 이전에 있는 욕망은 단어들 이후에도 있다."

"더는 그대에게 배고픔이나 갈증이 없다면, 내가 글을 쓸 이유가 있겠는가?")

어머니의 초상화는 봉투 뒷면에 찍힌 도장이다. 그것은 봉투의 가치를 왜곡하고 개봉을 방지한다.

각각의 편지봉투에는 이삭이 어디, 얼마나 있는지 조사한 목록이 들어 있다.

(렙 스틸은 이렇게 말했다. "그대는 나의 가르침에 그대의 얼굴을 부여하려 한다. 그러나, 알아두어라, 내 모든 단어는 그들에게 내가 질문을 던지는 신동들임을.")

그리고 렙 오다르는 이렇게 말했다. "사람들은 우리를 사기꾼으로 취급하지만, 분명 우리는 진짜 랍비들이다. 우리의 말들은 어떤 곳에도 기록된 적이 없으며, 우리를 읽을 줄 아는 이들은 우리를, 그들 안에서 읽는다. 예언자들의 작품 속에서 말들이 정돈되는 것처럼, 우리의 말도 그들 안에서 정돈되기 때문이다.")

렙 나웅은 이렇게 확언하였다. "믿음은 추론의 끝에 있다. 우리는 믿음에 직관적으로 도달하거나, 실패에 떠밀려 다다르게 된다.

나는 랍비들이 대치하고 있는 방의 문간을 넘었다. 그들은 나를 이해시키기 위해 싸우고, 문간을 넘은 이래 나는 그 방을 빠져나오지 못했다.

모든 단어들이 각각 의혹의 새가 날아드는 둥지일 때, 대체 어떤 논변이 하나의 논쟁을 가라앉히고, 또 종식시킬 수 있겠는가?"

그리고 렙 마티아스는 이렇게 말했다. "그대는 내 의혹의 숲속에서 그대의 확신을 찾았다. 그렇게, 나도 하나의 확신을 가졌건만 그 확신은 내게서 달아났다. 나는 이제 의심으로 죽어간다."

숨을 참아라. 강을 건널 때는 생각을 멈춰라. 질서는 둑과 둑 사이로 흐르는 물속에 있다. 질서는 땅과 땅을, 종려나무 잎과 종려나무 잎을 가르는 물속에 있다.

추론과 논의를 즉시 멈춰라. 침묵이, 모자람 없이, 뱃사공으로서의 역할을 다 할 수 있게끔.

인도자의 손에 쥐인 노에게 기회를 주어라.

봉투를 열어보는 자가 어머니의 얼굴을 망가뜨리지 않기를.

랍비의 말을 모으는 자가 랍비에 대항하여 그것을 사용하지 않기를.

희망을 품은 자가 우리 숲의 나무들이 호흡하는 것을 보기를.

유켈, 우리는 우리의 이쪽 강가와 저쪽 강가를 모두 버리고, 그대의 책에 상륙하였다.

―그대들은 책을 빠져나가지 않았다.

그럴 수 없었으리라.

그러나 때로 행간들은 너무나 넓어, 그대들은 새로운 땅을 밟았다고 착각하게 된다.

여백은 그렇게나 광대하다.

책이 우리를 엮는다.

7

혼자 있는 사람보다 덜 외로운 사람도 있을까? 모든 길들이 그로부터 뻗어나가고, 모든 길들이 그의 심장을 자신의 별로 삼는다.

그러나 하나의 별과 또 다른 별 사이에는 침묵의 끝을 알 수 없는 거부가 놓여 있다.

나는 그 사람이 될 수도 있었다. 또는 그와 비슷한 다른 사람이.

유켈, 우리에게 그 사람의 이야기를 들려다오.
─나는 그대들에게 그의 고독에 관한 이야기를 들려주겠다.

축도를 간청하는 눈먼 이에게, 렙 예켈은 이렇게 말했다.
"그대의 없는 눈을 통해 바라보는 자에게 부탁하시오."

축도를 간청하는 팔 없는 이에게, 렙 예켈은 이렇게 말했다.
"그대의 없는 팔을 통해 집을 짓는 자에게 부탁하시오."

축도를 간청하는 다리 없는 이에게, 렙 예켈은 이렇게 말했다.
"그대의 없는 다리로 돌아다니는 자에게 부탁하시오."

축도를 간청하는, 귀 멀고 말 못하는 이에게, 렙 예켈은 기름 한 병을 주었다. 그것으로 그의 등불이 밤을 찬양할 수 있도록.

렙 예켈은 이렇게 말했다. "그대가 본 적이 없다면, 시나고그에서 내 민족 사람들이 마치 아이를 달래 재우듯 조심스럽게 묵직한 두루마리를 목함 안에 소중히 담겨 있거나, 장식된 비단으로 감싼 함에 담긴, 은으로 된 망루가 넷이 달린, 그들의 과거에 관한 신성한 두루마리[11]를 품에 안고 있는 모습을 본 적이 없다면, 그들이 가느다란 술이 달린 숄[12]을 걸치고 마치 수렁 속으로 빠져 들어가듯 자기 안으로 침잠해 들어가는 것을 본 적이 없다면, 그들의 오열이 기도가 되고 다시 그 기도가 기억 저편의 노래가 되는 것을 그대가 들어본 적이 없다면, 삼가라, 고독에 대해 말하는 것을, 삼가는 편이 낫다."

자신의 신을 찬양하는 남자는 성性을 바꾸게 된다. 그는 영혼의 사계절이 되며, 그 영혼은 여성이다.

—예언자들과 수도사들은 로브[13]를 입는다.

렙 예켈은 유대인을, 제 한 몸 바쳐 짓밟히는 포석鋪石에 비유했었다.

"행인들의 무심한 신발 굽에 짓밟히는 포석의 신음을 들어보지 못한 자는 고독에 대해 말하는 것을 삼가라."

포석의 힘은 돌이라는 점에 있다. 유대인은 사람들이 그에게 던진

---

11) 유대인들의 율법서인 토라(「창세기」, 「탈출기」, 「레위기」, 「민수기」, 「신명기」) 두루마리와 그것을 담는 함의 모양새를 묘사하고 있다.
12) 유대인들이 기도할 때 착용하는 숄인 탈리트(Tallit)에 관한 묘사이다.
13) 천 하나로 이루어져 무릎까지 내려오는 긴 옷을 총칭한다. 수도복이나 법의(法衣)를 가리키기도 하지만 일상적으로는 드레스나 원피스를 뜻하는 말이다.

돌멩이들 뒤로 몸을 숨겼다. 바스라져 가루가 된 유대인은, 그다음 날이면, 또 다른 돌멩이로 화하여 자신의 후손에게 던져진다. 유대인들은 그 사실을 알고 있다. 그리하여 그들은 적발될 수 없다. 피할 수 없는 운명이 그들을 사로잡는다. 그들의 힘은 돌에 대한 그들의 믿음에 있다. 그들을 피 흘리게 하기도 하고, 피신시켜주기도 하는 돌에 대한 믿음에 있다.

렙 예켈은 이렇게 가르쳤다. "바다는 빠져나가면서 돌을 자유롭게 해주었고, 우리는 그 돌로부터 자유를 얻었다. 우린 오직 우리의 네 바다 사이에서만 진정으로 자유롭다."

그리고 렙 마둔은 이렇게 말했다. "일반적으로 주장되는 바와 달리, 고독은 눈가리개 같은 것이 아니라 시선이다. 그것은 볼 수 있는 자신의 능력을 너무도 잘 알고 있는 시선이고, 또한 자신이 존재하기 위해 모든 배려를 거절해야 함을, 그리고 계속해서 무모한 괴물로 살아가야 함을, 너무도 잘 알고 있는 시선이다."

우물 안에서 풍경의 죽음이 그러하듯이, 렙 예켈의 두 눈 속에서, 렙 마둔의 두 눈 속에서, 고독은 밤에도 잠을 자지 않고 깨어 있었다. 그렇게, 나는 고독의 특질들을 알게 되었다.

고독은 유전된다. 쌍둥이 자매가 우리 영혼의 소유권을 주장한다. 한쪽은 죽음을 낳고, 다른 쪽은 삶을 낳는다.

> (그리고 그는 렙 예켈에게 이렇게 말했다.
> "동료 신자들에게, 그들이 입맞출 수 있도록 '세페르 토라'[14]를 내어주는 독신자는 알고 있다, **성전聖殿**의 바깥에서는 그리고 어쩌면 성전의 안쪽에서라도, 일어날 것임

---

14) 토라 두루마리를 말한다(11번 각주 참조).

을, 마치 어머니가 된 미혼의 소녀가, 비난받는 제 사랑의 결실을 보호하듯, 그 두루마리를 보호해야만 할 일이 일어날 것임을. 그렇게, 사람들은 우리를 고발한다."

그리고 그는 렙 예켈에게 이렇게 말했다.
"지나간 흔적을 지우기 위해 밑단을 잘라버린 면사포와 같은, 머리에서 허리까지를 뒤덮는 탈리트.[15] 탈리트를 쓴 독신자는 알고 있다, 그의 숄과 그의 신을—숄 안에 머무르고 계신 그의 주님을—잃어버림으로써 불과 하루를 함께한 남편을 잃어버린 신부처럼, 그도 자신의 존재 이유를 잃어버릴 것임을.
그렇게, 사람들은 우리의 힘을 빼앗는다.

그리고 그는 렙 예켈에게 이렇게 말했다.
"불멸을 판매하는 우울한 상인에 의해 다시금 말아진, 금사로 화문花紋을 수놓은 비단처럼 예배시간은 끝이 나고, 독신자는 안다, 자신이 다시금 비참과 밤을 찾아내게 될 것임을. 그렇게, 사람들은 우리를 억압한다.
그러나 우리의 지知는, 헐벗은 채로 죽어가는 방법을 연구해왔다."

그리고 렙 예켈은 이렇게 말했다.
"나는 그의 그림자와 함께하는 예켈이다. 그리고 그 그림자는 나보다 더 크다."

---

15) 유대인들이 기도할 때 착용하는 숄을 말한다(12번 각주 참조).

나는 내 안에 모든 길들을 지니고 다닌다. 인간들의 길을, 그리고, 숨겨져 있는, 돌들의 길을.
　나의 형제들이여, 나는 그대들을 차고 다닌다,
　열쇠 꾸러미처럼.)

8

인간이 나무 아래에서 휴식하듯,
신은 인간 안에서 휴식하신다.
그리고 그림자는 신의 의지에 따라
나무 안에서는 인간이며 인간 안에서는 나무이다.

나는 그 사람이 될 수도 있었다. 나는 그의 그림자를 공유하였다.
—유켈, 우리에게 그 공동의 그림자에 관해 말해다오.

(렙 아젤은 말했다. "하나의 그림자는, 다만 그림자일
따름이다." 그림자들의 기원을 알고 있던 요아킴 엘리아
에게 이러한 결론은 마음에 들지 않았다.

그는 이렇게 말했다. "하나의 그림자는, 다만 겉으로 드
러난 모습일 따름이다. 그리고 우리는 안다, 모든 겉모습
들을 위해, 매일 아침, 하나의 우주가 스스로 침몰한다는
것을."

렙 아젤이 말을 이었다. "하지만 그 우주라는 것이 존재
하지 않는다면, 어떻게 그것을 파악할 수 있는가?"

요아킴 엘리아가 말했다. "나는 내게 보이는 것을 파
악할 수 있다. 그러니 두 눈을 뜨거나 닫는 것으로 충분
하다.")

새해 첫날 자신을 보러온 손님들에게, 렙 시아는 이렇게 말했다. "그대들은 깊이 생각해본 적이 있는가, 반영인 동시에 반영의 희생이고, 인간의 분신이자 부정이며, 시원함이 샘솟는 오아시스이기도 한 그림자의 중요성에 대하여?

그러나 그림자를 배가 갈린 빛과 혼동하지는 마라. 그림자는 빛이 흘러나오는 광원인 동시에 죽은 언어이기도 하니까."

그러자 첫 번째 손님은 이렇게 답했다.

"그림자의 중요성에 대하여, 저는 선생님 덕분에 깊이 생각해보았습니다. 저는 지금 하나의 그림자입니다. 저는 제 육신을 보존하였습니다. 제게는 두 눈과 입이 있습니다. 저는 제 손으로, 제 심장이 뛰는 소리를 듣습니다. 그리고 저는 깃털 펜촉보다도 가볍게 활공滑空합니다. 감탄스러운 일 아닙니까?"

두 번째 손님은 이렇게 답했다.

"그림자의 중요성에 대하여, 저도 선생님 덕분에 깊이 생각해보았습니다. 저는 이제 죽음은 기억의 상실이 아니라는 것을 알겠습니다. 외려 죽음은 기억의 절정—빛의 절정—입니다. 죽음에 이른 인간은 더는 회상하기 위해 노력을 들일 필요가 없습니다. 그는 자신의 유년 시절에 이르기까지 보게 됩니다. 그는 마치 극장에서 그러한 것처럼, 다만 듣는 귀이고 보는 시선입니다. 또한 저는 자문해봅니다. 연극으로부터 세속적 위락을 얻는 대중들이, 연극 공연은 학교와 마찬가지라는 사실을, 그리고 그 학교에서 자신들이 여러 시간에 걸쳐 즐거움을 얻고, 감동을 받고, 당황하기도 하면서, 수동적으로, 죽는 법을 배우고 있다는 사실을 과연 이해하고 있는지 말입니다."

세 번째 손님은 이렇게 답했다.

"그림자의 중요성에 대하여, 저도 선생님 덕분에 깊이 생각해보았습니다. 제가 어린 시절에, 거리에서 제자 한 분을 동반하고 계신 선생님을 우연히 스쳐지나간 적이 있습니다. 그때 저는 생각했습니다, '그림자들이 대화를 나누는 모습이 분명 이와 같으리라.' 선생님과 제자 분의 창백함, 경직된 미소, 그리고 생기의 부재, 저는 거기서부터 그림자의 중요성에 관한 제 성찰을 시작하였습니다."

렙 시아는 이렇게 말을 이었다. "그대가 생기의 부재라고 받아들였던 그것은, 외려 극치에 달한 생기였다." 그는 또한 이렇게 덧붙였다.

글쓰기에 미친 사람은 물과 혼인하기 위해 그림자가 되기를 꿈꾼다. 그림자와 물의 결합으로부터 책들이 탄생한다.

그러나 그림자는 눈이 받아들이는 기억의 얼룩에 지나지 않는다.

주님에 대한 기억은—주님의 법을 실천하는 가운데 자라나는 그 기억은—믿는 자를 너그러운 무화과나무로 변모시킨다. 사람들이 그 잎사귀들의 속삭임과 독특한 향기로 분간해내는 무화과나무 말이다.

무자비한 빛의 길 위에서, 그림자는 주님의 장소이자 변화이다.

나는 그 그림자가 될 수도 있었다. 나는 그림자의 대담함을 공유하였다.

유켈, 우리에게 그대 그림자의 공적들에 관해 말해다오.

—나는 그대들에게 나탄 세셸의 이야기를 들려주겠다.

게토[16]에서, 그의 이름은 숭앙받고 있다. 그는 자기 동포들 가운데서 좁은 광장에 설치된 분수대처럼 산다. 사람들은 그의 말을 인용한다. 사람들은 그를 친숙하게 여기는 동시에 공경한다. 그는 경외의 대상이다.—사람들은 그의 마음에 들지 않는 것을 거리낀다.—가장

---

16) 유대인 강제거주구역.

좋은 집, 다시 말해 상상력으로 장식된 버려진 폐가, 게토에서 가장 안락한—주민들은 그렇게 믿고 있다—그 집은 나탄 세셸의 몫이다. 그렇다면 파스카 때는 어떠한가? 파스카일에, 그는 가장자리가 장식 세공된 은접시에 담긴 음식을 먹는다. 콘 일가에게서 빌린 그 접시들은, 당연하게도, 그 집안의 자랑거리이다.

어떤 이들에게 있어, 나탄은 예언의 재능을 타고난, 시간을 초월한 현자로, 상담을 들어주는 자이다. 여자들은 나탄의 예언을 두고 이런 논의를 주고받는다.

나탄이 제게 뭐라고 답했는지 아세요?

—그대는 아들을 낳을 것이다. 그는 밤의 젖을 먹고 자랄 것이다. 그는 그대의 눈물을 마시고 자라나는 올리브 나무처럼 되리라.

—제 아들은 제 배에서 나오지 않겠습니까? 그대는 저를 불안하게 합니다, 나탄. 대체 어째서 저는 그토록 많은 눈물을 흘리게 되는 거지요?

그러자 나탄이 제게 뭐라고 답했는지 아세요?

—그대의 아들은 그대의 그림자가 되리라.

—그럼 그의 발치에 누워 쉬면 되지요.

그러자 나탄이 제게 뭐라고 답했는지 아세요?

—그대는 고통 속에서 뒹굴게 되리라.

—하지만 제 기쁨을 누린 뒤겠지요.

그러자 나탄이 제게 뭐라고 답했는지 아세요?

—게토에서 기쁨은 양초요, 희망은 화재다.

가끔 그는 예전에 카발라[17] 학자들이 그러했던 것처럼 무서워요.

—하지만 그는 그들에게 아무것도 빚지지 않았는걸요.

---

17) 유대교 신비주의.

"원천들에 있는 것은 언어이다. 신은 빛나는 글자들의 원무圓舞다. 그분께서는 **그분의 이름**을 이루는 하나하나의 낱글자다. 그분께서는 또한 복판이다. 그곳은 원무 중앙의 빈 곳, 거기서 남자와 이제 막 수태하려는 여자가 서 있는, 춤의 한복판이다.

신적인 글자들 중 하나 앞에서, 부서진 원, 자신의 기호에 의해 알아보아진 피조물은 그 영향을 받게 되리라."

"나탄, 그대는 우연이란 것을 믿습니까?

—우연은 사람들이, 그들의 존재를 전복시킨 저 예상치 못한 마주침들에 대해 붙인 설명이다. 우연은 설명하려고 하지 않으시며 설명되려고 하지도 않으시는 신의 일이 아니다. **아도나이**[18]께서는 존재한다. 그리고 **모든 것**Tout은, **그분**을 둘러싸고, 그분에 의해, 있어야 할 때에 있다.

그렇게 우리는 **아도나이**의 일부분밖에 알지 못한다. 우리는 그분이 자신의 번쩍이는 불변성 속에서, 우리에게 내비쳐 보이는 일부분밖에 알지 못한다. 움직임 속에서 **그분의 이름**은, **그분**과 마찬가지로, 반역의 빛이다.

그렇게 우리는 우리 주님의 일부분밖에 알지 못한다. 그 일부분이 우리로 하여금, 우리 앎의 너머에 있는 **모든 것**에 가닿을 수 있게 한다.

선善 속에서 우리의 삶은 계시된 한 글자의 형상을 취한다. 우리 안에서는 그러한 글자가 비롯하는 음들이 울려 퍼진다.

악惡 속에서 우리의 삶은 뒤집힌 한 글자의 형상을 취한다. 그것은 **책 중의 책**으로부터 읽힐 수 없었기에, 추방된 글자다."

---

18) '나의 주님'(Adonaï)을 의미하며, 유대인의 신을 가리키는 여러 이명들 중 하나이다.

그리고 나탄은 다시 이렇게 덧붙인다.

"아… 아… 유대인의 신음소리는 **영원**의 몸 안에 있다."

또 다른 이들에게 있어, 나탄은 사리사욕이 없는 벗으로, 공동체를 위해 제 경험을 내어주는 사람이다.

"누가 그대에게 그렇게 행동하도록 조언했는가?"

"나탄이."

사람들은 그의 찬동 없이는 어떤 일도 시작하려 하지 않았다. 나탄이 잘못된 판단을 내렸다고? 그럴 리가 없었다. 만약 일이 잘못된다면, 그건 사람들이 나탄의 말을 제대로 이해하지 못해서 벌어진 일인 것이다.

모든 모임에서 그는 명예 손님으로 초대받는다. 그리고 시나고그에서는—가장 누추한 이곳의 시나고그는 하늘을 둘러 거대한 벽으로 삼고 있다—그의 목소리가 다른 사람들의 목소리를 덮는다.

"엄마, 나탄 셰셸의 이야기를 들려주세요."

모든 아이들은 자기 어머니로부터 진리의 말을 마시고 싶어 한다. 그러면 어머니는 그에게 전설을 들려주어, 그것을 영원한 것으로 만든다.

어머니는 이런 말을 들려준다. "젊은이들이란 정말이지 영악해서 가슴속에 수많은 술수를 품고 있지. 하지만 나탄은 그런 젊은이들과는 달랐단다. 그가 이득을 보기 위한 수완들을 경멸했다는 것은 아니야. 다만, 나탄은 그 어떤 때에도, 그런 종류의 일들에 진지하게 임하는 것 같지 않았어.

—나탄, 자네 한눈팔다가는 망하게 될 거야.

그러면 나탄은 이렇게 대답했단다.

—한눈파는 일은 나를 구원합니다. 그것은 또한 우리를 구원할 것입니다.

그러자 나탄의 삼촌 다비드는 이렇게 말했지.

—이것 보게. 대체 언제부터 제 이익을 등진 사람이 이익을 지킬 수 있다더냐?

어느 날 아침, 언제나처럼 정오가 되기 조금 전에, 나탄의 누나는 그를 만나러 가고 있었단다. 그러다가 돌연 나탄이 빛으로부터 솟아 그녀 앞에 나타나는 것을 보았지. 그녀는 너무 두려워서 그만 제자리에 얼어붙었는데, 나탄은 그녀에게 다정한 손짓을 보내고는 사라져버렸단다. 먼저 한쪽 팔, 다음으로는 다른 쪽 팔, 다음으로는 양다리, 마지막으로 얼굴이 사라졌어. 그 모습이 마치 두 번의 파도 사이로 바닷속에 빠져드는 듯했지만, 그는 전혀 발버둥치는 것처럼 보이지 않았단다. 나탄의 누나는 생각했지, 내가 지금 거리에 있는 걸까? 혹은 어떤 악몽을 꾸고 있는 걸까? 그녀는 도와달라고 외치려 했지만, 목소리는 소리를 잃은 채 그녀 아래 뻗어 있었어. 그녀는 무력하게, 누군가 그녀에게 목소리를 되돌려주기를 기다렸단다. 누군가 그녀의 목소리가 침착함을 되찾도록 돕고, 그것을 그녀에게 돌려주기를 기다린 것이지. 하지만 소용없었어. 그녀의 마음은 그녀를 난바다로 실어가고 있었고, 그녀는 자신이 결코, 다시는, 항구에 다다르지 못할 것임을 알고 있었어.

—나탄, 한눈팔다가는 목숨을 잃게 될 거야.

오래 지나지 않아, 게토에서는 라셸의 아들 나탄이 자기 영혼의 바닷속에 잠겨버렸으며—그가 벗어 던져둔 옷가지들이 그것을 증언하였다—그 누이는 영혼의 파도에 휩쓸려 요동치고 있다는—마치 실제로는 등을 대고 누워 있지만, 똑바로 서 있는 것처럼 보이는, 기도 중인 독신자들처럼—소문이 퍼졌다.

　　　　　(우리는 그 독신자들이 서 있다고 생각하는데, 이는 그

들의 모습을 그와 달리 상상할 수가 없기 때문이다. 양쪽
어깨에 숄을 걸친 그들은, 실로, 바람과 바다에 내맡겨진
커다란 선박들이다. 예배시간의 파도는 가끔 너무나도 강
하게 출렁여, 시나고그 전체가 흔들릴 지경이다. 시나고
그에서 빠져나가는 것은, 실로, 상륙이라 할 수 있다. 사람
들은 마치 스스로를 풍요롭게 만드는 부재를 거친 뒤인
양, 자신이 사는 거리와 자신의 가족을 되찾게 된다.)

나탄의 삼촌, 다비드는 이렇게 절규했다.
—내가 이럴 줄 알았어. 나탄이 알몸으로 돌아다니는구나.
하지만 다비드의 주변에서는 사람들이 이렇게 애원하고 있었다.
—나탄, 나탄, 우리가 당신을 알아볼 수 있게 해주시오.
—그대는 여기, 아니 거기에 있소?
—우리의 앞에 혹은 뒤에 있소?
—저 높은 곳에 있소?
—저 아래에 있소?
—우리도 자주, 우리 안에서 길을 잃었지만, 다른 이들에게 있어
우리는 그때에도 여전히 볼 수 있고, 만질 수 있는 자였다오.
—나탄, 우리가 당신을 볼 수 있게 해주오. 그리하면 우리가 그대
를 다시금 이 땅으로 데려오리다.
그때, 사람들에게 어떤 목소리 하나가 들려왔다. 목소리는 우선 알
아듣기 힘든 것이었다가—기적은 그것이 막 일어날 때에는 사람들
에게 확신을 주지 못한다.—점차 사람들이 그 목소리에 적응하면서
분명한 것이 되어갔다.—기적에 익숙해진다는 것은 기적을 잊는다
는 것이다. 그러면 모든 것은 기적이 된다.—그 목소리는 천 겹의 불
을 비늘처럼 두른, 살을 지닌 목소리였다. 사람들은 그 목소리가 제

말을 내뱉는 것을 보았다.

—시나고그에는 가지가 일곱 개인 촛대들이 있고, 그 촛대들은 궤의 동, 서, 남, 북에서 거양되며, 궤에는 **율법**의 양피지들이 정리되어 담겨 있고, 어느 시인은 그 양피지들에 대해 이렇게 말했다, '일단 그것들이 펼쳐지면, 그것들은 주님 왕국의 모래사장이 된다'고. 나는 그러한 시나고그의 촛대들이 나누는 대화처럼 빛난다. 그러나 나는 그림자이며, 그림자의 가장 높은 마루이자, 가장 낮은 구렁이다.

군중은 점점 더 모여들었고, 그들의 흥분도 점차 커져갔다. 사람들은 이렇게 애원하였다.

—우리가 당신을 알아볼 수 있게 해주시오, 나탄.

—그렇게 해주시오.

목소리가 말을 이었다.

—나는 간청하고 갈라놓는 자이며, 경계 짓고 펼치는 자다. 나는 두 번째 존재다.

군중의 동요가 지나치게 컸기 때문에, 게토 바깥의 사람들이 불안해하기 시작했다. 경보를 받은 몇몇 병사들이, 질서를 재건하기 위해, 무장한 채 게토로 들어왔다. 무질서를 일으킨 책임자들은 심판받고 벌받게 될 것이었다. 그 첫 번째 인물인 나탄의 손윗누이 세셸은
—그러나 바다 한가운데 있는 그녀를 누가 붙잡을 것이란 말인가?
—머리채를 붙잡힌 채 끌려가 **판관** 앞에 서게 될 것이었다.

저항하는 군중에게 병사들이 점점 더 폭력적으로 달려드는 와중에, 이런 일이 일어났다. 어떻게 그리고 누구에 의해 그러한지도 모르게 떠밀려, 그리고 자신들이 탄압하고 있다고 생각하던 그 희생자들로부터 멀리 떨어진 곳에서, 병사들은 검으로 허공을 내려치고 있었다. 허공이 퍼져갔다. 허공이 병사들 사이에 자리 잡았다. 병사들은 뿜어져 나오는 피로 눈이 멀 지경이었지만, 게토의 어떤 주민에게

도 그 칼은 닿지 않았다. 허공이 피를 흘리고 있었다. 또한 서로의 칼날을 피할 수 없었던 병사들에게서도 역시 피가 흘러나왔다.

게토는 그날 하나의 섬과도 같았고, 그 섬의 경계는 게토 주민들의 분노, 고집, 믿음, 사랑이 나탄 세셸의 두 팔을 통해 획정한 것이었다.

─여기까지가 나탄 세셸의 이야기란다."

어머니는 이렇게 이야기를 끝낸다.

내 민족의 사람들은 고치 속에서 자라난다. 그들은 제 두려움과 믿음 속에 갇혀 있다. 그들은 비단실을 뽑아내는─아니 비단실의 밤을 뽑아내는─누에들과 같은 과이며, 바다를 자기 고치로 삼는 물고기들과 같은 과이다.

모든 유대인은 제 뒤로 게토의 단편斷片을 끌고 다닌다. 그는 이 한 조각 구해진 땅으로, 매번 위험을 느낄 때마다 숨어든다. 사슬이 그 땅을 세상으로부터 떼어놓는다. 그러나 그 사슬은 유대인이 유대인끼리 있을 때 떨어진다.

그것은 약속의 땅으로 주어진 저주받은 땅, 희망이 색을 입히는 외로운 땅─혹은 땅의 모습을 한 무엇.

아낌없이 주어진 부재.

　　　("사건은 우리를 위해 거울 회랑의 문을 살짝 열어준다.
　거울 회랑에서 우리는 평생토록 우리 자신을 비추어본다.
　사건은 우리 안에 초상화들이 걸린 회랑을 연장시킨다.
　초상화들은 이상화되어 있고, 우연한 것들이다.
　　렙 실롱은 이렇게 말했다,
　　─우리는 그들의 모범으로부터 우리의 용기를 긷는다."

렙 마티아스는 이렇게 말했다. "저 사람들을 자세히 관찰해보라, 그들은 물에 의해 쫓겨난 우물들이다. 그들의 발걸음이 한결 더 무거워진다면, 그건 그들이 제 땅을 되찾았다는 뜻이다.")

9

(울부짖음의 합동침소가, 메아리가 들려오지 않을 정도
로 넓어지고 있다. 전에는 오직 울부짖음들이 잠에서 깨
어날 때에만 울부짖음이 들려왔다. 이따금 울부짖음들이
오래도록 잠들 때도 있었다. 그러나 오늘날에는, 울부짖
음들은 더는 잠들지 않는다.)

(강제 수용소의 수인囚人복을 입고 있어, 더는 랍비처럼
보이지 않는, 머리가 짧게 깎인 랍비 한 사람이, 죽기 전
어느 날 내게 이렇게 말했다.
─호수의 물은 무엇인가? 새하얀 백지 한 장이다. 접힌
자국은 그것의 잔물결이요, 각각의 잔물결은 하나의 상
처다.
접힌 자국이 없는 호수는 거울이다. 물결이 이는 호수
는 얼굴이다.
주름이 잡힘으로써 우리 얼굴은 신의 얼굴을 반영한다.

그 랍비에게 나는 이렇게 대꾸했다.
─거짓말을 하시는군요. 그렇다면 죄 없는 자의 얼굴
은 어떠합니까?

랍비는 내게 이렇게 설명했다.

—죄 없는 자의 얼굴에 이는 물결은 산들바람이 일으킨 주름이요, 바람이 침묵하면 풀리는 주름이다.

경탄은 피부의 깜박임이다.

주님께서는 매번의 전율 안에 계신다.

랍비에게 나는 이렇게 말했다.

—랍비이시여, 주님께서는 모든 것을 휩쓸어가는, 사나운 바람 안에 계십니다.

그러자 랍비는 나의 말을 가로막았다.

—신성모독을 하지 마라, 유켈이여. 나무가 나무일 수 있는 이유는 나무가 결코 신성모독을 하지 않았기 때문이다. 나무의 마디 하나하나는, 그가 주님과 맺은 계약이다.)

그렇게, 우리는 우리의 얼굴에 의한 형제들이다.

여기도, 저기와 마찬가지. 저기도, 여기와 마찬가지. 하나의 유리 덩어리, 하나의 구.

지구는 제 반영反映들에 의해 산산조각이 났다. 빛에 비추어보면, 그것들의 다양성에 감탄할 수 있다. 저 모든 사람들의 한결 따스해진 색조. 그리고 그들 두 눈 속에 열거되는 수많은 사물들. 거기에는 푸른 반영과 붉은 반영이 있다. 노란 반영과 녹색의 반영이 있다. 결코 노란 것은 푸른 것이 되지 않을 것이요, 녹색의 것은 붉은 것이 되지 않으리라.

렙 베다는 이렇게 썼다. "우리의 가슴은 우리 자신의 감옥이다. 우리의 갈비뼈는 우리가 질식하는 것을 가로막는 쇠창살이다.

나의 형제여, 그대는 그대의 구원을 위해, 그대 자신의 감옥에서 살게 되리라. 왜냐하면 선택받은 이는 주님에게서 전해진 말씀의 포로이기 때문이고, 그 말씀의 존속을 위해, 주님께서는 선택받은 이의 몸을 체구에 딱 맞는 감방으로 삼으셨기 때문이다.

　그리고 그대는 그대의 주님을 모시는 행복을 알게 되리라.”

　이에 대해, 렙 시아는 이렇게 답하였다.

　“자기 자신으로서 존재한다는 행복은 제 등에 올라탄 사람을 낙마시킨 말이 겪는 행복이다.

　그러나 내가 밟고 있는 이 땅은 뱀들이 창궐하는 땅이니. 주님, 저를 당신이 타는 짐승으로 받아주소서, 그리고 저와 함께 나아가주소서, 당신에 의해 펼쳐지는, 별이 총총한 무한 속으로.”

10

말의 이전과 이후에, 기호가 있다,

그리고 기호 안에는, 우리가 그 안에서 자라나는 빈 곳이 있다.

그렇게, 상처로서 존재하며, 우리가 볼 수 있는 것은 다만 기호뿐이다.

그러나 눈은 거짓말을 한다.

나는 그 사람이 될 수도 있었다. 나는 그의 사랑을 공유하였다.

유켈, 우리에게 어쩌면 당신이 될 수도 있었던, 그 사람에 관한 이야기를 들려다오.

—나는 우선 그대들에게 거짓말에 관해 들려주겠다.

나의 첫 스승이었던 렙 자콥은, 거짓말의 미덕을 믿고 있었다. 왜냐하면—그의 설명이었다—세상에 거짓말이 없는 글쓰기는 존재하지 않는데, 글쓰기는 곧 주님의 길이기 때문이었다.

렙 자콥은 또한 과장법의 힘을 믿고 있었다. 그는 과장법을, 연못에 빠트린 돌덩이가 수면에 모조 반지 같은 둥근 파문을 일으키며 패어내는, 찢긴 상처에 빗대곤 했다. 찢긴 상처 자체는 곧장 아문다. 스스로 확산되며, 상처를 일으킨 악의 거대함을 증언해주는 것은—아,

얄궂기도 해라─바로 저 물결들인 것이다.

신의 말씀은 발음되자마자 침묵이 된다. 우리가 매달리게 되는 것
은, 신에게서 영감을 받은 우리 자신의 말들, 곧 소리 나는 모조 반지
들이다.

신의 말씀의 부재가 신의 말씀을 만든다.

말씀의 시작에는 과장이 있다. 인간이 겪어내야 하는 하늘의 짓누
름이 있다. 메아리는 목소리가 약해짐에 따라 죽어간다. 속삭여지는
말은 인간의 것이다.

허영과 엄숙은 군주들의 말씨이다. 그것들은, 연인의 애정 어린 쓰
다듬기가 그러한 것처럼, 인간의 거짓말이다. 헐벗음, 가난은 신의
거짓말이다.

나는 그대들에게 장미의 거짓말에 대해, 장미 꽃잎이 머금고 있는
불에 대해─장미는 꽃들 중에서도 가장 여성적인 꽃이다─그리고
장미가 그 상징인 숫자 '3'에 대해 이야기해주겠다. 장미 꽃잎들은
쌍쌍이 모여 숫자 '3'을 암시한다. 꽃부리와 줄기로써 장미는 숫자
'9'를 이루는데, 이는 세 개씩 짝을 지은 꽃잎 쌍의 세 배이다. 입술에
가져가 댈 생각으로 그것을 떼어내는 손은, 자신도 모르게, 숫자 '3'
의 관능적인 나아감을 그린다.

   (예컨대 자기 자신의 그림자를 거울로 삼는 수선화나,
   아네모네 레기나나, 두 마리 나비 같은 꽃잎을 지닌 이베
   리스 셈페르비렌스언제나 푸른 이베리스, 또는 통속적으로
   '정원의 은빛 꽃'이라 불리는 눈양지꽃에게 '3'의 상징이
   되어야 할 이유가 더 많음에도 불구하고, 이들을 제치고
   장미가 그 상징인 이유는 무엇인가?
   그것은 이들 중에서, 장미가 가장 거짓말을 잘하기 때

문이다.)

렙 그리샤는 이렇게 말했다. "세 달에 한 번씩 세 차례, 아이는 제 어머니의 뱃속에서, 숫자 '하나'Un와 맞부딪친다. 그것이 아이의 첫 번째 글자[19]다. '하나'는 스스로 더해져— '하나'에 그것의 여성형인 '하나'Une가, 여기에 다시 여성-남성인 '하나'Un가 덧붙어—우리 운명을 주재하는 숫자 '셋'Trois을 이룬다.

동시에 존재이자, 비非존재이자, 초超존재인 인간은 죽음 너머에 이르기까지 '셋'의 육화다."

렙 샹토브는 이렇게 말했다.

"유일한 것은 세 차례 찬양받는다. **단독자**께서는 그림자이시고, 희미한 빛이시면서 또한 태양이시기 때문에."

그리고 렙 리아톱은 이렇게 말했다.

"첫 번째 글자는 알파벳을 괴롭게 한다. 첫 번째 글자는 세 번은 자기 자신[20]이고, 세 번은 자신이 정초하는 다른 글자들이기 때문이다."

나는 그대들에게 작은 수들과 큰 수들의 거짓말에 관하여, 마술의 비법이자 한계인 원과 삼각형의 거짓말에 관하여 들려주겠다.

나는 그대들에게 불꽃에 살라지는 무엇인가를 올리지 아니하고 다만 스스로 연기가 되어 올라가는, 믿음의 거짓말에 관하여 들려주

---

19) 유대교 게마트리아(數秘學)에 따르면, 히브리어 알파벳의 첫 글자 '알레프'(א)는 숫자 '1'에 상응한다.

20) 「탈출기」에서 자신의 정체를 묻는 모세에게, 신은 "나는 있는 나다"(한국천주교주교회의, 「탈출기」 3:14, 『성경』 한국천주교중앙협의회, 2005)라고 답한다. "나는 있는 나다"로 번역된 히브리어 원문은 אהיה אשר אהיה(Ehyeh Asher Ehyeh)로, 세 어절 각각의 첫머리(히브리어는 우에서 좌로 표기)에 알레프(א)가 반복된다.

겠다.

（렙 임사는 이렇게 썼다. "믿는 자의 심장은 장작더미
다. 신에 대한 인간의 봄觀을 위해 그가 스스로를 희생하
는, 불붙은 장작더미다."
그리고 렙 로리아는 이렇게 썼다. "재여, 잿더미여, 그대
는 믿는 자의 피다.")

나는 그대들에게 세 번째 날에 관한 이야기를 들려주겠다.

나는 그 사람이 될 수도 있었다. 나는 그의 나날을 공유하였다.

유켈, 우리에게 주님 안에서 거짓말인 그 사람에 대해 말해다오.
—나는 그대들에게 그가 거짓말하기 위하여, 즉 살기 위하여 치른
대가에 관해 들려주겠다.

11

나는 내가 온 힘을 다해 사랑받기를 갈구하던 그때, 사람을 사랑하는 법을 배웠다.

그렇게 유대인들은 유대인들을 사랑한다.

나는 한 명의 사람으로 존재하는 법을 배웠다.

나는 사람이 사람임에 대하여 거창하게 말하는 법을 배웠다.

그렇게 유대인들은 유대인들에 관해 이야기한다.

어느 날, 나의 말들이 내게 낯설어졌고

그렇게 나는 입을 닫았다.

("내 영혼의 역사는 알파벳의 역사다. 글자들은 제 형상을 통해, 감각적으로 느낄 수 있게 해주었다. 나의 탄생이 예정된 시간과 공간에서, 시공을 가로질러 글자들이 단어를 이루며 결합하는 데 이르는 과정을.

우리와 다른 이들이, 언어로부터 떨어져 있는 거리는, 결코 같지 않다. 단어들에 감싸인 저기 심장과 영혼의 지대에서, 우린 서로 다른 곳들을 돌아다니기 때문이다. 우리는 말의 진리로부터 가까이 있거나 멀리 있다. 진리가 지나갈 때 그 뒤를 쫓았는지 혹은 그것을 붙잡아버리기 위해 자리를 온전히 떠났었는지에 따라.

말은 순결하다. 나는 그것이 다시 깨어나는 자리에 함께했다.

내 영혼의 역사는, 우주가 사유의 대가로 주어지는 언어 탐색의 열광 가득한 역사다."

• 렙 가옹

렙 베르는 이렇게 말했다. "누구도 초를 파괴할 수 없다. 그것은 영혼의 빛이기 때문이다."

이에 대해 렙 보르는, 그가 매일 밤, 촛불을 하나씩 끈다고 대꾸했다.

그러자 렙 베르는 다시 이렇게 말했다. "어떤 사람의 두 눈을 후벼내는 것이, 그의 영혼으로부터 태양을 빼앗는 것을 의미하는가? 내면세계는 칠흑 같은 세계. 거기서는 고백 한 마디, 몸동작 하나가 곧 타오르는 하나의 초이니, 우리가 잠들어 있을 때면, 밤새 그 불빛이 마음 깊은 곳을 지킨다.")

렙 소에미는 이렇게 썼다. "죽음은 수를 놓는 여인이다. 그녀가 무엇을 주제로 수를 놓는지는 익히 알려져 있다. 하지만, 그녀가 우리에게 어떤 놀라운 색의 실들을 사용할지는 알려지지 않는다. 그리하여 우리는 언제나 그녀 앞에서 놀라게 되는 것이다.

그녀의 수가 놓일 고운 바탕천은 우리의 마지막 침상이다."

("우리의 말들은 결코 만나지 않는다. 그대의 손은 귀가 멀었고, 그대 시선은 눈이 멀었다."

• 렙 이젤

"영혼은 말이 일으키는 침묵의 산에 빗댈 수 있다. 근육에서 힘이 빠지면, 그 산은 붕괴한다."

• 렙 디바)

"그대는 이성을 믿는다, 마치 이성이 이성적이기라도 한 것처럼."

• 렙 송

"그대가 읽는 것은 내 두 손바닥 안이다. 그대가 쓰는 것은 내 두 눈 속이다."

• 렙 상

"죽음을 받아들이기 위해서는 미쳐야 한다. 삶을 감수하기 위해서는 지혜로워야 한다."

• 렙 아탕

"그대는 죽었다. 그대는 상상력을 벗어난다."

• 렙 지앙

"죽음 안의 미약한 빛, 그것은 마지막까지 불사를 생명."

• 렙 에비

나는 그대들에게 존재가 꿈들의 밤 속에서 언어에 이르기까지 헤쳐내는 다양한 길목들에 대해 말해주겠다.

먼저, 글자에서 글자에 이르는, 그림자에서 보다 덜 어두운 다른 그림자에 이르는, 보일 듯 말 듯한 길의 계획이 있다. 다음으로, 이미 단어를 의식하고 있는 뚫린 길이 있다. 마지막으로, 담론과 길들여진

문자들의 포장도로가 있다.

그러나 단 한순간이라도 광기가 우릴 떠났다고는 생각하지 말라. 고통과 마찬가지로, 광기 또한 매 단계에서, 즉 우리가 말 속에 숨겨진 말에, 존재 안에 파묻힌 존재에 부딪힐 때마다 우릴 노리고 있다.

다시는 이성을 되찾지 못할 수도 있다는 위험을 감수하지 않고는 광기에 스칠 수가 없는 우리들의 가련함이여.

광기와 지혜는 하루의 두 극이다. 이들의 미래는 상이하다. 새벽에게 있어, 정오는 주인이다. 황혼에게 있어, 자정은 바라 마지않는 여자 친구다.

렙 아루는 이렇게 말했다. "나는 모른다. 광기의 절정이 과연 낮의 한때인지, 밤의 한때인지를. 나는 모른다. 지혜가 광기인 것인지 혹은 극에 달한 광기는 지혜인 것인지를."

황혼은 그 안에서 호수들이 작열하는 심연들을, 반짝이는 우주 속으로 빠트린다. 새벽은 동요하는 빛과 함께 열리고, 땅을 땅에게 맡긴다. 황혼은 뿌리들을 돌본다. 새벽은 열매와 함께 맺힌다.

렙 아루는 또한 이렇게 말했다. "지혜와 광기는 한 그루의 같은 나무가 내어주는 두 선물이다. 그런데 그 나무 주변에는 닮은 나무들이 너무나 많아, 사람이 그 나무와 마주칠 일은 무척이나 드물다. 덕분에 그 나무는 안전하게 자랄 수 있는 것이다."

현자들과 광인들은—그 사람들을 결정짓는 것은 운명일까?—제 안의 깊은 불만족에 의해 숨겨진 가지들에 이르기까지 떠밀린 사람들이다. 그들은 기꺼이 그 가지들에 의해 파괴되리라.

광기는 벼락의 얼굴을 지녔고, 지혜는 조각상의 얼굴을 지녔다. 그것들은 개미들에게서 열광을 불러일으킨다. 같은 때에, 종속된 지역들 위에서는, 도도히 날아다니는 독수리들이 개미들의 푸른 왕국을 쪼아 구멍을 낸다.

유대인 남녀는—수천, 수만의 사람들은—얼굴과 어깨를 잃어버렸고, 하루하루 앙상해지는, 볼품없는 두 다리가 되었다. 그들이 가는 길목에는 친구 하나가 없었으며, 다만 그들이 몸을 기댈 수 없는 벽들이 있었을 뿐이다.

아벨은 이렇게 말했다. "보라, 우리에게 벽이 하나 남았다. 우리는 우리의 탄식으로 저 벽을 귀먹게 한다."

그리고 티마는 이렇게 말했다. "침묵은 돌 안에 있다. 우리의 고통은 우리의 몸짓들이 더는 어떤 의미도 갖게 되지 않을 때 석화하리라. 그러나 형제들이여, 우리의 눈물은, 눈물은 누가 떠맡을 것인가?"

그들을 사람들로부터 갈라놓는 벽들이 있었다.

12

밤은 색채들을 없앤다. 밤은 영혼의 색이 터지도록 한다.

—"숫자 '4'는," 그가 말했다, "우리의 상실을 나타내는 수이다. 내가 미쳤다고 생각하지 마라. 숫자 '4'는 '2 곱하기 2'이다. 그리고 우리는, 바로 '4'가 '2 곱하기 2'라는 이 낡은 논리에 의해 박해받은 것이다. 우리는 '2 곱하기 2'가 또한 '5'나, '7'이나, '9'임을 증언하니까 말이다. 그렇게 확언하기 위해서는 우리의 현자들이 남긴 설명들을 참조하기만 하면 된다. 단순함 속에서는 그 어떤 것도 그리 단순하지 않다. 사람들은 우리가 수학적인 단순 계산에 동의하지 않기 때문에 우리를 싫어한다.

사람들은 '2 + 2 = 4'라고 배웠다. 그리고 그들은, 이로부터, 우리가 잉여라는 결론을 이끌어내었다.

그들의 최신 발명품인 꺾인 십자가[21]는, 두 개의 '4'가 나란히 붙은 모양새로, 우리들 수의 위에 드리워진 그림자가 아닌가?

우리들은 숫자 '4'의 두 차례의 지배, 인간에 대한 지배와 식물에 대한 지배를 위해 죽어간다.

우리 무덤 위의 조약돌 하나. 평화 속에서 생명이 꺼져가는 이들을

---

21) 나치 독일 당시 국가사회주의 독일 노동자당의 상징인 하켄크로이츠(卐)를 의미한다.

위한 국화꽃들."

(우리가 '2 더하기 2는 4'라는 부정할 수 없는 증명에 대한 반증이 될
수 있을까?

─우린 그 증명이었으나, 그들은 그것을 우리와 맞서는 데 사용했다.

─어떻게인가, 유켈, 어떻게였는가?

─선과 악의 이름으로, 천국과 지옥의 이름으로.

그리고 지구가 둥글다는 것을 구실 삼아.

왜냐하면 우린 논리학의 골칫거리이기 때문이다. 짝수들의 덧셈에 있
어, 우린 홀수의 질서이자 무질서이기 때문이다.)

13

입이 봉해진 괴물 같은, 철 족쇄의 먹잇감으로 우리는 던져진다. 족쇄는 우리 자신의 발걸음에 우리를 희생시킨다.

인간의 삶에 무엇이 남는가? 신발굽 자국조차 남지 않는다.

다른 말을 이어받는 말은, 이전 말의 족적을 흐린다. 그것은 글쓰기의 법을 따르고 있는 것이다.

그리하여 모든 증언과 진술은, 다만 펜의 모험일 따름이다. 제게 고유한 목적을 쫓아 떠난 펜이, 현실과 상상을, 삶과 삶에 대한 몽상을 가로지르는 모험 말이다.

(도시에서 한 남자가 반사경들의 물과 달의 물 위를 걷는다.

남자는—그는 그 자신인가?—글을 쓴다. 그가 내딛는 발걸음 하나하나는 깨끗한 종이 위에 새겨지는 하나의 단어다.

스스로를 어떻게 드러내야 할지 모르는, 강박에 사로잡힌 남자.

집중하는 남자.

—그의 복제.)

그들은 렙 다베르의 파인 두 볼을 가지고 있다. 사람들이 말하길, 렙 다베르의 얼굴에는 신의 사자가 남긴 두 흔적이 있었다고 한다. 렙 다베르가 기도하는 중에 홀연히 나타난 신의 사자는, 그가 고개를 조아리도록 제 왼손과 오른손 검지로 그의 두 볼을 눌러, 파이게 만들었다고 한다.

—렙 다베르의 파인 볼을 상속한 자들, 그들의 얼굴 위에 신의 사자가 손가락으로 남긴 흔적들은 무엇이 되었는가? 기도에 잠긴 그들의 이마 위에 남긴 입맞춤의 흔적들은 무엇이 되었는가?

그들은 렙 안타르의 가는 입술을 가지고 있다. 사람들이 말하길, 렙 안타르는 너무나도 자주 신의 이름을 입에 올린 탓에, 입술이 닳아 남아나지 않을 정도였다고 한다.

—렙 안타르의 가는 입술을 상속한 자들, 그들은 제 입술을 갉아 먹은 신의 숭앙받는 이름으로, 무엇을 하였는가?

그들은 렙 미싸의 높은 이마를 가지고 있다. 사람들이 말하길, 렙 미싸의 높은 이마에는 언젠가 홀연 부화하여 이스라엘 왕국이 될 알이 들어 있었으며, 감사하는 마음의 따스한 두 날개가 그 알을 품고 있었다고 한다.

—렙 미싸의 이마를 상속한 자들, 그들은 감사하는 마음의 따스한 날개들과, 언젠가 그로부터 이스라엘 왕국이 부화할 알로, 무엇을 하였는가?

그들은, 펜으로 그은 두 줄의 선과 같은, 렙 에자르의 두 눈을 갖고 있다. 사람들이 말하길, 렙 에자르는 자기가 쓴 글에 두 줄을 그어 삭제하는 일을 너무나도 많이 행하여, 그의 작품에는 오직 신의 이름들만이 남게 될 정도였다고 한다.

—렙 에자르의 두 눈을 상속한 자들, 그들은 신의 눈부신 이름과, 그에 어울리지 못하여 삭제된 글의 교훈을 가지고, 무엇을 하였

는가?

그들은 렙 에프라의 매부리코를 가지고 있다. 사람들이 말하길, 렙 에프라는 시편을 읊조리면서 새벽과 모래의 장미향을 들이마셨고, 밤이면, 그가 향을 들이마셨던 장미들을 엮어 희망과 사랑의 꽃다발을 만들었다고 한다.

—렙 에프라의 매부리코를 상속한 자들, 그들은 희망과 사랑의 향이 배인 꽃다발을 가지고, 무엇을 하였는가?

그들의 특징들이 그들을 고발하고, 앞서고, 옭아맨다.

—그러나 사람은 제 특징들에 대해 책임을 져야 하는가?

한 방울의 피가 그들의 입을 봉해버렸다. 재로 뒤덮인 결혼식의 몸동작을 취하는 미친 여자처럼, 붉은 물방울무늬 드레스를 입고서, 땅은 그들에게 느닷없이 나타났다.

한 마리 올빼미가 그곳의 끔찍한 영혼이었다.

아주 멀리, 다른 곳, 구름 가운데서는 그들이 불러내는 죽은 자들의 회합이 열린다. 이곳에는 그들이 둘러앉는 나무 탁자가 있고, 짚과 나무로 된 그들의 의자가 있다. 다른 곳, 햇살의 반대편에는 죽은 자들이, 그들의 동포이자 스승들이 어둠에 맡겨져 있다.

한 사람의 현자: 우리는 증인들이면서, 스스로의 무력함에 정신이 멍할 지경인데도, 한때 우리가 각자의 조국에서 우리의 숨결로 왕의 길을 내었듯이, 이번에는 우리 자신의 죽음으로써 마침내 큰길을 뚫고자 심판받고 유죄 판결받은 자들…

한 사람의 현자: 우리는 지혜로운 자들이자 증인들…

한 사람의 현자: 세상의 중심에서 무너진 수도들, 작은 지방들, 초

라한 마을들, 우리의 모든 돌들, 그리고 충실한 새가 여기까지 우리를 쫓아왔네.

그리고 우린 우리의 유년과 노년의 말들이었던 말들을 되뇐다, 우리는 그 영상을 벗어날 수 없기에.

한 사람의 현자: 우리는 주민이자 유령들…

한 사람의 현자: …왜냐하면 웃음과 고통의 어머니인 살은 영원하기에…

한 사람의 현자: …왜냐하면 우리가 비롯한 영혼은, 해처럼, 물처럼, 그리고 나무가 내어주는 여러 선물들처럼, 손을 무르익게 하는 것 말고는 다른 존재 이유를 갖지 않았기 때문에…

한 사람의 현자: 우리가 향하는 영혼은 눈으로 덮인 나라…

한 사람의 현자: …추위로 굳어버린 물 안에서 단절된 나라. 물이 우릴 지킨다. 그렇게, 빙하들이, 사라진 자들의 커다랗게 된 두 눈을 지킨다.

한 사람의 현자: 시선이 아직 머무를 수 있는 그곳에서, 귀가 아직 들을 수 있는 그곳에서, 코가 아직 냄새 맡을 수 있는 그곳에서, 손가락들이 아직 움켜쥘 수 있는 그곳에서, 벽이 올라간다.

한 사람의 현자: 벽들을 쌓아 올린다는 것은 살아간다는 뜻이 아닌가?

한 사람의 현자: 우리가 정해진 시간에 모인 것은 신기한 일이다. 몇 세기 전부터, 우린 낮을 밤과 구분하기를 그만뒀는데 말이다. 그런데 어떻게 우리가 지금이 몇 시인지를 알 수 있겠는가? 그러므로 우린 다시금 '시간'을 생각한 것이다. 우리가 우리 자신을 옭아매기 위해 새로운 사슬을 벼려냈음을 의식하고 있으면서도 말이다. 하지만, 이는 권태를 이겨내기 위함이 아닌가? 우린 어쩌면 결코 모이지 않을 수도 있었다.—우린 다만 관계를 형성하고자 했을 뿐이다.— 기이하다. 우린 만나고 말았다.

한 사람의 현자: 우린 우리를 갈라놓고 있던 거리를 계산했다. 우린 죽어가는 것을 멈췄다.

한 사람의 현자: 죽음이라는 것은, 자기 안에서의, 그리고 공간 안에서의 거리두기이다.

한 사람의 현자: 우리는 긴 세월조차 그 목소리를 죽일 수 없었던 메아리인가?

한 사람의 현자: 우리는 망각이 보이는 최후의 경련인가?

한 사람의 현자: 사람은 그가 다가가는 모든 것에 매이게 되고, 그가 다른 이로부터 배우는 모든 것에 매이게 된다.
매이는 것이다.

한 사람의 현자: 나는 죽어가는 것을 그만두고 싶었다.

한 사람의 현자: 우린 서로를 찾았다.

한 사람의 현자: 우린 죽어가는 것을 그만두고 싶었다.

한 사람의 현자: 하나의 돌
그리고 그보다 위에
또 하나의 돌.

한 사람의 현자: 하나의 문
그리고 그보다 위에
또 하나의 문.

한 사람의 현자: 하나의 창
그리고 그보다 위에
또 하나의 창.

한 사람의 현자: 풀
그리고 그보다 위에
꽃.

한 사람의 현자: 줄기
그리고 그보다 위에
가지들.

한 사람의 현자: 무릎
그리고 그보다 위에

어깨.

한 사람의 현자: 목
　　　　　　　그리고 그보다 위에
　　　　　　　두 눈.

한 사람의 현자: 우리는 돌아가는 일 없이 영영 올라가고 싶었다.

한 사람의 현자: 우리는 서로를 도왔다.

한 사람의 현자: 우린 돌에 가닿기 위하여 돌을 부술 것인가?

한 사람의 현자: 우린 문에 가닿기 위하여 문을 부술 것인가?

한 사람의 현자: 우린 창에 가닿기 위하여 창을 부술 것인가?

한 사람의 현자: 우린 꽃에 가닿기 위하여 풀을 짓밟을 것인가?

　한 사람의 현자: 우린 가지들에 가닿기 위하여 줄기를 쓰러뜨릴 것인가?

　한 사람의 현자: 우린 어깨에 가닿기 위하여 무릎을 부술 것인가?

　한 사람의 현자: 우린 두 눈에 가닿기 위하여 목을 꺾어버릴 것인가?

한 사람의 현자: 죽음이란, 죽음으로부터의 단조로운 상승이다.

한 사람의 현자: 우린 문에 가닿기 위해 돌을 부술 것이다.

한 사람의 현자: 그래야만 하는가?

한 사람의 현자: 우린 창에 가닿기 위하여 문을 부술 것이다.

한 사람의 현자: 그래야만 하는가?

한 사람의 현자: 우린 창에 가닿기 위하여 창을 부술 것이다.

한 사람의 현자: 그래야만 하는가?

한 사람의 현자: 우린 가지들에 가닿기 위하여 풀을 짓밟을 것이다.

한 사람의 현자: 그래야만 하는가?

한 사람의 현자: 우린 두 눈에 가닿기 위하여 무릎을 부술 것이다.

한 사람의 현자: 그래야만 하는가?

한 사람의 현자: 풍경 속에서 우린 우리 자신을 파괴할 것이다.

한 사람의 현자: 그래야만 하는가?

한 사람의 현자: 사람들 가운데서 우린 우리 자신을 파괴할 것
이다.

한 사람의 현자: 그래야만 하는가?

한 사람의 현자: 사물들 가운데서 우린 우리 자신을 파괴할 것
이다.

한 사람의 현자: 그래야만 하는가?

한 사람의 현자: 죽음 가운데서 우린 우리 자신을 파괴할 것이다.

사라가 말했다. "유켈, 보세요, 구름 가운데 꽃핀 하늘을."

희생의 미덕을 설교하던 렙 엘람은 이렇게 썼다.

> "죽음 안에서 나는 피어난다.
> 나는 가질 수 없는 꽃이다.
> 그대는 꽃의 향기를 맡을 수 있지만
> 꽃이 어디 있는지 알 수 없다.
> 하지만 그대는 꽃이 있음을 알고 있고
> 그리하여 그대는 꽃을 찾게 된다.
> 그대는 찾지 못하고 죽을 것이다.
> 그 꽃은 또한 그대의 죽음이므로."

그는 또한 이렇게도 썼다. "다 자란 아이가 제 불행의 근원인 어

머니의 배를 바라보듯, 이스라엘 백성들의 시선은 예루살렘을 향해 있다.

슬프다! 예루살렘은 솔로몬 성전의 폐허 아래 묻혀 있고, 이에 책임이 있는 모태는 계속해서 쫓아낸다, 무無의 거대한 수정들에 홀린 시선을.

유대 민족의 구원은 단절에, 단절 한가운데서의 연대에 있다."

그러나 랍비들 중에서 가장 발언이 존중받는 렙 레옹은, 그에게 이렇게 답했다.

"유대 민족의 구원은, 우리의 인내의 밭을 뒤덮고 있는 쓴 풀들보다 더 오래 살아남는 데 있다."

한 사람은 죽음에 미친 자였고, 다른 사람은 삶에 미친 자였다.

유대인의 세계는 우리와 함께 시작된다. 그것은 우리가 세상 속으로 첫 발걸음을 내디딜 때 시작된다.

유대인의 세계는 성문법에 기반해 있다. 그것은 반박할 수 없는 말들의 논리에 기반해 있다.

그리하여 유대인의 나라는 그들의 세계에 꼭 맞는 크기로 있다. 그들의 나라는 책이기 때문이다.

모든 유대인은 의인화된 단어 안에 산다. 모든 쓰인 단어들 안으로, 그가 들어갈 수 있게 해주는, 의인화된 단어 안에.

모든 유대인은 랍비들이 논평하는 열쇠 말 속에, 고통의 단어 속에, 암호 속에 산다.

유대인의 조국은 거룩한 글이다. 그것으로 인해 촉발된 무수한 논평들 가운데 있는 거룩한 글이다.

그렇게 모든 유대인은 **율법** 안에 있다.

그렇게 모든 유대인은 **율법**을 이룬다.

그렇게 **율법**은 유대인이다.

렙 사뮈엘은 이렇게 말했다. "그대는 어떤 대상으로부터, 얼굴로부터, 강박으로부터 자유로워질 수 있다. 그러나 그대는 단어로부터는 자유로워질 수 없다. 단어는 그대의 탄생이자 죽음이기 때문이다."

("낮은 발단이다. 밤은 시작이다.
그렇게 무구함이 탄생한다."

• 렙 파앵

"그대는 그대가 아름답다고 생각하는 내 모든 이성으로 인해 아름답다. 그것을 그대는 비이성이라 부르지만."

• 렙 보아즈)

부재자不在者의 책

2부

"자네는," 렙 에글롱이 말했다. "급류로부터 물을 취하려는 저 구부러진 나뭇가지를 닮았군. 나뭇가지를 구부러지게 한 것은 노력인가 혹은 피로인가?"

렙 알룽은 이렇게 답했다. "저는 지쳤습니다. 그런데 제 모든 기운은 피로 속에 있지요."

렙 에글롱이 말을 이었다. "그렇다면 자네는 내가 여러 글들을 모아서 만든 책의 낱장들을 닮았군. 요즘은 그 종이들이 사람의 생각을 담아두기 위해 노력하는 것인지, 책장을 넘기는 손에 거짓 충성을 바치는 것인지 헷갈린다네."

1

그녀는 온 힘을 다해 사랑했고, 머리가 새하얘졌고, 모
든 것을 내어주었다. 그녀는 우리의 법이고, 우린 밤새 그
녀 곁을 지킨다.

• 렙 콜드레

내가 택한 길은 가장 험한 길. 그것은 가장 길고―가장 무모한 길
이다.

그 길은 어려움에서 출발하여―존재의 어려움 그리고 글쓰기의
어려움으로부터―어려움으로 이어진다.

(*렙 아카드는 말했다. "어려움은 자신 안에 있다. 어려*
움은 우리가 마주해야 하는 또 다른 어려움에 의해서가
아니라면 결코 해소되지 않는다."

그리고 렙 리싸는 이렇게 말했다. "어려움은 우리 안에
서, 자신과 반대의 성을 가진 또 다른 어려움과 짝을 이룸
으로써 영속하게 된다. 어려움은 언제나 자신의 적자嫡子
로서 또 다른 어려움을 낳는다.")

렙 레르니아는 말했다. "고통과 기쁨은 끔찍한 한 쌍이다. 모든 기
쁨 안에는 괴로움의 연못이 고여 있고, 모든 고통의 한편에는 기쁨의

정원이 있다.

그러나 불행은 대추야자보다 더 곧고, 화살보다 더 치명적이다."

그리고 렙 리아르는 이렇게 말했다. "불행은 우리를 구하기도 하고 부수기도 한다. 불행은 우리가 상속받은 열쇠이기 때문이다."

> (렙 두브레는 이렇게 썼다. "어째서입니까, 저의 하느님, 당신께서는 어느 곳에나 계시는데도, 저희가 당신께 다가가기 위해 저희의 벽을 뚫고 가야 하는 것은, 어째서입니까?"
>
> 이에 대해 렙 탭은, 확신에 차, 이렇게 답했다. "일단 책 안에 있게 된 이상, 우린 열쇠를 사용해야만 한다. 말들이 우리를 위해 만들어내었고, 그것을 발견하는 것이 우리의 몫인 열쇠를.
>
> 그것이 없다면, 우리는 매 페이지마다 닫힌 문에 부딪히게 된다.")

내가 택한 길은 나의 동포들이 내었던 길이다. 그것은 지성과 직관의 길이다. 지성에 맞선 직관의 길이자, 직관에 맞선 지성의 길이다. 그 길은 논쟁과 의혹의 길이지만, 그 길의 끝에는 구원이 있으며— 그 구원은 다시금 의혹이다.

렙 다베르는 이렇게 말했다. "주님께서는, 유대인이 다다르게 되는 섬이 아닐까? 유대인이 자기 형제들과 재회하게 되고, 그들은 유대인에게 그의 여행이 어떠했는지를 묻는, 그런 섬이 아닐까? 그렇다면 험난한 물결 위에서 보내는 모든 시간들도, 파도와의 협력에 다름 아니다.

파도 덕분에, 바닷물은 저 외로운 해안까지 밀려갈 수 있는 것이
니까."

파도, 그것은 자폐自閉된 민족의 반복되는 역사가 내뱉는, 억센 말
마디.

렙 에마는 이렇게 말했다. "자네의 말과 함께 들어오게. 오늘, 우릴
반갑게 맞아주는 것은, 그 말마디들이라네."

그리고 렙 아리아는 이렇게 말했다. "하늘이 맑을 때 파도의 모습
은, 기도에 잠긴 유대인이 흔들리는 모습 같네. 시나고그의 하늘은,
여름날 아침의 청명을 띠고 있으니."

유대인은 햇살 속에서, 자신이 배운 말들의 바다를 표류한다.

렙 세르비는 이렇게 썼다. "때로 그대 생각에, 주님께서 그대를 보
고 있지 않다고 여겨진다면, 그것은 주님께서 스스로를 무척이나 낮
은 모습으로 드러내시어 그대가 그분을 그대 창가를 맴도는 파리로
착각한 탓이다. 그러나 바로 거기에 그분의 전능성이 있다. 왜냐하면
주님께서는 **모든 것**인 동시에 **무**이시니.
　—영광스러운 영靈이자, 보잘것없는 터럭이시니."

렙 아셰르가 말했다. "책을 둘러싸고 이야기를 나누는 이 모임이,
한 잔의 포도주보다 더욱 내 몸을 달아오르게 하네. 왜냐하면 나는
그대들과 더불어 내 혼의 원천에서 목을 축이고 있으므로. 인간들과
마찬가지로, 책도 제 운수를 갖고 있네."

렙 에스켈이 말했다. "선생님께서는 말씀을 하셨고, 저희는 선생님 가르침의 질서 속에서 선생님 말씀을 경청했습니다. 하지만, 바다를 가르고 나아가는 배에게 있어서는 요동치는 바다가 그러하듯이, 질서가 그 안에 자리를 잡는 우주는 바로 무질서 아닐는지요?"

"말은 달려가는 길에 먼지를 일으키는 한 마리 말과 같다. 그것은 행인들로 하여금 제 두 눈을 내리깔게 한다."

렙 랭델이 말했다. "선생님, 선생님 말씀은 저희가 올라타는 말이 되었습니다. 그러나 저희는 멀리 가지 못했습니다. 회전목마처럼, 저희는 둥글게 돌고 있습니다. 어쩌면 저희는 한심한 기수들일는지요?"

"나무는 꼭대기에 이르기까지 스스로 돌고, 벌은 제 대롱의 주위를 돈다. 렙 아자르는 이렇게 쓰지 않았던가, '앎의 길은 사과보다 더 둥글다'고."

2

사람은 자유로워지기를 바라는 것이 아니다. 그는 다만, 자유를 몽상한다.

("그대는 물에 몸을 기대고서는 떠내려감에 놀란다."

• 렙 아멜

"심판과 진리를 혼동하지 마라. 심판은 진리의 이름으로 내려지지만, 진리는 스스로를 찾고 있다."

• 렙 아강

"그대는 많은 실수를 저질렀다. 그대는 의인이다."

• 렙 아르)

"그는 나의 적이다. 그리고 나는 그를 몰랐다."

• 렙 에랄

"그는 내게 부당히 굴고, 그대는 내게 공정하다. 나는 대항할 방도가 없다."

• 렙 모르도

유켈, 그대는 시간이 시작하는 머나먼 세월의 밑바닥으로부터 오고, 그곳은 다소 구름과 같다.

그대는 바다로부터 오고, 바다는 그대를 끊어내었다, 그대 자신으로부터, 그대의 그림자와 빛으로부터, 그대의 돌과 풀로부터,

자비 없이 그대를 떼어냈다.

그대의 젊음은 책의 연못들 안에서 잠이 든다. 그대의 젊음은 유동하는 그림자들의 덧없음을 띠고 있다. 사랑에 의해, 세기들에 걸쳐, 연못의 저주받은 한 쌍이 된, 나란히 펼쳐진 남자와 여자의 그림자다.

땅은 그대에게 남아 있다.

길은, 가까운 문.

그리고 그대는 문을 연다, 심각하게 훼손되어 멀리는 나아갈 수 없는 시선으로, 바닥에 질질 끌리는 시선으로.

그리고 그대는 문을 연다, 지나치게 닳아서, 그대를 오래는 지탱해줄 수 없는 심장으로.

그리고 그대는 문을 연다, 지나치게 녹슬어, 자물쇠에 밀어 넣기 힘든 열쇠로. 그런데 자물쇠는 자물쇠대로 녹이 슬어 있구나.

사방의 벽은 그 안에서 빠져나간 자의 뒤를 좇는다.

그대는 그 벽들이 이룬 집에 그림자를 드리워주던 종려나무였다.

(렙 당바는 말했다. "우리는 낯선 고장에서 살고 있다. 안식일이 다만 우리 가슴속에서 기념되는 낯선 고장. 아! 우리 심장이 뛰는 소리는 언제쯤 이 도시의 소리 안에 섞여 들까?"

그리고 렙 망델은 말했다. "우리는 허공에 울려 퍼지는 우리 목소리의 열린 부채꼴 안에서 산다.")

책은 수면이 취해지는 공백이다. 그대는 선 채로 잠이 들고, 세계는 그대 없이 둥글게 부푼다. 그것은 저 모든 웃음과 눈물의 세월로 그대 어깨를 짓누를 세계, 그것은 그대가 눈을 뜨면 마주하게 될 세계.

렙 사페르는 이렇게 말했다. "나의 아들아, 그대는 그대의 재산을 잃음으로써 그대 자신에게 승리하였으며, 또한 완성되었노라. 그대는 더는 어떤 것도 가지지 않기에, 마침내 주님의 형상을 따른 인간이 되었다. 주님께서는 어떤 것도 소유하지 않으시되 모든 이의 재산인 분이시니."

유켈, 그대는 세상의 재산이고, 그대는 헐벗었다.

그대는 그대 자신의 피를 덮어쓰고 있는데, 그대의 형리들은 제 결백을 외치고 있다.

그대의 형리들은 그대의 목소리와 두 손을 가지고 있다.

렙 방데는 이렇게 말했다. "그들은 우리를 끝장내고 싶어 한다.

우리 이마를 짓이기기 위해, 그들은 증오로 단단해진 이마를 갖고 있다.

우리 두 눈을 물속에 빠트리기 위해, 그들은 증오에 푹 잠긴 눈을 갖고 있다.

우리 입을 줄이기 위해, 그들은 증오로 가득 찬 입을 갖고 있다.

우리 숨을 막기 위해, 그들은 증오로 부푼 가슴을 갖고 있다.

우리 무릎을 굽히기 위해, 그들은 증오로 기름칠한 무릎을 갖고 있다.

오직 인간의 몸만이, 가능성에 있어 조화롭고 살과 피부의 구석구석까지 조화로운 인간의 몸을 파괴할 수 있기 때문이다."

그리고 렙 돌레는 이렇게 말했다. "아주 깊이, 그들은 우릴 상처 입힌다. 붉게 달구어진 인두가 그들의 여섯 번째 손가락이다."

유켈, 그대는 이 세상에서 혼자요, 세상은 그대가 지나는 길에서 빗겨 선다.

렙 네빌은 말했다. "다이아몬드가 사람으로 하여금, 주변을 내쳐 외톨이가 되게끔 하는 것이 아니다. 외톨이가 되게 만드는 것은, 바로 우리 자신이 그 몸체를 이루는 심연이다.

심연에 잠긴 우리의 영혼, 그것이 얼마나 빛나고 있는지, 대체 누가 알 수 있을 것인가?"

그대는 그대의 형리들 중 가장 잔인한 자이다.

그대는 형리들 가운데 유대인 형리이다.

그대의 이마를 짓이기기 위해, 그대는 사랑에 사로잡힌 이마를 갖고 있다.

그대의 두 눈을 물속에 빠트리기 위해, 그대는 사랑에 푹 잠긴 눈을 갖고 있다.

그대의 입을 줄이기 위해, 그대는 사랑으로 가득 찬 입을 갖고 있다.

그대의 숨을 막기 위해, 그대는 사랑에 부푼 가슴을 갖고 있다.

그대의 손가락들을 짓이기기 위해, 그대는 사랑이 헤아린 손가락들을 갖고 있다.

그대의 무릎을 굽히기 위해, 그대는 사랑으로 기름칠한 무릎을 갖고 있다.

렙 테아르는 이렇게 말했다. "우리가 우리 민족에게 느끼는 사랑은, 우리의 적들이 우리에게 가하는 구타보다도 더욱 고통스러운 것이다. 우리 형제들 중 한 사람이 죽을 때마다, 우리 역시도, 그의 죽음으로 인해, 그와 함께 죽어가기 때문이다."

그리고 렙 르비는 이렇게 말했다. "그대의 생사는, 제 원천에 대한 사랑에 사로잡혀 있는 그대의 영혼에 내맡겨져 있다. 그렇게 그대는, 매일 되살아나는, 불가능한 사랑으로 죽어간다."

바다에 대한 꿈은 영원한 것이다. 이스라엘에 대한 꿈도 마찬가지다.

렙 티안은 말했다. "우린 잠 속에 매인 몽상가들이다. 그러나 언젠가 사람들이 우릴 잠에서 깨운다고 해도, 우리의 꿈은 끝나지 않을 것이다."

유켈, 손바닥을 그대 책의 표지 위에 올려둔 채로, 그대는 잠이 든다.

책이 닫힌 채로.

렙 샹토브는 이렇게 썼다. "조상 대대로 내려온 나의 잠을 깨운 자는 누구인가? 내 어깨를 건드리고, 이마에 입을 맞춘 자가 누구인가? 제 머리를 내 어깨에 기대고, 제 손으로 내 손을 잡은 이는 누구인가? 내 걸음에 제 걸음을 맞춘 자는 누구인가? 아, 나를 자기 잠자리에서 멀어지게 했다가, 다시 자기 잠자리로 데려가는 자는 누구인가? 나를 나의 길에서 벗어나게 한 것은 대체 누구인가?

여인이여, 그대의 힘이 정녕 주님의 힘보다 크단 말인가?"

그러나 렙 조쉬아는 그에게 이렇게 화답했다. "사막을 걸어온 사람은 오아시스를 꿈꾸게 된다. 주님께서는 우리에게 갈증을 주셨지만, 갈증을 주실 때는 또한 물도 주셨다. 주님께서 우리에게 나아갈 길을 가리키셨다면, 그분께서 휴식 또한 마련하셨을 터이다."

사라, 사람들은 그대에게, 우리에게, 악착같이 달려들었습니다. 사람들이 우리 안에서 너무나 많은 나무들을 베어내고, 너무나 많은 양의 물을 말려버린 탓에, 이제 우리의 사막은 모든 곳에 펼쳐져 있게 되었으며,

우린 목과 뱃속의 빈 곳들에서, 두 눈과 손의 파인 곳들에서, 서로가 서로의 사막이 되었습니다.

("나는 죽어버린 삶을 사막이라고 부른다. 모래 알갱이의 전형적인 삶 말이다."

• 렙 네비)

렙 이브리는 이렇게 썼다. "약간의 모래를 긁어모아라. 그리고 그것을 그대 손가락 사이로 흘려보내라. 그럼 그대는 언어의 공허함에 대해 알게 될 것이다.

이제 모래는 다만 모래에 지나지 않으며, 말은, 내려진 말의 깃발에 지나지 않는다."

그리고 다른 곳에서는 이렇게도 썼다. "그대는 그대가 움켜쥔 모래 알갱이들이, 이전에 그대 두 무릎 사이로 빠져나갔던 바로 그 모래 알갱이들과 동일하다고 장담할 수 있는가? 모래 알갱이들은 이미, 그대가 알지 못했던 수많은 다른 알갱이들이다.

그대의 말들에 대해서도 똑같이 말할 수 있다. 말로 가득 찬 세상 속으로, 일단 그대의 말이 빠져나갔다면."

어머니, 저는 당신의 상냥한 목소리를 듣고 당신을 알아봅니다. 숲과 계곡은, 우리 마음이 거기서 가장 잘 드러나는 우리들의 황량한 들판에 비길 바가 못 됩니다. 고통에는 고통의 풍경이 필요합니다. 그러면 세계는 우리의 것이 되고, 세계는 우리에게 꼭 들어맞습니다.

우린 불행 속에서 자유롭습니다.

장미에게는 그와 꼭 같은 쌍둥이 장미를 주십시오. 그리고 모래 알갱이에는, 그것을 드러내는 모래 알갱이를 주십시오.

어머니, 당신의 탄식은 오직 장미나무들 가운데서만 끔찍합니다.

사막에서, 그녀는 바람보다도 더 오래되었고, 유목민은 그녀의 노랫소리를 들은 모래가 홀연히 취하는 색을 통해 그녀를 알아본다.

우리는 우리 민족의 첫 울부짖음을 되찾아야 한다. 마치 모래가 처음으로 바닷속에 빠져든 모래 알갱이를 되찾아야 하는 것처럼.

자유는, 원천을 향해 거슬러 오르는 일에 있다.

> (그날 밤, 까닭 없이, 도시는 제 기억들을 정리했다. 그리하여 모든 시민들이, 도시의 역사를 쓰기 위해 펜과 백지 한 장을 가질 권리를 얻게 되었다.
>
> 다른 행인들은 얼마나 편안해 보였던가.
>
> 나, 나는 아무런 추억 없이 방황하였다. 말의 잔해들을 가지고, 벌들의 부서진 날개를 가지고, 나는 내 책이 묻혀 있는 파괴된 도시를 재건했다.)

그날 저녁은 유켈, 나도 그대처럼 내 방이 싫었다. 그날 저녁, 동네 모퉁이에서 그대를 만나게 될 것임을, 나는 미리 알고 있었던 것일까? 나는 그대 앞으로 곧장 나아갔다. 그대는 날 맞이하러 왔다. 전혀 놀랄 것도 없이 우린 나란히 걸었다. 자유에 대한 동일한 욕망이 우리를 가깝게 만들었다. 간간이 주고받는 눈빛만으로도, 우리가 서로의 옆에 있다는 것을 확신할 수 있었다. 나는 내 영혼을 그대에게 일치시키고자 노력했다. 그대 고통의 모든 단계들을, 약해지지 않고자 애쓰며 기어오르려 했다. 난 그대가 받아들였던 속박을 마찬가지로 받아들일 각오를 했다. 그 모든 사슬 하나하나가 단어를 불러일으키고 있었다. 그 단어들이 내게 얼굴을 주었다. 나는, 내 글이 없이는, 바람에 펄럭이는 침대보보다도 무명이요, 창문의 유리보다 더 투명하다. 나는 자유롭기 위해 얼굴을 가져야 했고, 그대는 자유롭기 위해 얼굴을 잃어야 했다.

렙 알룽은 이렇게 말했다. "자유란 노들이 수중에서 갖는 질서, 그리고 시간이 시간의 흐름에서 갖는 질서와 마찬가지의 엄정한 질서 속에서 스스로에 대해 펼치는 열광적인 정복이다."

자유, 그것은 또한 얼굴의 죽음이다.

(렙 이드라시는 이렇게 가르쳤다. "만약 자유에게 날개가 있다면, 자유에게는 또한 두 눈도 있고, 이마도 있고, 성기도 있다. 그렇게, 자유가 날아오를 때마다, 자유는 제 개화開花에 도취된 가운데, 세계와 인간이 공유하는 한 뙈기의 땅을 변모시키는 것이다."

그리고 렙 리마는 이렇게 말했다. "자유는 본래 **율법**의 석판들 위에 열 차례 새겨져 있었다. 그러나 우리에게는 그러한 자유를 얻을 자격이 너무도 부족했기에, **예언자**께서는 분노 속에서 그것들을 깨트렸다."[22]

렙 이드라시는 또한 이렇게 가르쳤다. "모든 제약은 자유의 밑거름이다. 만약 그대가 그대의 모든 피에 의해 그대 주님과 인간에게 묶여 있지 않다면, 어떻게 그대가 자유를 희망할 수 있을 것인가?"

그리고 렙 리마는 이렇게 말했다. "잠자던 이가 점차 오감을 되찾는 것처럼, 우리가 우리의 구속을 의식함에 따라 조금씩 조금씩 자유가 눈을 뜬다. 그러면 우리들의 행위는 비로소 이름을 갖게 된다."

렙 잘레는, 이러한 비유로부터 다음과 같은 가르침을

---

22) 「탈출기」에서 모세가 이스라엘 백성들의 우상숭배를 보고 분노하며 십계명이 새겨진 석판을 부순 것을 참조하고 있다(「탈출기」32:15-19 참조).

이끌어냈다. "그대는 자유로운 것은 새라고 생각한다. 그러나 그대는 틀렸다, 자유로운 것은 꽃이다."

그리고 렙 엘라는, 이 시구詩句로부터 다음과 같은 가르침을 이끌어냈다. "그 마지막 반짝임에 이를 때까지, 그대의 사슬을 사랑하라. 그러면 그대는 자유로우리라.")

3

모든 질문에 대해 **유대인**은 질문으로 답한다.

• 렙 레마

나는 질문들에 이끌린다. 그러한 나의 성향 안에서 내 이름은 하나의 질문이자 나의 자유다.

• 렙 에그랄

렙 망델은 말했다. "희망이란 곧 앎이다." 그러나 그의 모든 제자들이 이에 동의하는 것은 아니었다.

그의 가장 오래된 제자가 말했다. "선생님께서 '앎'이라고 부르시는 것의 의미가 무엇인지, 마저 합의해야 할 것 같습니다."

렙 망델은 이렇게 답했다. "안다는 것은 질문하는 것이다."

두 번째 제자가 말했다. "이 모든 질문들로부터 우리는 무엇을 얻을 수 있는 것입니까? 질문이란 것은 언제나 충분히 만족스럽지 않은 답에서 태어납니다. 우릴 다만 또 다른 질문들로 이끄는, 이 모든 질문들로부터 우리는 무엇을 얻을 수 있는 것입니까?"

렙 망델은 이렇게 답했다. "새로운 질문에 대한 약속을 얻을 수 있다."

가장 오래된 제자가 말을 이었다. "우리의 질문에 대해 어떠한 답변도 불가능할 때가 와서든, 더는 우리가 어떠한 질문도 던지는 것이 불가능할 때가 와서든, 분명, 언젠가는 우리가 질문을 멈춰야 할 때가 올 것입니다. 그렇다면 애초에 질문을 시작하는 것에 어떤 소용이 있는 것입니까?"

렙 망델은 이렇게 답했다. "그대는 모르겠는가, 모든 추론의 끝에는 언제나 하나의 결정적인 질문이 기다리고 있다."

두 번째 제자가 말을 이었다. "묻는다는 것은 절망의 길에 들어서는 일입니다. 우린 결코 우리가 배우고자 하는 것을 알게 되지 못할 것이니까요."

렙 망델은 이렇게 답했다. "진정한 앎은, 우리가 결국 **어떤 것도** 배우지 못하게 될 것임을, 매일같이, 아는 일이다. 왜냐하면 아무것도 아닌 어떤 것, 즉 **무**無란, 앎인 동시에, **모든 것의 이면**이기 때문이다. 마치 공기가, 그것에 받쳐지는 날개의 이면인 것처럼."

"우리의 희망은 곧 절망의 날개다. 그렇지 않다면, 어떻게 우리가 앞으로 나아갈 수 있겠는가?"

세 번째 제자가 이렇게 말했다. "지성은, 오직 스스로의 고동에만 기댈 뿐인 심장보다 더 위험한 것입니다. 우리들 중에 과연 누가 스스로 옳다고 확언할 수 있겠습니까?"

렙 망델은 이렇게 답했다. "오직 옳음에 대한 희망만이 실재한다. 진리는 공허다."

가장 오래된 제자가 말을 이었다. "만약 인간 안에 있는 진리가 공허라면, 저희는 다만 살과 거죽 뭉치 안에 머무는 무無일 따름입니다. 그렇다면 저희의 진리이신 주님께서도 또한 무無인 것입니까?"

렙 망델은 이렇게 답했다. "주님께서는 하나의 질문이시다. 그리고 그 질문은 아무것도 아닌 우리를 **빛**이신 **그분**께 인도하는, 우리에 의한, 우리를 위한 질문이다."

이제 오늘의 저녁 모임을 마칠 시간입니다. 그대들에게 들려주기로 약속했던 이야기는 이제 그대들의 기억 속에 있습니다. 우리는 협약과 협잡을, 반응 없는 영혼과 손바닥들을 거쳐 왔고, 그 도정은 우리를, 의미심장한 우회로들을 통해, 우리 자신의 두 눈으로 이끌었습니다. 우리의 눈이 보게 될 것은, 우리의 눈이 보았던 것에 따라, 눈에게 이해되고, 눈에게 심판받을 것입니다. 진리와 정의는 둘 모두 결코 타락하지 않는 하나의 시선입니다. 그것은 아이의 무구한 시선입니다.

그리고 자유는 그 끝에 있습니다.

부재자不在者의 책

3부

1

그대는 어디로 가는 겁니까?
—죽음의 길을 따라, 내 유년의 우물을 향해 갑니다.
　　　　　　　　　　　　　　　　• 렙 스그레

　—유켈, 그대는 우리에게, 더는 우리나라의 흙을 찾을 수 없어 죽어가는 올리브 나무의 이야기를 들려주지 않았다. 그대는 우리에게, 우리나라의 국경에 버려져 죽어가는 대추야자의 이야기를 들려주지 않았다. 그대는 우리에게, 더는 우리나라의 오솔길에 들어설 수 없어 죽어가는 당나귀의 이야기를 들려주지 않았다. 그대는 우리에게, 제 주인을 잃어버려 죽어가는 개의 이야기를 들려주지 않았다.

　그대는 우리에게 그 사람의 이야기를 들려주지 않았다.

　유켈, 그대는 우리에게 사막의 이야기를 들려주었고 우리는 거기서 대추야자를 찾고자 했다. 그대는 우리에게 나탄 세셸의 이야기를 들려주었고 우리는 거기서 올리브 나무를 찾고자 했다. 그대는 우리에게 지혜와 광기에 관해 들려주었고 우리는 거기서 당나귀를 찾고자 했다. 그대는 우리에게 삶과 죽음에 대해 들려주었고 우리는 거기서 개를 찾고자 했다.

　그대는 우리에게 그 사람의 이야기를 들려주지 않았다.

—나는 그대들에게 그 사람의 건강에 관해 들려주었다. 나는 그대들에게 그 사람의 고독과 거짓말에 관하여 들려주었다. 나는 그대들에게 그 사람의 존재에 대한 증명인 주님에 관하여 들려주었다.

나는 그대들에게 말의 과장과 담백에 관하여 들려주었다.

—그대는 우리에게 말에 관한 말을 해주었고, 우리는 그대의 말 속에서 피난처를 찾고자 했다.

우리는 그대의 말들을 기억한다.

그대는 우리에게 식물로서의 자유에 관하여 들려주었고 또한 유대인으로 존재하는 어려움에 관하여 들려주었다. 그대는 우리에게 랍비들의 말을 전해주었다.

—나는 그대들에게 나의 말들을 전해주었다. 나는 유대인으로 존재하는 어려움에 관해 말했으며, 그것은 글쓰기의 어려움과 구분되지 않는 어려움이다. 유대교와 글쓰기는 다만 동일한 기다림이요, 희망이요, 쇠락이기 때문이다.

—그대는 우리에게 사라와 유켈에 관해서는 거의 말해주지 않았다.

—내가 나타내고자 하는 것은 온전한 진리이다. 그리고 그러한 진리란 울부짖음이고, 지워질 줄 모르는 고집쟁이 영상이며, 우리를 우리의 무력감으로부터 끌어내는 영상이다. 그것은 우리를 매혹하는 눈부신 영상, 혹은 우리에게 구토를 일으키는 영상이다.

거짓말을 하게 될까 두려워하는 것은, 글 쓰는 이의 명예다. 그의 소명은 증언하는 것이고, 제 증언 위로 증언을 쌓아 올리는 것이기 때문이다.

나는 악을 보았다. 그것을 부수기 위해, 나는 맹세를 할 수 있어야만 한다.

—그대는 그럴 수 있다, 유켈. 그대는 맹세할 수 있다.

—렙 이마르는, 참새의 날개가 독수리의 날개보다 더 재빠른 것이냐는 질문을 받고, 이렇게 대답했다. "내 조국은 때로는 한 마리 참새, 때로는 한 마리 독수리이다. 내 조국으로부터 두 배나 멀리 떨어지게 되어, 내가 얼마나 슬픈지를 보아라."
그렇게, 내가 나의 말들에 다가감으로써, 나는 그대들에게서 멀어졌다.

—우리는 그대가 정복을 펼치는 가운데 그대 뒤를 좇았다. 그러나 우리가 우리의 모험을 통해 건져낸 것은, 다만 다가갈 수 없는 어떤 하늘의 영상뿐이다.
우린 그대가 그대 자신을 탐색하는 것을 좇아왔다.

—그 안에서 나의 단어들이 간간이 다른 것이 되어가는, 저 하늘에 대하여 나는 책임이 있다.
그대들은 나를 좇아왔으나 나는 그대들을 선택한 적이 없다. 그러나, 그대들이 없다면, 나는 누구인가.

—유켈, 그대는 책의 책, 하늘의 하늘에 대한 화자이다.

—나는 이방인이다.

—유켈, 우리에게 이방인의 이야기를 들려다오.

—나는 말을 한다.
그대들은 나를 통하여 보고
나의 말들을 통해 배우며
하인인 체하는 배신자의 뒤를 좇는다. 그리고 그가 없다면, 아아,
식물의 줄기에 대해 그것의 꽃부리를 떼어간 취한 바람이 그러한 것
처럼, 이 지상에서 이방인 유켈은 다만, 말할 수 없는 비탄의 순간이
취하는 이름도, 근거도 없는 현현에 다름 아니리라.

2

　　나의 돌들 사이를 너무도 오래 돌아다닌 나머지 나는
다섯 대륙의 아이가 되어버렸다. 그러나, 그럼에도 나는
다만 저 낡은 벽의 자식일 뿐이며, 그 벽 아래에서 나는 나
의 형제들과 함께 통탄한다.

　　　　　　　　　　　　　　　　　　　　• 렙 앙엘

"여행의 말은 바람에 종속되어 있다."

　　　　　　　　　　　　　　　　　　　　• 렙 탈렙

"초록색, 회색, 검은색, 그대 말들의 색은 길의 색이다."

　　　　　　　　　　　　　　　　　　　　• 렙 말러

　　("주님께서는 기억을 경멸하신다. 그분께서는 여행을
하신다."

　　　　　　　　　　　　　　　　　　　　• 렙 앵

"여행이란 말에 대한 거부다.
여행자는 듣기 위해 입을 닫는다."

　　　　　　　　　　　　　　　　　　　　• 렙 아코바

"그대는 주님의 말씀을 되찾기 위해 여행한다. 그 말씀에 닿을 때까지, 그대는 그대 자신의 말을 숨죽인다."

• 렙 방라생)

"그대가 왔다. 우리들의 나무가 꽃을 피웠다."

• 렙 일렐

"나는 더 이상 나와 함께 있지 않고
그대들 모두와 함께 있다.
그대들의 얼굴과 함께, 그대들의 손과 함께
모두가 같은 다음 날을 기다리며."

• 렙 아빅도르

"낮은 그대의 두 뺨에 있고, 밤은 내 두 눈의 언저리를 두른다. 나는 나의 빛 속에 익사할 듯 빠져든 채, 거꾸로 잠이 든다."

• 렙 라미

"이성을 잃는 것이 유대인의 소명이다. 소명이란, 유대인에게 있어, 스스로 소명을 가졌음을 믿는 것에 있다."

• 렙 둡

"자유의 바람은 광기의 바람만큼 강하게 분다."

• 렙 우나

"그 사람의 손 안에는, 그가 이전에 있던 고장에서 가져온 약간의 흙이 있다.

—그에게 부탁하여 그 흙을 우리 땅에 뿌리게 하라.

그 사람의 손 안에는, 그가 이전에 있던 고장에 심으려 했던 몇몇
종자들이 있다.
—그에게 부탁하여 그 종자들을 우리 땅에 심도록 하라.

그 사람의 손 안에는, 아이가 올리는 기도에 담긴 침묵이 있다.
—그에게 부탁하여, 바로 이곳에, 그의 집을 짓게 하라."

• 렙 오다

"우린 오직 우리 자신에 의해서 구원받을 수밖에 없다. 그러한 것
이 우리의 운수다."

• 렙 미르

3

그대는 단절의 중심임을 결코 잊지 마라.

• 렙 아르멜

1

렙 아동은 이렇게 말했다. "내게 영혼을 주기 위하여 하루가 지나
간다. 왜냐하면 죽음은 문간에 있으니까.

렙 이달은 이렇게 쓰지 않았던가. '심장은 죽은 자들의 영혼'이
라고?"

렙 아동의 제자 중 한 사람이 이렇게 말을 받았다. "선생님 말씀은
그러니까, 저희에게는 영혼이 없다는 것인지요?"

렙 아동은 답했다. "우린 하나의 영혼을 갖기 위해 준비하고 있다.
마치 자기 아이를 임신한 여인처럼 말이다."

제자가 말을 이었다. "그렇다면, 언제쯤 저흰 저희의 영혼을 누릴
수 있을까요?"

렙 아동은 답했다. "우리가 하나의 영혼이 될 때, 우리가 태어나게

될 때 그럴 수 있다."

렙 아동은 또한 이렇게도 말했다. "삶은 끝에 있다. 삶은 끝에 있다고, 나는 확신한다… 그리고 끝에는, 아무것도 없다."

그리고 렙 아키는 이렇게 말했다. "그대의 피가 굳어버릴 때, 그대의 몸이 차갑게 식을 때, 바로 그때가 꽃들이 부풀어 오르는 때이며 나무들이 제 가지들을 뻗치는 때이다. 그럼 그들의 운명 노릇을 한 그대, 그대는 모든 것이 새하얀 저 하늘로 들어가게 된다."

(어느 날, 렙 에글리아는 자신의 판관들에게 이렇게 말했다. "여러분께서는 제게서 이름을 앗아가길 원하시는군요. 그러나 그렇게 되면, 대체 우리말의 또 어떤 글자들을 갖고 저는 무無에 맞서야 하는 겁니까?"

또한 렙 로데는 이렇게 말했다. "나는 사방으로 벽을 두른 이름 안에 살고 있다. 그대들은 나를 쓰러트릴 수 있다. 그러나 그러면, 나의 무너진 거처가 그대들의 발치에 남길 돌들을 가지고, 그대들은 무엇을 하려 하는가?")

"피가 남긴 얼룩, 잉크가 남긴 얼룩, 그것들은 옥수수 한 통보다도 더욱 무게가 나간다."

"잉크의 색에 붉은 기가 돈다면, 그것은 그 잉크에 피가 섞인 탓이다."

"건물 한 채를 옮기는 것보다 어려운 것은, 나날의 책에서 낱장을 넘기는 일이다."

• 렙 엘리아스

2

"주님께서 스스로를 드러내신다. 상상력은 그분 영상의 상실로 인해 고통받는다."

• 렙 삭

"주님, 저는 제가 주님을 모르는 만큼 주님을 알고 있습니다. **당신께서는 오시는 분**이기 때문입니다."

• 렙 로드

"저의 하느님, 저는 당신에게 복종합니다.
저는 말을 추방했습니다."

• 렙 팽아

"모순이란 존재하는 것 안에서 죽음을 삶에 맞세우고자 하는 욕망이다. 우린 그 순간과 대등해지기를 원한다."

• 렙 소페르

3

"여러분께서는 어떻게 제가 삶이신 주님께 헌신하기를 바라십니까? 제 인간적인 미래인 죽음에 제가 이렇게 깊이 관계되어 있는데도 말입니다."

• 렙 콥

"그대는 주님을 부인한다. 왜냐하면 주님에 대한 그대의 사랑이 그대의 시야에서 그분을 지워버렸기 때문이다. 마치 빛이 우리에게 빛을 감추는 것처럼.

해보아라, 그대의 창들을 갖고, 그분을 없애고자 해보아라. 그러면 그대는 알게 될 것이다, 그분께서는 모든 저항하는 것들의 질서이심을."

• 렙 셰바

"모든 길들은 살로 이루어져 있다."

• 렙 아셍

4

삶과 죽음은 부패한 꽃들이다. 그것들의 뿌리는 하늘과 존재의 진창 안에 있다.

모든 비는 영혼을 위해 좋다. 그러나 비는 삶과 죽음을 내쳐버린 영원에게는 나쁜 것이다. 영원은 공기다.

렙 시모니와 동시대에 살았던 그의 제자 중 한 사람은 그의 정원에서 자라난 쌍둥이 꽃들이 나눈 대화록을 전하고 있다.

그는 이렇게 말했다. "나는 모르겠다, 내 정원이 천국인지, 지옥인지를."

두 장미의 대화

—이렇게, 기고만장한 친구야, 너는 나의 영혼 안에서 내게 도전하는구나.

—나는 사랑에 충실해.

—사랑은 오직 그만을 사랑해.

—나는 삶이야. 그는 내게 속해.

　—항상 그런 것은 아니지. 그 연인들은 내게 자신들의 삶을 바치는걸.

　—불행한 연인들이겠지. 사랑을 바치는 건 아닐 것이고.

　—사랑은 네가 인간들에게 치는 덫이지, 그들의 전율로 네 몸을 감싸려고, 그들의 눈물을 빨아먹으려고.

　—두 눈 속에 고이는 빛, 그것이 사랑이야.

　—사랑은 보고 있는 두 눈을 뜯어먹지.

　—차가운 친구로군.

　—나의 공모자여—다음은 렙 시모니의 제자가 남긴 메모다. '이 대목에서 긴 침묵이 있었다. 그리고 장미의 목소리는 애원하는 듯하게 바뀌었다'—사라와 유켈을 내게 넘겨줘.

　—나는 그들을 잃고 싶지 않아.

　—언젠가는, 분명히 네가 양보할 거야.

　—어쩌면, 내 기분이 좋은 어느 날 아침, 그들이 내가 참기 힘든 존재가 되는 순간에, 그럴지도 모르지—렙 시모니의 제자는 이렇게 썼

다. '여기서, 나는 장미의 웃음소리를 들은 듯했다.'—그때가 되면 그들을 내게서 뽑아 가는데, 상황에 따라 다르겠지, 너는 몇 시간이 걸리거나, 몇 주가 걸리거나 할 거야.

—잔인하군. 그들이 고통받고 있다는 걸 너도 알잖아.

—사랑은 나의 젊음이야.

—너는 삶이지.

—사랑은 내 삶의 주인이야.

—내게 사라와 유켈을 넘겨.

—왜 그렇게 조급하지? 너는 그 정도로 그들이 마음에 들었니? 마치 노예라도 된 것처럼 굽실거리는군. 너는 사랑에 빠진 거니?

—나는 사랑 같은 거랑 상관없어.

—그렇다면 왜 내게서 나의 연인들을 빼앗아가려는 거지?

—왜냐하면 그것이 세워진 질서에 부합하는 것이고, 그것이 나의 일이니까.

—너는 중간 단계들을 모두 건너뛰려고 하는구나. 그럼 대체 나의 즐거움은 어떻게 되는 건데, 너는 거기에 대해서는 더는 생각도 안

해주는 거니? 실망이로구나.

—가끔은, 인간들에게 상냥하게 될 때가 있어.

—어째서?

—약간은 동정심 때문이고. 나는 그들이 나를 좋게 생각하는 것이
좋아.

—너는 질투를 하는 것이구나. 사랑 때문에 죽을 지경이셔.

—나는 내가 접촉하는 모든 것들을 죽여.

—네 몸은 어루만지는 손길에 도취되어 있고, 네 꽃잎들은 입맞춤
에 대한 희망에 촉촉해져 있구나. 하지만 나는 굳세고 고집스러워.
나는 널 기다리게 하는 것이 즐겁구나.

—너는 나를 상처를 입히는 데 열심이구나. 하지만 조심하렴, 내가
복수할 수도 있으니

—렙 시모니의 제자는 이렇게 썼다. '이 대목에서, 두 장미가
서로 가까이 다가서는 듯했고, 그들은 서로를 무시하는 태도를
보였다.'

—네가 나를 좋아한다는 것을 인정하시지. 날 흥분시키는 저 남녀
를 통해, 네가 욕망하는 것은 바로 나잖아?

—렙 시모니의 제자는 이렇게 적었다. '장미들은 제 증오를 숨김없이 드러내고, 얼마 지나지 않아, 등을 돌려 서로를 마주보았다.'

—더러운 년.

—사랑스러운 고백이네.

—난 아직 끝나지 않았어. 넌 내게 못되게 굴고, 너도 그걸 알고 있어. 내 욕망이 날 갈갈이 찢어놓고 있어. 안된 일이구나, 안된 일이야. 이건 아무와도 상관없는 내 문제일 뿐이네.

—내가 알게 뭐람.

—난 불가능한 사랑으로 너를 사랑해. 널 안는 것을 가로막는 모든 이들을 나는 없애. 난 그들의 두 눈을 창문 삼고, 그들의 몸으로 부서진 배를 만들지. 가장 관능적인 것은 가장 취약한 것들이야.

—여기서, 렙 시모니의 제자는 이렇게 적고 있다. '몇 분인지 모르겠지만 긴 시간이 흘렀을 것이 분명하다. 그리고 난 이에 대해서는 거의 기억나는 바가 없다. 내 이해를 넘어서는, 단편적인 말마디들이 들려왔다. 그러다가, 난 분명히 다음과 같은 말을 들었다.'

—닥쳐. 소름끼쳐.

—너는 4월에 녹는 눈이야.

—나는 타는 듯한 열기고, 태양이야. 나는 물이 싫고, 수의壽衣가
싫어.

—모든 탄생을 위해 너는 죽어. 너는 재주 좋게, 존재하는 것들과
세상을, 그들의 선고된 최후에 대비시키지. 그들에게 나에 관한 이야
기를 하는 건 미친 짓이야. 너는 대기실이고, 나는 침대거든. 너의 희
생자들은 도와달라며 나를 부르지. 그들의 울부짖음은 내 목에 훈장
처럼 걸리게 되고, 그러면 나는, 범접할 수 없는 찬란함 속에서, 그들
앞에 나타나는 거야. 나는 그들의 시선을 영영 빼앗고, 그것으로 길
을 만들지. 무지개 길을 만드는 거야.

—내가 살게 해줘. 내가 나의 삶으로, 나를 먹이게 해줘.

—방탕한 장미야, 내가 나의 죽음을 맛보게 해줘.

—렙 시모니의 제자는 이렇게 적고 있다. '이 장미들이 실제로
존재하는 것인지 확인하기 위해, 내가 그것들에게 다가갔을 때,
내 앞에 보이는 것은 꿀벌을 유혹하고 있는 두 장미, 식물성을 되
찾은 두 송이의 장미뿐이었다.'

사라는 이렇게 적었다. "유켈, 이것이 정말입니까, 어째서, 우리가
우리들의 짧은 인생에서 맛봤던 최고의 것보다, 오늘날, 우리에게는
죽음이 더 좋아 보이는 걸까요?"

5

방황하는 유대인의 짐은 변하지 않는 하나의 목소리
이다.

• 렙 아탕

1

"그대는 예루살렘에서 온다. 즉 그대가 백 번이고 천 번이고 쫓겨
났던, 셀 수 없이 많은 도시들로부터 온다."

• 렙 주르다

"한줌의 모래를 갖고, 우린 정원을 만들기 시작하리라. 마치 이집
트에서 탈출한 이래, 그 모든 침묵의 알갱이들을 갖고, 우리가 우리
의 하늘을 만들었던 것처럼."

• 렙 아티

"꽃부리가 재로 이루어진 우리들의 꽃에는, 우리가 내질렀던 비명
의 횟수만큼의 꽃잎이 달려 있다."

• 렙 숄

2

"가뭄의 나날에 있어, 말은 물이고, 친구의 얼굴이며, 기다려온 구름이다."

• 렙 마와스

"영원히, 소금. 하늘에서 달콤한 물이 조금 떨어지기를 기다린다."

• 렙 캉

"폭풍우. 내 머리가 터진다. 우정이 나를 죽인다."

• 렙 종덱

"물은 나를 말에서 해방시킨다."

• 렙 아작

3

"주님의 사랑은 둥글다. 그분께서는 그분의 사랑으로 지구를 창조하시어, 그것을 둥글게 하셨다."

• 렙 디마

4

"그대는 내가 깊이 사랑하는 자가 되리라. 내가 그대를 너무도 깊게 사랑하는 나머지, 그대는 나의 영혼과 무기들로, 나를 사랑하리라."

"내게는 그대가 필요합니다. 삶이 새로 태어나기 위해 죽음을 필요로 하며, 죽음이 죽기 위해 삶을 필요로 하는 것처럼요."

(사라의 일지)

"그대의 앎은 위대하다. 그대는 사랑을 한다."

• 렙 라카

연인들의 시간

유켈: 한 장의 백지에는, 막 제 흔적들을 되찾으려는 발자국들이 득실거립니다. 존재란 기호들에 대한 물음입니다.

사라: 유켈, 꿈이란, 그것은 이미 죽음이 아닌지요? 그대는 여백들에, 구름들에 기대를 걸고 있습니다. 사람은 시간을 지니고 다닙니다. 우리는 그와는 반대로 행동합니다. 시간이란 변화이고, 되풀이되어 타오르는 순간의 불꽃입니다.

유켈: 사람은 재를 파는 상인입니다. 세상 바깥에서, 나는 순간을, 내 몫의 영원을 구합니다.
사라, 나의 순간이자 영원이여.

사라: 말은 거리를 없애버리고, 장소를 절망케 합니다. 우리가 말을

만들어내는 것일까요, 아니면 말이 우리를 빚어내는 것일까요?

유켈: 시간은 인간에게 가르칩니다. 그가 누워 있건 서 있건, 그는 나아가고 있으며, 시곗바늘처럼 둥글게 돌고 있다고 말입니다. 비록 시간은 시곗바늘이 돌고 있는 줄 모르지만.

아주 조금이라도 우주를 밝히고자, 아주 약간이라도 영원의 일부를 밝히고자 애쓰는 달의 소녀들, 그녀들은 여성의 교태를 갖고 있으며, 또한 여간수의 질투도 갖고 있습니다.

오늘 아침, 시간은 고결한 밝음이었습니다. 태양은 어둠의 주인이었습니다. 나는 승리를 증언하기 위해, 어쩌면 예상은 되었으나, 상세한 점까지 미리 내다보는 것은 불가능했던, 그런 승리를 증언하기 위해 새벽이 오기 전에 기상했습니다. 나는 밤의 붕괴를 목도하였고, 어둠의 참호들을 탈취하는 일에 동반했습니다. 예상치도 못한 계략이 난무했습니다. 얼마나 많은 매복이 비밀스럽게 준비되어 있었는지 모릅니다.

단어들은 우주를 향해 반쯤 열린 창과 문입니다. 나는 단어들 위에 올린 내 손바닥에 느껴지는 압력으로, 단어들이 거기 남겨둔 흔적들로, 그것들을 짐작합니다.

사라: 태양은 제 명백한 교란 속에서, 삶을 모든 양상들에 결합시킵니다. 연인들은 밤을 더 좋아합니다. 그들은 그림자 속에서 서로를 알아보고, 그 안에 빠져 들어갑니다. 마치 그 매력적인 하나하나의 근육이, 송가에 준하는, 수영 선수들처럼 말입니다. 물속에 잠겨들면, 심장 소리는 더욱 잘 들립니다.

유켈: 사라, 어디 있습니까? 성 없는 나의 성주, 강변 없는 나의 강

이여. 그대의 몸이 더는 그대를 담아내지 못하는군요.

사라: 나는 그대 앞으로 글을 썼습니다. 나는 그대 앞으로 쓰고, 썼고, 또 씁니다. 내 펜이 눈물처럼 흘려낸, 나의 말과 단어들 사이로 몸을 숨기고, 내가 말을 하거나 글을 쓸 때면, 내 고통이 조금은 덜 생생해집니다. 그것들이 더는 다른 어떤 것이 아니라, 자음의 몸뚱이고, 모음의 영혼이 될 수 있도록, 나는 각각의 음절들을 혼인시켰습니다. 주술적인 일이지요? 나는 그의 이름을 씁니다. 그러면 그것은 내가 사랑하는 사람이 됩니다. 밤에서 낮까지, 그리고 낮에서 밤까지의 시간을 보내기 위해서는, 잉크에 적신 펜이 손의 움직임에 복종하는 것만으로, 목소리가 아주 잠시라도 입술의 변덕에, 생각의 명령에 복종하는 것만으로 충분합니다. 나는 내 욕망 안에, 나의 거처를 깎아냅니다. 나는 이렇게 씁니다. "당신을 만납니다, 내 사랑이여…" 그러면, 이미 나는 내게 나의 사랑을 돌려주는 날개입니다. 나는 이렇게 말합니다. "참고 견디세요, 내 사랑이여…" 그러면 곧, 나는 감옥이 다시금 나를 가두도록 하는 것입니다.

유켈: 나도 그대 앞으로 글을 썼습니다. 나는 그대 앞으로 쓰고, 썼고, 또 씁니다. 나는 그대를 가까이 대합니다, 나의 작은 새여. 나는 여관방에서, 나의 떠나감으로 인해 무척 당황하던 그대를 추억합니다. "어째서요? 어째서요?"라고 그대는 애원했지요. 그 마지막 날 저녁, 익명의 유리창을 우리 사이에 둔 채로, 그대가 여관과 그대 거처를 갈라놓는 길을 뛰어 건너가던 모습도 기억합니다. 날이 무척 어둡습니다.

사라: 나는 그대 앞으로 글을 썼습니다. 나는 그대 앞으로 쓰고, 썼

고, 또 씁니다. 내게 글을 써주세요, 사랑하는 사람이여. 다른 날도 그러했듯이, 오늘도 하루 종일 우체부가 오기만을 기다렸습니다. 그대의 고백에 나의 얼굴을 주세요. 단어들로 나를 조각해주세요. 나는 말이기 때문에 아름답고, 그 말은 당신의 입을 통해 나를 찬양합니다. 내가 창백한 것은, 그대의 슬픔이 내 뺨 위에 누웠기 때문입니다. 그대가 "그대의 손가락들은 내 희망의 붓들입니다"라고 쓰면, 경탄하여, 내 손가락들이 자라납니다. 그대는 내 두 팔을 생겨난 지 오래되지 않은 폭포에 빗대고, 내 목덜미를 겁 많은 새들의 둥지에 빗댑니다. 그러면 나는 산에서 쫓겨난 물이 되고, 산의 심장에 사로잡힌 바람의 지저귐이 됩니다. 내 눈은 그대의 바라봄에 의해 뜨이고, 내 가슴은 그대에 가닿아 단단해집니다. 오세요, 내 사랑아. 그대 걸음을 내게 맞추세요. 우린 우리의 길입니다.

유켈: 달이 제 고운 피부의 금빛 안으로 들어가고, 물의 흐름이 강의 웃음 속으로 들어가듯, 우리도 우리 자신 안으로 자리를 옮깁니다. 뒤얽혀, 우린 우리의 우주입니다. 우리의 몸뚱이가 그렇게나 광대하고, 깊으리라고는 전혀 생각지도 못했습니다. 겉보기에 그대와 나, 이들은 두 연인입니다. 사람들은 그들을 볼 수 있고, 그들에게 말을 걸 수 있습니다. 그들은 많은 자리를 차지하지 않습니다. 아침에는, 그들이 그림자를 드리웁니다. 그들 안으로 들어가시오 사람들아, 그들은 신들이 다투어 가지려는 거인들이니. 스스로의 바깥에서, 존재는 가늘어지고, 작아집니다.

우린 거대합니다, 사라. 나는 그대 곁에서 걷습니다.

사라: 나는 이렇게 씁니다. "우리는 우리의 손이 모은 기호들이며, 우리의 입술이 내뱉은 소리들이다." 그러면 돌연, 내게는 한숨의 영

상처럼 쉼표 하나가 나타납니다. 국경처럼, 한 줄의 끝에 마침표가 나타납니다. 우리는 한 문장에서 다른 문장으로, 한 문단에서 다른 문단으로 넘어갑니다. 지금껏 우리가 대체 몇 킬로미터의 문장을 이루었는지 의식하지 못한 채.

유켈: 사라, 그대는 내 곁에 있습니다. 나는 그대의 향기가 엮은 그물침대에 누워 흔들거립니다. 망각의 마른 나뭇가지들에 매달린 그물침대에 누워.

사라: 나는 망각의 봄입니다. 거울들처럼, 연못들도 우리를 헤아립니다.

유켈, 어디 있나요? 단어들이 마치 압지에 그러하듯 내 살에 들러붙습니다.

피부 위의 세상은 읽을 수가 없습니다.

6

땅의 시간은 질문의 시간, 우린 그 질문에 대해 여러 답
들을 시도해봤건만 허사였네.

• 렙 디압

"주님께서는 주님에 대한 질문이시다."

• 렙 아르와

"잘린 손.
다섯 손가락이 붙은 나의 잔.
나는 네게 담긴 것을 마신다.
그리고 취해버린다."

• 렙 아셍

"우리의 적들은 결코, 다 함께, 우리에게 악착스러워지지는 않는
다. 그리하여 우리는 가끔, 어느 관대한 민족의 곁에서 보호를 받을
수 있는 것이다.

얼마나 잔혹한 일인가, 수천 년 전부터, 파멸할 운명을 짊어지고
세계를 순회하는 우리에게, 중간중간 쉴 곳이 마련되고 있으니 말
이다."

• 렙 보슈

렙 리젤은 이렇게 말했다. "옮겨 심어지는 꽃보다는, 천 번이고 짓밟히는 풀이 되는 것이 낫다." 이에 대해 렙 타바는 이렇게 답했다. "선생님, 요^栗는 선생님께서 돌아가시지 않았다는 것 아닙니까?"

"얼굴이 흰 나의 형제여, 그대는 어디에서 오는가?
—나는 내가 있지 않았던, 세상의 흰 부분으로부터 오는 길이네.

피부색이 짙은 나의 형제여, 그대는 어디에서 오는가?
—나는 내가 있지 않았던, 세상의 검은 부분으로부터 오는 길이네.

잠시 앉으라, 나의 형제여. 내일은, 해가 뜰 때부터 고된 노동이 그대를 기다리니."

• 렙 리숑

나무가 가지들의 생명력을 통해 존재하듯이, 한 구역은 구역 안의 거리들을 통해 존재한다. 한 장의 체스판은 도시 사람들의 우주다. 그대는 검거나 흰 체스판의 칸들이, 각각 하늘의 동일한 칸에 대응함을 눈치챘는가? 한 구역을 건너간다는 것은, 밤 또는 낮의 부분을 건너가는 것과 마찬가지이다. 여기서 그대는 허공의, 상상된, 이 사거리 그리고 저 교차로에 있다.

그대는 예루살렘으로 돌아가기 위해 예루살렘을 떠났다. 하지만 그대의 발자국들은 더는 그대에게 폐를 끼치지 않는다. 그대가 지나가면, 곧바로 발자국들이 지워진다. 그대는 더는 뒤돌아볼 필요가 없다. 그대는 그렇게나 오래도록 걸어온 것인가?

우리가 땅바닥과 그 주변에 남긴 자국, 어느 존재에게 준 애무 또는 그것에 남긴 상처, 과거는 이 모든 것들의 목소리를 가진다. 침묵이 정돈하는, 다양한 소음으로 가득 찬 방이 하나. 그대는 거기서 그 소음들을 듣는다, 쾌락을 쫓는 불나방의 투신처럼, 그것들이 불타기 위해 램프에 뛰어드는 순간. 그대의 몸은, 나의 몸과 마찬가지로, 보이지 않는 천 개의 기호로 답한다. 그것들을 알고 있는 것은 우리뿐, 그것의 이야기를 삼가는 것도 우리뿐.

(거리는 행인으로 인해 잠에서 깨어난다.

나의 거리는 그녀의 꿈속에서 뒤척인다, 때로는 낮은 목소리, 때로는 큰 목소리로 잠꼬대하며. 나의 작은 골목길, 그녀는 그녀의 자매들이 거기서 평안을 낯설어하게 된 시끄러운 구역 한복판에 자리 잡은 소녀.

나는 잠든 골목길을 바라본다.

모든 구역에는 그 구역의 별이 있고, 별은 구역의 벽들에 매여 있는 것처럼 보인다. 마치 꺾어온 꽃이 물이 그득한 화병에 매여 있는 것처럼.

길은 이름을 갖고, 행인들은 그 이름을 가로챈다.

—길을 벗어날 때는, 또 다른 길로 나아갈 때, 길의 이름을 바꿀 때.

우리 자신의 생각에 사로잡혀, 시간에 또는 목적의식에 쫓겨, 얼마나 자주 우리들은 거리와 우리 자신의 발걸음 수를 혼동했던가? 세상에는 그 이점이 우리를 위해, 정해진 지점까지 가장 짧은 경로를 제공하는 것인 길들이 있다. 중요한 행정기관의 말단 여직원들처럼, 그 길들은 제 한계 속에서 썩어간다. 그녀들 중 어떤 이들—이것이 그들의 복수인가?—성질이 고약하고, 속 좁은 이들은 언제나 우리에게 도장 세례를 퍼붓고자 하는 경향이 있다.

어떤 길을 의식하는 방법은 많다. 흘러가는 강물을 바라보듯, 창문 너머로 길을 바라보는 일은, 그 길을 조금씩 조금씩 잃는 일이다. 대개는, 넘쳐나는 행인의 흐름을 주체하지 못하는 보도 한가운데에서, 갑작스레 멈춰, 그들에게 부딪히고 떠밀리는 단순한 일만으로, 길이 제 비참 속에서 또는 영광 속에서 우리에게 모습을 드러내는 데 충분하다.

길은 결코 같은 길이 아니다. 길은 때로는 *빠른* 길이고, 어떤 날들에는 느리고 느긋한 길이다. 거처 안에 머무르는 우리에게 제 모습을 드러내기 위해, 길은 통행인들의 소음 속으로 또는 그 하늘과 돌들의 꿰뚫는 듯한 정적 속으로 숨어든다. 우리가 그 일부였을 때, 우린 여기 어떤 주의도 기울이지 않았다. 망각이—또는 망각의 끝없는 반향이—만물 위에 군림하듯, 길, 부재하는 길은, 우리의 고독 위에 군림한다.)

그림자가 조금씩 장밋빛으로 물들 때, 사라, 이미 그대가 올 것을 기대하며 길목 위에서 기다리는 것은 바로 나입니다. 그림자가 장밋빛에서 붉고 노란색으로 변할 때, 사라, 헛되이 그대의 이름을 부르는 것은 바로 나입니다. 이윽고 세상이, 속눈썹 사이로 타오르는 불길처럼 하얘졌을 때, 사라, 재잘거리는 익명의 군중들 속에서 그대를 찾는 것은 바로 나입니다. 다시금 세상에 어둠이 내려앉을 때, 사라, 그대 안에서 갈 길을 잃어버리는 것은 바로 나입니다.

(사랑*l'amour*과 죽음*la mort* 사이에는 어떤 차이가 있는

가? 첫 번째 단어에서 모음 하나를 떼어내고, 두 번째 단
어에 자음 하나를 덧붙였네.
　　나는 영영 나의 가장 아름다운 모음을 잃어버렸고
　　그 대신에 잔인한 자음을 받았네.[23])

　"선과 **악**을 구분하기 위해서는 심장의 온 지성이 필요했었네."

• 렙 이본

　"둘이라는 것은, 아침과 밤으로 이루어진 날ㅂ이라는 것이다."

• 렙 게네

---

23) 사랑(l'amour)의 철자에서 모음 'u'를 떼어내고, 자음 't'를 덧붙이면 죽음(la
　mort)이 된다.

살아 있는 자의 책

1부

모든 돌에는 돌의 부름이 있다.
모든 수원에는 물의 부름이 있다.
모든 유대인에게는 날에 대한 부름이 있다.
돌은 더는 돌로 존재할 수 없기에,
수원은 언제나 붙들려 있기를 꿈꾸기에,
유대인은 매일, 사는 것을 고대하기에.

1

그대가 내 선조들과 아버지를 때렸듯이, 내게도 상처를
다오. 내가 섭취할 수 있는 것이라곤 나의 모욕당한 피뿐
이니.

• 렙 토비

"인간의 네 계절은 청각, 시각, 말 그리고 촉각이다."

• 렙 아티아스

우리가 해변에 누워 있던 어느 날 아침, 그녀는 검지손가락으로 모
래사장 위에 제 이름의 두문자들을 적었다.

S. S.[24]

사라 슈발Sarah Schwall.

S. S.

S. S.

(사라, 그대의 두문자들을 영혼 깊은 곳까지 새긴 채, 그
글자들 덕택으로 어느 곳이든 돌아다니던, 그대의 두문자

---

24) 유대인 탄압에 앞장섰던 나치 친위대 슈츠슈타펠(Schutzstaffel)의 약자와
같다.

들로 불린 제복을 걸치고 다니던, 그 젊은 S. S. 대원의 이름은 무엇이었을까요?

그대 이름의 두 대문자로부터 권력을 취했던 그 거리낌 없고 오만하던 젊은이의 이름은 무엇이었을까요?

그 두 글자의 위신을 뽐내던 자가 그뿐이었던 것은 아닙니다.

그와 더불어 수백만의 사람들이 두 글자에 힘입어 으스대고 다녔지요.

그대는 어떻게, 그대 이름의 내부로부터 그들에게 저항할 수 있던 것일까요?

그대는 어떻게, 죽은 문자들의 바닷속으로, 그로부터 새벽보다도 더 밝게 세상을 지배하러 온 두 대문자가 떠올라 태양을 도발하던, 그러한 바닷속으로 그대의 이름을 이루는 다른 글자들이, 한 글자 한 글자씩 가라앉지 않게 할 수 있던 것일까요?

그대와 나, 그리고 그 얼굴과 심장이 우리와 닮은 이들이 옛 시절의 둥근 태양을, 우리들의 태양이며 대지의 태양을 믿고 있던 때, 사람들은 오직 그 두 글자에 의해서가 아니라면 무엇도 보려 하지 않았습니다.

사라 슈발	*Sarah*	*Schwall*
아라 흐발	*arah*	*chwall*
라 발	*rah*	*wall*
	S.	S.

그렇게 종이 한 장이 가정집 난로에서 불탄다. 그렇게 사람 하나가 공동묘지 옆에서 불탄다. 그렇게 사랑받던

존재의 추억이, 당신들 대문 앞에 쌓인 잿더미 한가운데서 살아남는다.

그러나 살인자들아, 당신들에게는 다행하게도, 바람이 불어온다.)

"그대는 보는 것을 두려워하며, 두려워하는 것을 본다."

• 렙 라리슈

"그대가 말을 한다, 그러면 그대는 돌연, 일어선 천 마디의 말이다."

• 렙 레아

사라, 더는 날이란 것이 없습니다. 날은 하나의 긴 기다림입니다. 그런데 우리는 그 끝을 볼 수 있을까요?

버려진 들판처럼, 배신당한 우리 세월의 껍질 아래에는 물이 있습니다.

그것을 거둬들이는 일을 꿈꾸기 위해 얼마나 많은 용기가 필요할까요? 물의 꿈은 밀 이삭들로 가득 채워져 있습니다.

메마름은 가슴들 안에 있습니다.

—사라, 우리는 이제 더는 연락을 주고받지 못합니다. 내게 당신의 생각을 말해주세요.

—나는 그대에게, 그대가 알고 있는 것을, 아니 어쩌면 그대가 더는 잘 알지 못하는 것을 말해주렵니다. 나는 새로운 사슬에 묶인 채로 그대를 생각하고 있습니다. 나는 지옥에 잠겨버린 두 눈으로 그대

의 모습을 바라보고 있습니다.

　—그대는 시각의 계절에 들어갔습니다. 나는 아직 청각의 계절에 있습니다.

　—들으세요, 유켈, 들으세요. 내게는 바랄 소망이 하나밖에 없습니다. 나는 내가 보는 것을 그대가 보는 일이 결코 없기를 바랍니다.

　—그대는 말의 계절에 있습니다, 사라, 말이 그대로부터 빠져나옵니다. 그대에 의해, 나는 조금씩 조금씩 시각의 계절에 접어들고 있습니다.

　—유켈, 당신의 두 손으로 내 손을 잡아주세요. 그것만이 내 유일한 힘이고, 내 지복의 사슬입니다.

　—사라, 나는 팔을 뻗습니다. 그대에게 팔을 뻗어요. 곧, 나도 네 번째 계절에 들어갈 겁니다.

　—잠시 뒤에요, 유켈, 잠시 뒤에 그렇게 하세요. 손들이 하나씩 새로 자라나기 위해서는, 그것들을 잘라내야 한답니다. 그러면 손들은, 맞잡은 손들의 고된 길에 지나지 않게 됩니다.

2

함께 당신의 집으로 가지는 못할 것 같습니다. 그러려
면 당신에게 집 가질 권리를 드려야 할 텐데, 저도 여전히
집을 구하고 있거든요.

• 렙 마즐리아

1

—하루는 렙 비도르가 렙 괴츠에게 이렇게 말했다. "선생님, 사막
이 영혼까지 내려온다는 것은 사실입니까? 또한, 처음에는 사막의
식물이었던 정념이, 숲과 정원의 약속을 위해 우리가 제 과거의 장소
를 떠나도록, 우리를 떠민다는 것이 사실입니까?"

—렙 괴츠는 이렇게 답했다. "영혼에게 있어, 사막은 깨어남이요,
하늘은 욕망이다. 그러나 앎의 과실이 따인 것은 바로 영혼 자신의
나무로부터였다."

—어머니가 제 아이를 기르는 것처럼, 물도 나무를 기르는 것입
니까?

―물은 우리들의 집 없는 목소리가 살아가는 이유다.

―말은 하늘과 땅 사이를 전전하고, 그 사이에서 미래는 가지들에 걸려 있습니다. 뿌리가 과실들을 향해 오르는 것처럼, 우리도 말을 향해 나아가야 하지 않겠습니까?

―정원은 말들이다. 사막은 쓰기이다. 모래 알갱이 하나하나마다, 하나의 기호가 돌발한다.

―선생님, 저희에게 선생님 책들의 가르침을 화두로 주십시오, 종이 잎에 바쳐진 한 장 한 장마다, 침묵의 심장이 터득한 한마디 말이 꽃필 수 있도록 말입니다.

―렙 괴츠는 이렇게 답했다. "내 책은 너의 것이다."

2

"나는 그대 곁의 말,
두려움에 떠는 말이다.
그대가 나를 부른다.
그대가 더는 이를 긍정하지 않는다면, 그때에도 나는 내가 그대에게 호응함을 알 수 있을까?"

"그대는 내 사랑을 찾고 내 사랑은 그대를 찾는다.
이제, 어떻게 우리가 만나게 되리라 단언할 수 있을 것인가?"

"나는 더는 나를 알아보지 못하는 내 사랑을 믿는다."

"나는 더 이상 내가 어디 있는지 모르겠다. 나는 안다. 내가 어디에
도 없다는 것을. 여기서."

"나는 살짝만 바람이 불어도 꺼질 것만 같은 초와 같다.
더는 움직이지도 않고, 더는 숨 쉬지도 않는다.
내일이면, 밀랍이 모두 녹고, 심지만 남으리라."

"그대는 거기 있다. 그러나 이 장소는 너무도 넓어서, '거기'라 하
여도, 서로가 서로의 곁에 있다는 것의 의미는 이미 우리가 너무도
멀리 떨어져 있다는 의미이다. 하여 우린 더는 서로 볼 수가 없고, 더
는 서로 들을 수가 없다."

(사라의 일지)

살아 있는 자의 책

2부

유켈, 우리는 맨발로, 그대 책의 페이지들을 따라, 바다 쪽으로 불거져 나온 바위들 위를 걷습니다. 그대의 이야기는 우리 발치에서 부서지는, 그리고 가끔은 우리의 얼굴을 후려치기도 하는 파도의 이야기입니다. 같은 이야기가, 같은 파도가, 때로는 힘차게, 때로는 너무도 약하게, 마치 다치기라도 한 것처럼, 약하게 밀려옵니다.

그러면 우리는 가만히 그것을 바라봅니다. 그것은 우리에게 어떤 요구도 하지 않습니다. 그것은 다만 우리를 해안가 너머로 데려가려 하고, 그곳에서는 마치 빛과 어둠이 우리를 위해 상봉하는 것처럼 해가 뜨고, 해가 집니다.

1

두 젖가슴과 같은 두 단어.

저주받은 자들의 하늘에서 노란 별[25]이 빛나던 때, 그는 제 가슴팍 위에 하늘을 달고 다녔다. 말벌의 독침을 지닌 청춘의 하늘, 팔뚝에 상장喪章 찬 하늘을.

그는 열일곱 살이었다. 열일곱 살이란 시기는 많은 여유를 가진 시기이다.

그리고 하룻밤이 지났다. 곧 낮이었다. 그리고 하루 낮과 하룻밤이 지나고, 그리고 밤들과 밤들이었던 낮들이 지나갔다. 그는 죽음과 맞대면했고, 죽음의 여명과 황혼을 대면하였고, 자기 자신과 맞대면 하였고, 다른 누구도 마주하지 않았다.

(밤에서 또 다른 밤 사이에, 가장 힘겨운 단계는 낮이다.
밤이면, 커튼들이 내려간다.
그는 커튼에 감싸인 쪽을 걸어간다.)

저주받은 자들의 하늘에서 노란 별이 빛나던 때, 그는 제 가슴팍

---

25) 나치 독일이 유대인들의 옷에 강제로 달게 했던 노란색 '다윗의 별' 표식을 말한다.

위에 하늘을 달고 다녔다.

밤에서 또 다른 밤 사이에, 가장 힘겨운 단계는 낮이다.

열네 살 나이에, 사라는 아이들의 교사가 되고 싶었다. 축제일이면, 사라는 같은 학급이나 학교 친구들을 만나는 대신에, 몇 사람의 어린 이들을 불러 모아 그들에게 말을 활용하는 방법을—말에게 사로잡 히는 방법을—가르쳤다. 그녀는 아이들에게 빛과 어둠의 이야기들 을 들려주었다. 아이들은, 해가 지기 전까지 펼쳐지는 우주 천연색들 의 독백에 귀 기울이듯, 그녀의 이야기에 귀를 기울였다.

사라는 아이들을 그녀의 방으로 맞이했었다. 그들은 대개, 그녀의 침대를 차지하고 앉았다. 그녀는 일어선 상태로, 장미들의 개화에 관한 이야기들을 몸짓을 섞어가며 들려주었고, 손가락을 꼽아가며 수를 세었고, 이야기의 원전을 펼쳐 한 글자 한 글자씩 읽어주기도 했다.

어린이는 말들로 이루어진 모임, 세월은 한사코 그들을 흩어놓고 자 한다.

저주받은 자들의 하늘에서 노란 별이 빛나던 때, 그들은 제 가슴팍 위에 하늘을 달고 다녔다.

어린이는 놀란 말들로 이루어진 모임이다.

　　　　(—사라, 사라, 세상이 시작되는 것은 이곳이지 않나요?

　　　—우리는 아무것도 놓치고 싶지 않아요.

—세상은, 바로 오늘 창조되는 것이지요?

—세상은 창조되었어.

—사람들이 그것을 부수지 않았어?

—사라, 사라, 세상은 무엇으로 시작되나요?

—말에 의해서인가요?

—시선에 의해서인가요?

—저도 그게 궁금해요, 무엇으로 세상이 시작되나요?

—어디서부터 세상이 시작되죠? 사라, 말해주세요.

—하지만 세상은 통짜인걸.

—세상은 머리통처럼 둥근 건가요?

—굴렁쇠처럼 둥근, 단순한 원일 뿐인가요?

—하지만 숲은요, 사라?

—네, 그리고 학교는요, 사라?

—맞아요, 바다와 산들은 그럼 뭐죠?

그녀는 이제 그가 그녀를 따라오고 있는지 알 수 없다. 그들은, 마치 그들이 함께한 가지의 가능한 미래를 의식했다는 듯이, 발걸음을 늦췄다. 그가 그녀에게 말했다.

"당신의 목소리를 들으니 우리 누이의 목소리가 생각납니다."

그녀는 이렇게 답했다. "저는 제 목소리를 잊었습니다."

그리고 숨 막힐 듯한 침묵이 있었다. 침묵 속에서, 그녀는 마치 그들이 긴 수고 끝에, 물을 마시기 위해 보이지 않는 우물 위로 몸을 기울인 것만 같았다. 침묵 끝에 그녀가 말했다.

"저는 사라라고 해요."

"출구가 없는 상황이군요." 사라가 말했다. "풀도 없고, 잎도 없는 상황이에요."

"당신을 사랑합니다." 그가 답했다.

"당신을 사랑해요." 그가 반복했다.

햇살 비치는 아침은 언제나 다음과 같이 믿을 이유가 있다, 사람은 오직 함께 나누기만을 원한다고.

"어쩌면 말이죠." 사라가 조용한 목소리로 덧붙였다.

세상에는 제 미래를 모종의 확실성 위에 세울 수 있다고 상상하는 이들이 있는 한편, 자신들이 미래의 집을, 모래 위에 세우리라는 것을 일찌감치 아는 사람들도 있다.

"들어보세요. 바람이 돌아왔어요." 사라가 말했다.

(렙 메드라르는 이렇게 썼다. "나는 이제, 바람에 대해 많은 경험을 쌓았다.

바깥에서 부는 바람이 있고, 우리의 내면에 불어오는
바람이 있다.

나는 내 두 눈으로, 그저 쓰레기 더미에 불과한 심장들
과 뇌들이 쌓인 것을 보았다.

그 광경은 황폐화된 땅의 풍경보다도 훨씬 더 비극적
이다.")

"바람의 소리에 귀를 기울이세요." 사라가 말했다.

자신의 조부모에 대해, 사라는 하나의 영상을 간직하고 있었다. 그
것은 변장한 사람들, 움직임 없이 굳어버린 늙은 한 쌍의 남녀였다.
사라는 그들에게 목소리를 부여하고자 애썼지만, 그것이 언제나 성
공하는 것은 아니었다. 그녀는 조부모의 낡은 사진 한 장을 갖고 있
었다. 세월의 손가락들이—부재는 언제나 제 흔적을 남기는 법이다
—누렇게 변화시킨.

아버지에 대해, 사라는 모든 얼굴들을 갖다 붙였다. 그는 천재적인
이야기꾼이었다. 그녀는 얼마나 간절히 제 아버지를 닮고 싶었던가?
그녀는 아버지의 이야기들을 통해 그를 동경했다. 아버지의 이야기
들은, 그 낯섦 속에서도 너무나 친숙한 점들이 있어, 그녀는 능히 그
것들을 생생히 체험할 수 있었다.

사라의 어머니는 남편의 이야기가 지긋지긋해지거나 어린 사라를
침대로 보내고 싶을 때마다 남편에게 이렇게 말하곤 했다. "모이즈,
대체 언제까지 당신이 유켈 세라피인 척하고 있을 건가요?"

그러면 사라는 이렇게 간청했다. "아버지, 계속 이야기해주세요."
그녀는 자신이 일상적인 양식으로 삼고 있던 거짓말에 굶주려 있
었다.

"아버지, 유켈 세라피에 대해 이야기해주세요. 유켈의 이야기는 정말이지 놀라운 걸요."

사라의 아버지는 이렇게 답했다. "인내심을 갖거라. 언젠가는 네가 그를 만들어낼 거란다."

살로몽 슈발의 고향은 코르푸[26]였다. 그는 무척 젊은 나이에 고향을 떠나, 포르투갈에서 어느 랍비의 막내딸과 결혼하였다. 살로몽이 서른한 살 때, 그는 아내와 함께 프랑스 남부에 정착하여 골동품 상점을 열었다.

외출을 할 때면 그는 뒷짐을 졌다. 그리고, 특히 도시 밖으로 나가야 할 때면, 그의 시선은 땅을 훑었고, 끈질기게 땅에 머물러 있었다. 어떠한 장애물도 그 시선을 막을 수 없었다. 그의 시선은 땅속에 씨를 뿌리기 위해, 대지의 주먹질과 발길질을 피하고 있었다. 그에게는 뿌리가 필요했다. 인정받고 싶었고, 피조물로서 인식되고—어디서든—싶었다. 대지에 뿌리박은 식물, 그 땅의 존재, 그리하여 풍경 안의 살아 있는 한 요소가 되고 싶었고, 그 땅을 통해 새로 태어나고 싶었다.

그는 '만물상'萬物商이라는 간판을 내걸었다. 샹트르 대로를 오가는 행인들에게, 그것은 적나라한 만큼 정직한 함정이었다. 개점 초에는 가게에 물건들이 거의 없었다. 그러나, 비교적 빠른 시간 안에, 그는 신장개업한 건물 안에 수많은 물건을 들여놓음으로써 간판에서 내건 약속을 지켰다. 가게에는 실로 만물萬物이 갖춰져 있었다. 커다란 은촛대, 자수 병풍, 18세기의 서랍장,—"물론 18세기의 물건입니다, 그럼요"—대형 소파, 이밖에도 천사상, 동상, 석고상, 샹들리에, 상아판 위에 그린 세밀화, 탁자, 안락의자, 거울, 오래된 메달, 피륙, 벽걸

---

26) 그리스의 섬.

이 천 따위 온갖 흥미로운 잡동사니들이, 호기심에 가득 찬 그의 고객들을 만족시켰다.

살로몽 슈발은 태양을 향해 두 눈을 들어올린 채 죽었다. 생의 막바지에, 그는 이방인으로서의 제 존재를 받아들였고, 그를 거부해왔던 땅에 대한 흥미를 잃음과 함께 하늘을 발견하였다. 살로몽 슈발은 하늘에 질문을 던지며 죽었다. 걱정이 많고 소심했던 그의 부인도 고작 며칠 만에 그의 뒤를 따랐다. 그녀는 '변함없는 마음'이라는 것에 대해 일종의 유물론적 견해를 갖고 있었고, 이는 그녀가 즐겨 말한 다음과 같은 격언으로 요약되었다. "우린 사람을 뱃속에 품고 다닌단 말이지." 이것이 그녀가 스스로의 체면을 세우면서 자기 덕성을 뽐내는 방식이었다. 그녀는 훌륭한 요리 실력으로 좋은 평판을 얻었다. 그리고 살로몽의 애정은—아마도—결코 그녀를 실망시킨 적이 없었다.

그녀는 두 눈 위로 이불을 덮은 채 죽었다.

부부의 외동아들인 모이즈는, 파리에 살고 있던 외삼촌이 거두었다. 모이즈는 보병으로 참전하였고, 전쟁이 끝난 뒤에는 견습 선원을 거쳐, '해운 회사'의 객실 담당 선원이 되어 여객선들을 타고 세계를 돌았다. 그는 아프리카에 몇 년간 체류하였다. 그는 카이로에서 레베카 시옹을 만나 사랑에 빠졌고, 그녀와 결혼하였다.

아버지로부터, 모이즈 슈발은 수평선에 의해 위로받는 눈을 물려받았다. 어머니로부터, 그는 땅과 동반하는 눈을 물려받았다.

강제 수용된 부모로부터, 그리고 함께 갇힌 동료들로부터, 사라는 유대 민족의 끈질김을 물려받았다.

하루는 사라가 친구 아벨에게 이렇게 말했다. "나는 불타, 아벨, 불에 타고 있어. 그런데 너는 나를 보지 않아. 너는 밤을 보고 있구나."

아벨은 그녀에게 이렇게 답했다. "나는 다른 세계에 속한 사람이야. 몇 해 전부터, 나는 그 세계와 마주하는 법을 배우고 있어. 네 위로는 밀밭이 펼쳐지지, 사람들은 거기서 수확한 밀로 더 좋은 빵을 구울 거야.

하지만 주님께서는 불길 속에서 돌아가실 거야."

사라는 그에게 울부짖었다. "내 빵을 먹어, 아벨. 너의 하느님을 죽인 불로 구워낸 내 빵을 먹어."

저주받은 자들의 하늘에서 노란 별이 빛나던 때, 그들은 노란 별들이 소진燒盡되는 하늘이었다. 과거의 하늘이었고, 미래의 하늘이었다.

그들은 손금 위의 운명선이었고

비틀거리는 실패였다.

(렙 티슬리는 이렇게 썼다. "반항은 휴지통에 구겨 던져버린 페이지이다. 그러나 걸작은 대개 바로 그 페이지로부터 태어난다."

그리고 렙 에제는 이렇게 썼다. "진정한 반항은 불가능한 말에 의해 활기를 띤다. 주님께서는 주님에 맞서 영원히 반항하신다."

유켈은 이렇게 말했다. "그렇다면, 나는 그 주님을 부인하겠다. 그는 미소를 희생시켰으니까.")

촘촘히 붙은 건물들의 도시를 적막이 감싼다. 거대한 상자갑 같은 건물들 일부로부터, 그 건물들의 우연히 벌어진 구멍으로부터, 빛이 새어나온다. 폭격이라도 맞았나 보다.

그는 그가 참가했던 여러 행렬들에 대해 생각한다. 퍼레이드들에 대한, 강제된 행진들에 대한 생각에 잠긴다.

우린 대열을 이루었고 대열을 따라갔다.

우린 우리보다 앞서가는 자들의 얼굴을 보지 못하지만, 그 얼굴이 한때는 우리들의 얼굴이었음을 알고 있다.

우리가 늙어가고, 시간이 흘러가게 두고, 작별하는 것은, 바로 그 얼굴의 뒤에서이다.

유켈은 말했다. "나는 얼굴 없는 세대의 사람이다."

그들은 선線이었고, 실패였다.

2

나는 시간 속에서 말하고 시간 밖에서 말한다.
나는 어제를 위해 말하고 오늘을 위해 말한다.
삶의 가르침인 어제를 위해 말하고,
죽음의 가르침인 오늘을 위해 말한다.

나는 그 사람이 될 수도 있었다. 나는 그의 제복을 걸쳤다.
　—우리 두 사람은 모두, 우리들 몰락의 숫자를 팔뚝에 새겨 갖고
있다.

그 시절에, 가시가 돋은 자식들은 담쟁이처럼 자라났다. 그러나 그
들은 둥근 대형을 이루어, 아래쪽으로, 둥글게 자라났다.
　그 원을 발견한다면 가는 길을 멈추고, 가까이 다가가 관찰해볼 가
치가 있다.
　우린 스스로가 톱니바퀴 장치 속에 갇힌 고독한 이라고 생각한다.
하지만 얼마 지나지 않아 우린 깨닫게 된다, 우리가 스스로를 톱니바
퀴라고 생각하는 일군의 집단임을, 우리가 저 톱니바퀴의 판에 박힌
정신에 순응하는 집단임을.

유켈, 우리에게 저 부조리한 지옥의 원무圓舞에 대해 이야기해다오.
　—나는 그대들에게 비수匕首들을 뒤따르는 명백함에 관하여 들려

주겠다.

세상에는 눈알 개수만큼의 명백함이 있다. 그러나 눈꺼풀은, 응당 그래야 할 때면, 가림막으로서의 제 힘을 사용할 줄 안다.

그 시절에, 명백함은 여왕이었다. 여왕은 우러러볼 만했고, 박수 받을 만했다. 그녀는, 하루하루, 살이 불어갔다. 그녀에게는 근위병과 군대가 있었다. 그녀에게는 궁정 사람들과 대신들이 있었다.

그 시절에, 유대인들의 잿가루는 화덕으로 보내어져 여왕의 식사에 뿌리는 양념으로 쓰였다.

"눈을 감으시옵소서"라고, 예민한 이들이 직언하였다.

"눈을 돌리지 마시옵소서"라고, 사형당한 사람들이 간청하였다.

공동 묘혈을 향해 또는 삶을 향해 열린 문. 그것은 우리들을 정복한 자들의 두 다리가 그리는 삼각형. 그 문을 지나기 위해서는, 고개를 숙이고 두 손 두 발로 땅을 기어야만 했다. 거기서 짓밟힌 이들에게 영광 있으라. 거기서 자기들 영광의 찬가에 맞추어, 행진하는 적들의 군홧발에 차여, 머리통이 부수어진 이들에게 영광 있으라. 비록 잠깐에 불과했을지라도, 이들이 적들의 노래를 끊어놓았고, 적들의 노래가 울려 퍼지는 것을 방해했으니 말이다. 승리는 완전함 속에 있다. 거대한 체계가 무너지는 데에는, 하나의 잘못된 음정으로, 하나의 빗겨난 음정으로 충분하다.

명백함은 놀라운 것을 죽였다.

그러자, 모든 것은 명백한 것이 되었다.

(명백한, 아침.
명백한, 그림자.
명백한, 죄.

명백한, 의무.)

　세르쥬 스갈은, 얼마 안 있어, 그들을 죽이기 위해 곳곳에 마련된 죽음의 강제 수용소들로 흩어져버릴, 같은 방의 동료 수용자들에게, 마치 주님의 이름으로 주님의 백성들에게 말을 걸듯, 이렇게 외쳤다. "그대들은 순교자로 선택되었습니다. 그러므로 혹시 여러분 가운데 반유대주의자가 있다고 하더라도, 그대들 모두가 유대인입니다. 그대들의 미래는, 곧 나의 미래입니다. 고통이여, 너에게 준비된 자에게는 고분고분한, 오 고통이여! 나는 그대들에게 나의 연민과 입맞춤을 보냅니다, 형제들이여, 불행한 아침의 기도를 다 함께, 눈짓으로 읊조리는, 나의 형제들이여."

3

이스라엘의 빛은 끝이 없는 절규.

멀리서도 그 집의 철책이 보였다. 그것은 지붕을 갖춘 집, 모든 문과 창문이 닫혀 있어서, 그리고 거짓되게도 구름인 체하고 있어서, 구름이 꺼려 하는 집, 더는 아무도 이용하지 않는 미친 여자의 오솔길을 굽어보는 집이었다.

사라가 묻는다.

—그 미친 여자는, 정말로 죽은 건가요?

—그대에게 들려오는 이 절규는 올빼미의 것입니다. 집으로 돌아가지 않겠습니까. 시간이 늦었습니다.

마을의 여인들은 성호를 그었다. 남자들은 모두 죽었다. 이제는 미친 여자의 절규를 듣고서 고개를 으쓱할 시간이었다.

—또 그녀로군요.

—또 시작이네요.

멀리서도 그 집의 철책이 보였다. 철책 주변에 꽃이 만개해 있다. 계절이 그 땅에서 나고 죽는다.

레오니 륄은 고개를 언덕 쪽으로 돌리며 이렇게 말한다.

—그녀가 또 울부짖기 시작했어요. 또 시작이에요.

저는 잠자리에서마저도 저 소리를 듣는답니다.

마틸드 메이비스는 이렇게 말한다.

—저는 그녀가 울부짖지 않을 때조차도 저 소리를 듣는답니다.

미친 여자의 집은 유모의 손이 흔드는 요람 속에 누워 잠든다. 미친 여자의 집은 무성한 잎에 가리워진 나무들 속에서 흔들거린다.

요람 속에 누운 미친 여자의 집을 부수기 위해서는

두 손을 잘라내야 하고,

나무들을 베어내야 하며

그녀를 깨워야 한다.

우리가 그 위에 눕는 물, 우리가 그 속에 잠겨드는 물, 그것은 잠의 물이다.

우리가 그것으로 몸을 씻는 물, 우리가 투쟁하는 물, 그것은 깨어남의 물이다.

미친 여자의 잠,

광기는 그녀를 잠 못 들게 하지만

결코 그녀를 깨우지 않는다.

미친 여자는 잠들고, 이동하고, 몸짓을 하고 또 잔다. 그녀는 제 잠더러 몸짓을 하게 하고, 말을 하고 또 잔다. 그녀는 잠더러 말을 하게 한다.

—또 그녀군요.

—또 시작이에요.

사라가 묻는다.

—그 미친 여자는, 정말로 죽은 건가요?

렙 스리엘은 이렇게 썼다. "그림자가 빛에 의해 꿰뚫리듯, 영혼은
울부짖음에 의해 꿰뚫린다."

그리고 렙 루엘은 이렇게 썼다. "유대인의 영혼은 절규의 깨지기
쉬운 보석 상자다."

미친 여자의 잠,
광기는 그녀를 잠 못 들게 하지만
결코 그녀를 깨우지 않는다.

사라가 묻는다.

—저 올빼미는, 정말로 나인가요?

—그대에게 들려오는 이 절규는 올빼미의 것입니다. 집으로 돌아
가지 않겠습니까. 시간이 늦었습니다.

사라는 말한다.

—나는 더는 이 절규를 듣지 않습니다. 내가 바로 그 절규입니다.

(한 세대 또는 두 세대에 속하는 사람들의 인생은 한 문
장 또는 두 페이지로 요약될 수 있다. 여기 독특한 또는 진
부한, 존재 넷에 관해 대강을 소개하면 다음과 같다. "그
는 …에서 태어나 …에서 죽었다." 좋습니다, 하지만 삶의
울부짖음과 죽음의 울부짖음 사이에는 어떤 일들이 있었
는지요? "그는 …에서 태어났다. 부당한 모욕을 받았고,
이해받지 못했으며 …에서 죽었다." 좋습니다, 그러고요?

"그는 …에서 태어났다. 그는 서적들 속에서 자기 자신을 찾고자 했다… 그는 결혼을 했고… 아들을 하나 두었다… 그는 …에서 죽었다." 좋습니다, 좋아요, 그러고요? "그는, 그 …는 태어났다. 그는 책들을 내팽개쳤다… 그는 자기 아들 안에서 자신이 살아남을 것이라고 생각했다… 그는, 그 …는 죽었다." 좋습니다, 그러고요? "그는 체구가 작지만, 다부진 사람이었다… 그에게는 유년기가 있었고 노년기가 있었다… 그의 이름은 살로몽 슈발이었다…" 좋습니다, 좋아요, 그러고요? "그의 이름은 살로몽 슈발이었다… 그는 젊은 시절의 일들을 잊었다. 그는 고향섬을 떠나, 포르투갈로 갔다… 그의 부인의 이름은 레오니였다…" 좋습니다, 좋아요, 그러고요? "그는 부인과 함께 프랑스 남부에 정착했다… 그는 골동품 상인이 되었다… 사람들은 그를 '유대인'이라 불렀다… 사람들은 그의 아내와 아들을, '유대인의 처자식'이라 불렀다." 좋습니다, 그러고요? "그도 죽고 그의 아내도 죽었다… 사람들은 그들을, 그들의 이름을 알지 못하는 땅에 묻었다. 인근에는 몇 개인가 십자가가 꽂혀 있었다." 좋습니다, 그러고요? "그의 아들은 프랑스인이었다… 그는 프랑스를 위해 전쟁에서 싸웠고, 훈장을 받았다…" 좋습니다, 좋아요, 그러고요? "그는 보병대의 일원으로 전투에 참여하여, 부상을 입었고, 훈장을 수여받았다…" 좋습니다, 좋아요, 그러고요? "사람들은 그 역시도, 계속해서 '유대인'이라 불렀다… 그는 카이로에서 알게 된 레베카 시옹이라는 여자와 결혼했다… 그는 그녀와 함께 프랑스로 귀국하였다…" 좋습니다, 그러고요? "그는 아버지와의 추억을 떠올리며,

자신도 상인이 되었다… 그는 여러 번의 여행을 통해, 모든 종류의 물건들을 수집해 들여왔었다… 오세아니아와 아프리카의 가면들… 중국의 도자기들과 '강석'들, 일본의 상아 세공품들…" 좋습니다, 좋아요, 그러고요? "사람들은 여전히 그를 '유대인'이라 불렀다. 그리고 그의 아내와 딸을, '유대인의 처자식'이라 불렀다." 좋습니다, 좋아요, 그러고요? "그는 믿음을 잃어버렸다… 그는 더는 자신이 누구인지 알 수 없었다… 그는 프랑스인이었고… 수훈자였다… 그의 아내와 딸도 프랑스인이었다…" 좋습니다, 그러고요? "그는 몇 차례, 대중 앞에서, 인종주의 비판과 인권 옹호를 위한 연설을 했다…" 좋습니다, 좋아요, 그러고요? "그는 프랑스 바깥에 있는 어느 가스실 안에서 죽었다… 그의 아내도 프랑스 바깥에 있는 어느 가스실 안에서 죽었다… 그리고 그의 딸은, 이성을 상실한 채, 프랑스로 돌아왔다…")

미친 여자의 집은 유모의 손이 흔드는 요람 속에 누워 잠든다. 미친 여자의 집은 무성한 잎에 가리워진 나무들 속에서 흔들거린다.
요람 속에 누운 미친 여자의 집을 부수기 위해서는
두 손을 잘라내야 하고,
나무들을 베어내야 하며
그녀를 깨워야 한다.

모이즈 슈발은 이렇게 말했다. "자기 삶을 알 수 있는 것은 자신뿐이다. 그리고 그 삶은 숨이다."

사라는 묻는다. "유켈, 바람을 받으며 울고 있는 저 올빼미는, 나인
가요? 바람을 받으며 우는 올빼미, 바람을 타고 우는 올빼미는, 유켈,
나인가요? 바람이 내 절규를 휩쓸어가는데, 그 바람을 거세게 만드
는 것은 나의 절규인가요?"

4

본다는 것은, 보았던 것을 잊는 일인가?

이제 우리들의 말을 지킬 때가 왔다.

　(렙 질롱은 이렇게 말했다. "그대 가슴의 말에 귀 기울여라, 그대의 혀는 그 말을 이을 준비가 되어 있다. 하지만 목숨이 아깝다면, 그대의 혀가 말을 잇는 것을 막아야 한다. 우린 우리를 위해서만 말을 해야 한다는 판결을 받았으니까."

　렙 라트는 이렇게 말했다. "나는 내 심장의 혀와 입술을 발견하였다. 그리고 그때 이후로, 내게는 입이 없다. 그대는 내가 침묵한다고 생각하리라.

　나는 벌 떼 같은 말들이 붕붕거리는 벌통임에도.")

이제 우리들의 입을 지킬 때가 왔다. 우리의 붉은 자유를 선포할 날이 왔다.

　(렙 아슬랑은 이렇게 말했다. "사상이 부인하는 피가, 우리들의 이야기 속에는 얼마나 많이 흐르는가."

　에스테르 에스케이는 이렇게 말했다. "형리들은 내 결

혼식 드레스를 벗겨냈다. 그대들에게는 보이지 않는가,
피바다가 된 땅 위를 알몸으로 기는 내 모습이?")

이제 우리들의 잠자리를 지킬 때가 왔다.

> (렙 돕은 이렇게 말했다. "그는 제 이름 위에서, 제 이름
> 을 이루는 글자들 위에서 죽었다. 그 글자들은 너무나도
> 투명하여, 그는 구름이 지나간 흔적 위에 누운 것처럼 보
> 인다.
> 하지만 그의 잠자리는 끝도 없이 넓다.")

렙 자케는 렙 당테에게 이렇게 말했다. "선생님, 선생님께서는 기
이한 항해사이십니다. 선생님께서는 우주가 자신의 것이라 주장하
는, 보이거나 보이지 않는 세계들을 탐사하십니다. 큰 바다는 선생님
의 펜촉을 적시는 잉크입니다."

렙 당테는 이렇게 답했다. "일곱 바다는 대륙과 겨루며, 하늘에 대
한 푸른 열의로써 일곱 개의 시간을 결합한다. 단어들은 그러한 일곱
바다를 상속받았다.

쓴다는 것은, 여행을 떠나는 것이다. 그 끝에서,

마지막 페이지의 바닥에 이르러서,

사람은 더 이상 예전의 그와 같지 않다."

그가 부모님을 생각할 때, 그들이 모습을 드러내는 것은 강의 건너
편이다. 그들 사이로는 수많은 진흙더미를 씻어내린 적갈색의 강이
흐른다. 엄청나게 많은 진흙을 씻어내린 피가 흐른다.

그는 부모님 생각을 거의 하지 않는다. 그의 유년기는 때가 되기도

전에 처형되었고, 그의 소년기는, 투우장의 황소처럼, 목이 꿰뚫렸다. 그의 소년기는 열 차례 부상당하고 최후의 찌르기로 마무리된 목덜미이다.

부모님의 죽음은 그를 낙심하게 했다. 부모님은 그를 위해 태어났는데, 그 없이 죽었으며, 아마도 그를 위해 죽었다. 그들은 그들의 동포들 옆에서 죽었다. 그리고 아마, 그들의 마지막 시선 역시도, 동포들을 향해 던져졌을 것이다.

그들은 제 자식을 헤아리거나, 심판할 시간을 갖지 못했다.—하지만 부모가 자기 자식들을 심판하기도 하나요?—심판은 그의 과거를 사랑하거나 애석해하는 일이었다. 부모와 그 사이의 관계는 이렇게 시작했다. '유켈, 이리로 와보거라. 유켈, 그러면 안 된다.'—그의 첫 번째 기억이군요.—그리고 그들의 관계는, 어느 날 아침, 이렇게 끝났다. '유켈, 우린 이제 헤어져야 한단다. 그게 현명한 일이야.'—그의 마지막 기억이군요.

모든 기억은 죽음에 매여 있다.

그는 그의 품 안에서 죽은 누이를 생각한다. 빗장을 걸어 잠근 고장에서, 질식으로 죽어버린 사라에 대해, 그리고 사라의 광증을 한껏 즐기고 있는 모든 망자들에 대해 생각한다. 종자와 과일의 생명 속에서, 죽은 사라를 생각한다.

5

어제, 한 줄을 끝내는 마침표와 같은.

("아침에, 그대는 그대가 가진 푼돈을 세어본다. 그대는
아침에 그대를 기다리는 것이 무엇인지를 알지 못한다.
그대에게는 서 푼이 있다.
굶주림을 위한 한 푼,
목마름을 위한 한 푼,
그리고 어떤 것을 위한 것도 아닌 한 푼이."

• 렙 졸

렙 이다르는 이렇게 말했다. "아무것도 아닌 것이야말
로 우리가 가장 신경 쓰는 것이다. 우리는 자주, 우리가 갈
망하는 가장 아름다운 시간들을, 저 무無를 위해 희생하곤
한다.")

오늘 아침, 말들은 꽃들을 그러모으고, 문장들은 진창 위를, 벌레
처럼 기고 있다. 말의 바깥에서는 어떤 것도 형태나 모습을 얻지 못
한다.
나비에게는 꽃의 이름이 맡겨졌다. 벌레에게는 줄기나 몸통의 이
름이 맡겨졌다.

그리고 나는 나비이며 벌레이다.

오늘 아침, 나의 바깥에서는 어떤 것도 형태나 모습을 얻지 못한다.

그리고 나는 밭고랑이며 단어이다. 나의 땅은 모습을 드러냈다.

> ("땅뿐만이 아니라, 우리에게는 공통의 언어가, 우리의
> 언어가 필요하다. 우리 조상들의 언어이자, 우리 자식들
> 에게 그들 운명의 주사위 한 쌍을 내어줄 언어, 우리 자식
> 들이 퍼뜨릴 언어가 필요하다."
>
> • 렙 샴)

"우리에게 조국이 생긴다면, 우린 잃어버린 사랑의 온 힘을 다하여 그것을 사랑할 것이며, 우리의 말은 송가가 될 것이다."

• 렙 파니젤

"목소리를 드높이자, 형제들이여, 그리하여 그 높아진 목소리로 하여금 우리의 궁륭으로 삼자."

• 렙 일라

사라, 나는 당신을 찾지 않았습니다. 나는 당신을 계속해서 찾고 있었습니다. 그대를 통하여, 나는 기호의 근원으로, 바람이 모래와 바다 위에 끄적이는 정형화되지 않은 글쓰기로 거슬러 올라갑니다. 새와 펄떡이는 물고기의 원시적인 글쓰기로 거슬러 올라갑니다. 주님, 바람과 모래와 새들과 물고기들의 주이신 분께서는, 사람이 사람에게 기대했던 책을 사람에게서 기대하셨습니다. 주님께서는 마침내 주님이 되시기 위해 그 책을 기대했고, 사람은 마침내 사람이 되기 위해 그 책을 기대했습니다. 그것은 원소들의 질서에 관한 책이고,

우주의 통일에 관한 책이며 신과 인간에 관한 책입니다.

사라, 그대를 통하여 나는 밤의 언어로 거슬러 올라갑니다. 그 눈먼 말마디들의 첫 번째 시도들로, 보는 것에 도취되었고, 제 관능적인 의미를 중심으로 조직되고자 안절부절못하고 있으며, 제 자신의 날개로 날아오르는 것에 도취된 말마디들의 첫 번째 시도들로 거슬러 올라갑니다. 그 말마디는 꿀벌의 몸처럼 털로 덮여 있고, 말마디들의 시도를 낮이 감시하며, 말마디들의 시도가 낮을 재촉합니다.

사라, 그대를 통하여 나는 꿀벌과 낮으로 거슬러 올라갑니다. 아직 존재하지 않지만 곧 다가올 낮으로, 아직 존재하지 않지만 곧 자라나게 될 것을 땅이 알고 있는 장미로 거슬러 올라갑니다.

사라, 내일이면 새벽이 이미 그대의 입과, 가슴과, 엉덩이를 빼앗아 간 뒤일 것입니다.

사라, 내일 우리의 눈물은 우리의 진주가 되고 그대의 머릿결은 우리의 시간이 될 것입니다.

나는 당신을 찾지 않았습니다. 나는 당신을 계속해서 찾고 있었습니다. 내 안에서 햇살 가득한 풍경은 당신이 올 것을 간청하고 있었고, 비옥한 들판은 내 손길을 애원하고 있었습니다. 제 차례에 나를 먹이기 위해, 우선 나를 통해 양분을 얻기를 기다리고 있었습니다.

대기, 소박하고 건강한 우주를 누리는 기쁨, 그 안에서는 단어들이 열매이고, 음절들이 가지이고 줄기이며, 침묵이 뿌리들과 구분되지 않는, 그런 세상이 내 손안에 있었습니다. 어찌 아니었겠습니까? 다만 내 모습을 드러내기만 하면, 하늘의 태양이 나를 금빛으로 감싸고, 우리 사이에는 이미 벽도, 철조망도 더는 없이 다만 행복의 공간이 펼쳐진 듯했습니다. 그 행복은 마땅히 누려야 할 행복이요, 그것을 가능하게 한 인간들에게 돌려줘야만 하는 행복이었습니다. 나는 그 행복이 내게 필요불가결한 것이기에, 그것을 마땅히 누려야겠다고 생각했습니다. 나는 또한 이 행복, 이 기쁨이, 중부 유럽 형제들이 느꼈던 행복과 동일한 것이라고 생각했습니다. 게토를 빠져나와— 그들의 조국은 통째로 게토 안에 포함되어 있었습니다—어느 날 아침, 동부 지대의 한복판에서, 2,000년 망각의 세월이 대지로부터 잘라낸 한 뙈기 땅을 책임지게 된 형제들의 기쁨 말입니다. 그들에게 거기 있을 권리가 있었을까요? 분명한 하나의 권리가 있었습니다. 그들이 이전에는 빼앗겼던, 대기와 공간에 관한 권리 말입니다. 대체 그 권리에 어떤 대가가 있을까요?

내 안에서, 모든 것이 폐허거나 폐허가 남긴 흔적인 것은 아닙니다. 내 유년기는 그 안에 간직하고 있습니다, 반짝이던 유리구슬들의 추억을, 돌차기와 인디언 놀이를 하던 순수를, 죽음 너머에서 간직하고 있습니다.

사라, 나는 당신을 찾지 않았습니다. 나는 당신을 내 밤의 미궁 속에서, 완전한 밤의 한가운데서 줄곧 찾고 있었습니다. 그 밤 속에서 상처에 대한 두려움에 지나지 않았던 것은, 점차로, 상처가 되었으며, 상처의 다친 공간이 되었습니다. 그리고 그 공간은 찢긴 상처를 낫게 하기 위한 것이 아니라, 끊임없이 되벌리기 위한 것이었습니다.

나는 당신을 찾지 않았습니다. 나는 오래전부터 당신을 찾고 있었습니다. 나는 내가 치른 희생으로부터 다음과 같은 사실을 배웠습니다. 목자가 있기 위해서는 가축 무리가 필요하다는 사실을, 그리고 늑대의 굶주림을 달래기 위해서는 양 떼가 필요하다는 사실을 말입니다. 그렇게 우리는 완벽한 양 떼들이었고, 사람들은 우리로부터 양털을 얻어갔습니다. 우리의 머리털과 몸털이 짧게 깎였고, 우리의 영혼도 깎여나갔습니다.

사라, 그대는 나를 구할 수 있었습니다.

우리 뒤로는, 피어나지 못한 싹의 형태로 웃음들이 널브러져 있었고, 우리 앞으로는, '안녕'이란 말들이, 우리가 가야 할 길을 가리키고 있었습니다. 그리고 돌연, 나는 당신을 보았고, 당신을 도우며 나는 스스로를 돕고 있다고 느꼈습니다. 그대는 그대의 노란 별의 무게를 홀로 감당하기에는 너무 연약했고, 나는 무리에서 떨어져 있기에는 너무 고독했기 때문입니다.

사라, 당신은 나를 구할 수 있었습니다. 당신은 내 유년기를 부활시켜줄 수 있었고, 내 소년기에 무기를 쥐여줄 수 있었으며, 나를 남자로 만들어줄 수 있었습니다.

나는 당신을 찾지 않았습니다. 나는 당신을 계속해서 찾고 있었습니다. 그리고 돌연, 그대의 부릅뜬 두 눈이 세상에 남긴 흔적 속에서, 그대가 내게 나타났습니다. 그대의 두 눈으로부터는 원형으로 퍼져나가는 미래의 다발이 뻗어나가고, 그대는 어둠으로부터 과거를 끄집어내어 그것을 보다 덜 외로운 약한 빛의 지대에 가두었습니다. 거기서 과거는, 얼핏 모습이 보일 수도 있는 무엇, 우리가 다가갈 수 있는 무엇이 되었습니다.

사라, 나는 당신을 찾지 않았습니다. 나는 당신을 계속해서 찾고 있었습니다. 그대는 나를 구하려던 참이었습니다. 우린 패배했었죠, 무슨 말인지 알지요? 나도 그대를 구하려는 참이었습니다. 그대 안에서, 모든 것은 우리가 모든 것을 잃은 것은 아님을 증언하고 있었습니다.

그렇게 나는 그대 안에서, 그대의 옷과 피부 너머로, 그대의 살과 피 너머로 읽어냈습니다, 사라, 우리 언어의 모든 말들을 통해, 그리고 우리 민족의 모든 상처들을 통해, 그대가 내 것이라는 사실을 말입니다. 사람들이 성경을 읽는 것처럼, 나는 우리들의 이야기를 읽었습니다. 오직 그대와 나의 이야기일 수밖에 없는 이야기를 읽었습니다.

또한, 내가 그대에게 말을 걸 때, 나는 그대가 답변을 거부하지 못하리라는 것을 알고 있었습니다. 나의 말들이 내 입술을 태우던 것과 같은 강도로, 내가 내뱉은 저 구절들에 대한 그대의 예상된 답변 역시, 그대의 입술을 태웠기 때문입니다.

사라, 우리는 이야기를 할 참이었습니다. 몇 달이 흐른 뒤에, 공허한 말들의 시간 또는 침묵의 기간이 몇 년간 이어진 뒤에, 서로의 말에 귀 기울이고, 서로를 이해하고, 함께 하나되기 위해, 마침내 이야기를 나눌 참이었습니다.

그리고 우리의 말들로써, 우린 세상을 다시금 번성케 할 참이었습니다. 친구들이, 존재들이, 상냥한 것들이, "그래, 좋아, 좋아" 같은 애정 어린 대답들이 세상에 번성하게끔 할 참이었습니다. 우리들의 절실한 애원에 대해, 모두가 입을 모아 "좋아"라고 승낙하게 할 참이었습니다. 우리의 굶주림과 세상의 굶주림에 대해 "그래"라고, 우리의 목마름과 세상의 목마름에 대해 "그래"라고, 우리의 희미한 미소와 세상의 조심스러운 미소에 대해 "그래"라고 긍정케 하고 싶었습니다. 사람에게 사람들이 "안 돼"라고 대답하고, 우리의 세계에 대해 다른 세계들이 "싫어"라고 대답하던 그곳에 "그래, 좋아, 좋아"를 두고 싶었습니다.

우린 삶의 이름으로, 우리 자신의 정신 및 감성과의 화해를 이룩하고, 우리가 만들어낸 진리를 누리려던 참이었습니다.

(진리는 끊임없는 발명이다. 왜냐하면 진리는 스스로에 반하며, 오직 잠정적인 것만이, 나뉘어질 수 있는 것만이 진실하기 때문이다. 우리의 시선이 어떤 대상이나 광경에 가닿자마자, 그리하여 언뜻 보인 이 사물들에 의해 촉발한 감정이 우릴 사로잡자마자, 그 사물들은 변화한다. 우

린 사물들이 우리에게 간청했던 사물의 삶을 그들에게 부
여했고, 그것들의 과거는 그것들이 처음으로 우리 의식에
포착되었을 때의 인상과 구분되지 않는다. 사물들은 오직
우리에 의해서만, 우리에 대해서만 존재한다. 사물들은
우리의 바깥에서, 그 사물들이 아니며 그 사물들을 변모
시키는 다른 모든 것을 위해 존재한다. 그렇게 주님께서
도 우리 안에 살아계심으로써 영원하기를 그치신다. 주님
께서 영원히 살아계실 수 있는 것은 인간들의 삶 속에서
계속해서 이어지는, 주님의 무수한 삶들 덕분이다.)

우린 헤아림을 벗어난 우리의 진리를 누리려던 참이었습니다.

그대는 한 단어가 태어나고 죽어가는 것을 보았는가?
그대는 두 이름이 태어나고 죽어가는 것을 보았는가?
이제, 나는 혼자이다.
단어는 하나의 왕국이다.
각각의 철자들은, 제 신분과 영지와 지위를 갖고 있다. 첫 번째 철
자는 가장 큰 권력을 누린다, 매혹과 강박이라는 권력을. 절대적인
권력은 첫 번째 철자에 귀속된다.
사라여.
유켈이여.
연합 왕국이여, 알파벳이 정복하고, 알파벳이 사람들의 손을 통해
부순, 무구한 세계들이여.
그대들은 그대들의 왕국을 잃었다.
나의 왕국도 사라졌다, 형제들을 흩어놓는 데 혈안이 되었던, 이 세
상 곳곳에 흩어진 나의 형제들이 사라졌던 것처럼.

그대는 한 왕국이 태어나고 또 무너지는 것을 보았는가?
그대는 책이 만들어지고 또 찢기는 것을 보았는가?

유켈의 책

헌사

그대는 그대가 살아 있는지 아닌지 모른다. 그대는 살아 있다.

길은 시간 속에서는 짧고, 우리 두 팔이 감싼 공간 안에서는 길다.

심장은 좋은 것이다.

우리의 사랑은 섬이다. 바다는 들판이다.

빵은 좋은 것이다.

질서는 껍질 속에 있다. 나무는 바람에 미쳤다.

땅은 좋은 것이다.

그대의 두 눈은, 둥지로부터 멀리 떨어져 있다. 물결은 침묵 속에서 거세게 인다.

우리는 지금 우리가 있게 될 곳에 있는가?

내일은 좋은 것이다.

이야기에 앞서

"나는 화자,
외로운 단어의 시간."

• 렙 시구라

1

　새벽에, 손에서 손으로, 인수인계가 이루어지듯, 『유켈의 책』은 『질문의 책』의 연장이자 대체이다.

　밤의 마지막 단어와 함께, 텅 빈 공간은 우리에 이르기까지 넓어지고, 그리하여 우린 넘어서 나아가고자 한다, 화자의 건너편으로…

　가상의 랍비들이 제기하는 질문들 및 그들의 성찰은, 그리하여, 책이 매번의 짧은 휴식과 새로운 출발을 위해 거치는 경계석들이 될 것이다.

　우린 사막의 가장자리에서, 강의 얼굴을 한 고독을 따라 나아간다. 그곳에서 목마름이, 다가올 새로운 목마름과 마주할 힘을 얻게 되는, 강의 얼굴을 한 고독을 따라.

　책이 덮이면, 부재의 시간은 우리 발걸음들의 시간이다.

2

　우리를 사로잡는 이 상처, 우리에게 제 충실함에 기대는 법을 가르치는 이 상처는 대체 무엇인가?

　상처에 기댄다는 것, 그것은 고통의 날을 따라, 자신의 삶을 상처에 맞춘다는 것이다.

우린 경험을 통해 악(惡) 역시도 잠을 자야 하기에, 때때로, 우리에게 휴식할 시간을 준다는 것을 배웠다.

그렇게, 나는 지금 고통스럽지 않다. 그러나 내일이면 다시 내가 고통 받기 시작할 것을 나는 안다.

미쳐버린 아캥은 사막에서 "비를 내려주소서"라고 울부짖었다. 그는 황폐해진 하늘 아래에서 목마름으로 죽었다.

지혜로운 모제는 사막에 고꾸라진 상태로 "독수리들을 내려주소서"라고 애원하였다.

렙 슈맹은 이렇게 썼다. "울부짖음에서, 나는 나의 울부짖음을 알아본다. 눈물들에서, 나는 나의 눈물들을 알아본다.

이것이 주어진 고통에서의 나의 몫이다."

그리고 렙 엘로바는 이렇게 썼다. "나는 결코 울부짖은 적이 없다. 나는 결코 눈물 흘린 적이 없다.

이것이 주어진 고통에서의 나의 몫이다."

3

언제나 타인에 대한 경계 상태에서 묻는다.

어디서 또 어떻게 살아야 하는가?

"깨어나는 것을 두려워하라." 이스라엘의 교훈이다.

4

오디새와 옥수수의 언어에 보다 가까워질 수 있도록, 내가 자장가들이 담긴 책을 썼어도 좋았으련만.

땅에 묻힌 뼛골들처럼, 내 노래는 쉬이 부서지고 만다. 예전에는, 나도 수액樹液과 과실을 찬양했었다. 나는 바람에는 별다른 중요성을 부여하지 않았었다.

쇠로 덮인 가을 하늘은 우리들의 무거운 하늘이다.

5

동방에서, 새벽은 어린 소녀의 뺨이 지닌 온화함을 갖고 있다. 그 색은 소녀의 두 눈에 어린 비장한 호소의 색이다.

6

렙 아싸는 이렇게 썼다. "어느 날 아침, 침상에서 일어나며 나는 내 몸이 밤중에 위에서 아래로 썰려 양분되었음을 깨달았다.

이래로, 나는 나 자신의 두 반쪽을 건져보려 애쓰지만 허사로다."

("머무름의 그루터기.
강 이쪽과 저쪽의 대립."
• 렙 타르디

"그대의 삶은 어떤 것이냐?
그대는 삶에 등을 돌리고
인생은 그대를 부르는 일 없이
바라본다.

—삶은 내세에 있다.
내가 어디를 가든, 삶은 그림자다."

• 렙 아리)

"길은 돌연, 거울 회랑이 되었다. 더는 풍경이 보이지 않고, 얼굴들만이 보였다. 나는 내 얼굴이 나아가는 것을 보고 있었다."

• 렙 파르카

"약속된 말의 이름으로 주어지고 받아들여진 말.

모든 시작은 보이지 않는다. 그것은 다만, 조금조금씩, 우리가 보는 법을 배우게 되는 어떤 것이다. 책은 그렇게 엮이었다."

(유켈의 수첩)

1부

"그대는 삶을 무릅쓰고 살아간다. 그대는 죽음보다
도 고집이 세다."

• 렙 나스

흰 공간

"맨주먹으로 돌을 두들기려는 이 집착, 나는 그로부
터, 내 삶이 끝날 때에, 다만 벽의 무한한 흼에 대한 영
상만을 간직하고 싶다."

• 렙 아라

1

그리고 유켈은 말했다.

고통이 주먹의 형태를 취하는 것은 낮이 아닌가?

이 주먹은 위협이 되지 않는다. 그것은 벽에 부딪혀, 허무하게 닳아
간다. 벽들의 초연한 두께와 맞부딪는다.

탄식과 주먹 사이에는, 명백히 닮은 구석이 있다.

그것들의 기원은 같다.

렙 시브다는 우리가 여러 세기에 걸쳐 얼마나 많이 울었는지, 끝내
각각의 눈물은 짧은 별의 반짝임에 대응하게 되었다는 점을 상기시
켰다.

한 방울의 물은, 때로, 불의 알보다 더 많은 빛을 품고 있다. 우리의
태양은 고통 속에서, 우리 자신의 손가락을 통해 이겨지고, 빚어졌
다. 우리의 피부는 거칠지만, 그 아래의 피는 펄펄 끓는다.

렙 스바는 이렇게 썼다. "화덕과도 같은 내 심장의 거친 불길, 나
는 그 곁에서 짐승의 꿈을 쫓는다." 그리고 렙 아베르는 이렇게 썼다.

"놀라지 마라, 우리의 태양은 검다. 우린 잠시 태양을 꺼트린 것이며, 그 잠시가 수천 년 이어졌을 뿐이다. 내일이면, 우린 더워지리라."

우리의 빵은 흴 것이다.

2

렙 자파는 이렇게 말했다. "렙 아크리의 사상이 나를 화나게 하는 이유는 한두 가지가 아니다. 그러나 그럼에도 불구하고, 나는 우리 모두가 매달려 있는 제1층위인 인간 본성에 관한 그의 연구가 내 마음을 흔들어놓았다는 사실을 고백해야만 하겠다.

나는 일생을 바쳐 밑바닥을 연구했다. 하지만 밑바닥을, 꼭대기와의 관계 아래 배치하는 데는 실패했다. 밑바닥이란 것은 가장 깊은 곳에 깔린 지푸라기를 말하는 걸까, 아니면 정점이 그곳으로 망명하는 그물코를 말하는 걸까?"

"태양이 아침의 그물에 잡히듯, 나는 가장 높은 곳들의 그물에 잡혀버렸었다. 주님께서는 **어부**이시다."

• 렙 마잘토브

3

"내리누르는 것이었다, 시간은.
우리는 같은 무게를
그리고 같은, 높은 욕망을 가졌었다."

• 렙 나디르

"나는 상승한다. 하지만 저 높은 곳에는 보다 높이 올라가고자 하는 나의 혼이 있다."

• 렙 네플라

"태양의 뒤에는, 조금 더 외로운 하늘이 있다."

• 렙 바르

4

"침묵은 소음의 핵이다. 그리하여 우리는 굳은 침묵이신 주님을 들을 수 없고, 다만 받아들일 수 있을 뿐이다. 때에 따라 변화하는 나무 열매의 색처럼."

• 렙 그쌩

"영혼이 쓰는 어휘는 날개와 이슬의 어휘이다. 그것들은 날아오름이며 천상의 음료이다."

• 렙 낭

"나의 영혼이여, 낮이 금빛 몸짓 속에서 살아가듯, 너는 단어들 속에서 살아간다. 나는 말한다. 그것이 네가 존재한다는 증거이지 않겠는가?"

• 렙 사요

"주님께서는 삶이 이름을 바꾸는, 삶의 이후에 계신다."

• 렙 페데르

"주님께서는 쓰인 페이지의 어두운 점을 마주한, 작열하는 점이다. 인간에게 밤의 책이 있다면 주님에게는 눈부신 책이 있기 때문이다."

• 렙 사리

5

"미래는 다가오는 과거이다."

• 렙 에브네

"그대는 와서 보았다. 이제 세상은 그대 눈 속에 있다."

• 렙 이빌

"잠시 누워라. 그러지 않으면, 그대는 어떻게 그대가 걷고 있다는 사실을 알 것인가?"

• 렙 에캉

"어제는 문제가 되지 않는다. 나는 그저께 태어났다."

• 렙 날락

"언제나라는 것은 모든 것 안에 있고, 낮 안에 있다.[1]"

• 렙 칼룽

296

"저는 당신의 귀로 들었습니다, 이래로 저는 쉼 없이 당신의 목소리를 듣습니다.

저는 당신의 눈으로 보았습니다, 이래로 저는 쉼 없이 당신을 보고 있습니다.

저는 당신의 입으로 말하였습니다, 이래로 저는 쉼 없이 당신의 이름을 부릅니다.

오 주님, 당신께서는

원본原本보다도 더한 원본이십니다."

• 렙 가랑

6

("낮이지만, 밤이 자리 잡은 둥지들의 깊은 곳보다도 어둡다."

• 렙 아냉

"나는 피 흘린다. 말은 가시이다."

• 렙 스마네)

—책에서 책까지의 공간은, 사람들이 말하는 것만큼 흰가?

—책은 책보다 오래 살아남는다.

1) '언제나'를 나타내는 'toujours'의 발음 [tuʒuːʀ]은 'tout'(모든 것)의 발음 [tu]와 'jour'(낮)의 발음 [ʒuːʀ]를 합한 것과 같다.

—유켈, 그대는 어디 있는가?

—소리도 의미도 없는 단어들이, 마지막 꽃들이 흩날린 꽃가루처럼, 바람결에 방황하는, 책의 바깥쪽에.

—유켈, 단어들이 삶을 잃어버린 그곳에서 그대는 무엇을 기다리는가?

—줄기 꼭대기에서 씨앗이 빚어낸 꽃이 피는 것처럼, 죽음이 삶을 빚어내기를 기다린다.

—유켈, 그대는 혼자이다.

—나는 분리의 중심에 있고, 고독은 조국과도 같다. 내가 도착하면, 아무도 없다. 내가 떠나면, 그 땅에 사람들이 번성한다.

—그대가 가는 길은 어떤 길인가?

—계절이 가는 길, 땅에서 약간 높게 떨어져 있는 길이다.

—땅 바로 위에는 아무것도 없다. 보다 높게는, 하늘이 있을 뿐이다.

—하늘은 발목 높이에서부터 시작된다. 걸어가며, 우린 하늘을 땅에서부터 쪼개어낸다. 다른 곳에는, 별들과 태양의 하늘이 있다.

—별들과 태양의 하늘이란 것은 우리의 하늘과 같은 하늘인가?

—그대는 머리에서 발끝까지가 동일한가?

—나는 한 사람이다.

—그대는 영혼과 이성에 의해 사람으로 존재한다. 그리고 이성이란 것은 영혼의 위쪽에 있다. 그대는 렙 알레오트의 다음과 같은 가르침을 잊었는가? "그대는 고통스러워한다. 그리고 나서, 한층 더 타오르는 사유의 시선에 의해 고통이 된다." 매혹된 영혼은, 그래서, 이성을 넘어섰다가도, 나중에는 다시 이성 아래에 놓이게 되는 것이다. 그렇게, 하늘에서 하늘로, 사람은 사람의 뒤를 좇는다.

—우리는 영혼과 이성에 이르기까지도 피와 살인 것인가?

—영혼과 이성이 정착하게 될, 저 위쪽도 마찬가지다. 허공의 온기는 갈망의 장소의 온기, 버려진 장소의 온기이다.

—허공은 추위를 모르는가?

—허공의 추위는, 경험된 목소리, 소멸된 영원이다.

—유켈, 간간이 그대의 몸이 떨린다. 오래도록 밤 속에 머무른 탓인가?

그러자 유켈은 이렇게 말했다.

"나는 밤 속에, 묻혀버린 첫새벽과 잃어버린 일출 사이에 있다."

7

하늘에 명하기, 바람의 방향을 돌리기.
심연의 논증들.

나는 찬란함을 강조한다. 그러나 강조점은 장미가 아니라 그림자에, 증인으로서의 줄기에 놓이리라.

태양의 시간은 눈 안 소금 알갱이의 시간이다.

그대는 내가 부딪쳤던 벽을 따라 걷는다. 그대는 아무것도 알아차리지 못한다.

대낮의 빛은 우리를 본질적인 점으로부터 눈 돌리게 만든다. 가죽의 광택이라거나, 채찍질로 인한 모욕으로부터.
그대는 가장 짧은 휴식조차 두려워한다.

그리고 유켈은 이렇게 말했다.
"우리의 유일한 재산bien2)은 말이다.
오, 우리와는 다른 맹세에 묶인 형제들이여, 우리와는 다른 충만함에 찬 나의 형제들이여, 그대들은 후손을 위해 조각상들을 세웠

---

2) 명사로 쓰일 때는 '선'(善)을 의미하기도 한다.

고, 도시에 대성당들을 세웠으며, 사막의 가장자리에 모스크들을 세웠다.

그대들의 보물은 그대들의 가보로 남아 있건만.

우리는 파괴된 **성전**3)을 생각하며 눈물 흘린다."

---

3) '예루살렘 성전'으로 불리는 옛 유대교 신앙의 중심지를 말한다. 제1성전 또는 솔로몬 성전은 솔로몬에 의해 건축되었다가 바빌로니아인에 의해 파괴되었고, 바빌론 유수가 끝난 뒤에 재건되었던 제2성전은 로마인에 의해 파괴되었다. 파괴된 제2성전의 일부가 현재 '통곡의 벽'으로 남아 있다.

선善의 몫

"그대는 부유하다. 말이 그대에게 주어졌으니."

• 렙 엘랭

1

(—그대는 무슨 생각을 하는가?

—땅을 생각하고 있다.

—하지만 그대는 땅 위에 있지 않은가.

—내가 있을 땅에 대해 생각하고 있다.

—우린 서로 마주 보고 있는 사람들이고, 둘 다 땅 위에
발을 붙이고 있다.

—땅으로 이어진다는 길 위에서, 나는 오직 돌덩이들
만을 보았다.

나무에 지성이 없다면, 나무는 무너지리라.

바다에 지성이 없다면, 바다는 스스로 삼켜지리라.

물은 물에 복종하고

물고기들을 품는다.

공기는 공기에 복종하고

새들을 품는다.

사람에게 지성이 없다면, 모든 곳이 어두워지리라.

그대는 길 위에서 울부짖으리라.
그대는 그대 이웃을 저주하리라.
그대는 화재가 난 것을 보고 박수 치리라.
그대는 그대 아내의 가슴을 잘게 잘라내리라.
그대는 아이들의 머리통을 떼어내리라.
세상에 꽃들이 사라지리라.
그대는 가시관을 쓰게 되리라.
그대는 홀로, 외롭게, 혼자되리라.
둘로 존재하기 위해서는
앎이 있어야만 하기에.)

유퀠, 나는 그대가 죽도록 내버려두었다. 그대가 독을 삼켰을 때, 나는 그대 곁에 있었다. 나는 그대의 음독을 말릴 수도 있었다만, 그대는 내가 그대의 결정을 바꾸기 위해 참견하는 것을 참을 수 없다는 눈빛을 보냈었다. 나는 그림자 속에서, 죽어가는 그대 곁에 있었다. 그대의 시선은 벽에 고정되어 있었다. 그대는 한 번도 사라의 초상에 입 맞추지 않았다.

나는 난간에 몸을 기대고 그대 집의 층계를 내려갔다. 나는 무척 피곤한 상태였다. 나는 낮의 햇살이 두려웠고, 거리가 두려웠다. 나는 나의 거처까지 걸어갔고, 침대 속으로 들어가, 새벽까지 잤다. 내게 새로운 삶이 시작되었다, 비참한 죽음이라는 삶이. 어쩌면 내 사명은, 그대가 자살을 통해 벗어난, 고통을 널리 알리는 일이었을까? 하지만 내게는 귀도 없고 입도 없으며, 더는 내 주목을 끄는 것도 없다. 그대는 내 숨과도 같은 사람이었다. 그리고 사라는 내게, 가혹하게 핍박받는 내 진리의 울부짖음이었다. 진리는 사춘기 소녀와도 같다. 우리는 그녀에게 어떤 짓이든 저지를 수 있다. 그러나 또한 그녀를 위해 많은 것을 해줄 수도 있다. 우린 그녀의 법 아래에서 죽을 수도, 살 수도 있다.

유켈, 그대가 침대보를 한껏 움켜쥘 때, 나는 그대 곁에 있었다. 우리 주변의 누구도, 그대가 죽어가며 헐떡이던 소리를—그런데 그 소리가 그 정도로 약했던가?—신경 쓰지 않았다. 그대는 무척 빠르게 혼수상태에 돌입했고, 몇 시간 뒤에는 그대의 몸이 굳어버렸다. 나는 누군가 찾아와, 그대 집 문을 두드릴 것은 예상치 못했다. 나는 달아났다.

그대의 정부情婦는 꽃들의 지옥에서 시들었다. 보다 나중에는, 광기가 그녀를 지탱했다. 오늘날, 그녀의 울부짖음은 한결 더 절망적인 듯하다. 그 비명들은 그녀의 상처 입은 존재로부터, 그녀의 영혼이 빛만큼이나 투명한 것으로 바꿔놓은, 그녀의 무방비한 몸뚱이로부터 솟구쳐 오른다. 그 몸뚱이에서는 살이 드러낸 풍경처럼 뼈들이 비친다. 그 몸뚱이에서는 뺨 너머로 이빨이 비친다.

둘로 나뉜 상태로, 나는 어디로 가야 할까?

작가는 단어들과 더불어 탈주한다. 단어들 가운데 몇몇 단어들, 때로 한두 개의 단어들이 작가를 죽음에 이르기까지 따라온다. 하나의 단어는 우선은 벌 떼였다가 이름이 된다. 두 개의 이름이 내 마음과 정신을 두고 다투었었다. 나는 그 이름들을 내 자신의 밑바닥에서 찾아내었으며, 그것들의 존재는 나에 의해 어둠 속에서 체험된 존재였다. 그대처럼, 어제, 나 역시도 기력이 다했다. 나의 과거는 약탈과 박해로 인해 무겁다. 나의 과거는 내 머리를 가상의 지지대를 향해 기울어지게 한다. 내게 동정적인 하나의 어깨, 달리 말해 내 책상으로.

나는 더는 야망이 없다. 나는 그대가 나를 내쳐버린 곳, 대낮의 훤히 트인 길이다.

렙 오드는 어느 유명한 이야기꾼에게 이렇게 물어보았다. "작가란 무엇인가? 식자識者를 말하는 것인가?" 이야기꾼은 답했다. "아니다. 작가란 사람을 짊어진 그림자를 말한다."

유켈, 내게는 그대가 바로 그 사람이었고, 그 주인공이었으며, 그 순교자였다.

나는 곧 사라지리라.

그대는 그대의 마지막 시간에 헌신하기 위해 저 죄 많은 수용소들에서 돌아왔었다. 그렇게 내 책의 낱장들에는 그대 신념의 잿가루 냄새가 배게 되었다.

책은 상처의 순간이자 영원의 순간이다.

세계는 우리에게로 한정된다.

(나는 그대들이 단둘이서 책을 열어보아야 한다고 주장하는 것이 아니다. 내가 그대들과 마주쳤을 때, 이미 나는 알고 있었다. 만족할 줄 모르는 페이지들이, 그대들을 위해, 아침에 깨어나 나를 죽이러 올 것임을. 책의 새벽은 죽음의 새벽에 다름 아니기 때문이다. 아! 나는 그대들을 위해 아무것도 할 수가 없었다. 그대는 글쓰기에 대한 나의 혐오를 이해하겠는가? 나는 분주한 사람들 속에서 길을 잃고 헤맬 것이며, 그들과 함께 도시의, 권태의 벌려진 아가리 속으로 처박히게 될 것이다. 잠시 머무르는 이곳에서 잠시 머무를 저곳으로 향하기 위해, 쥐 떼처럼, 지하에서. 나는 더는 정지신호도 없고 표지판도 없는 곳까지 굴러 들어갈 것이다. 그곳은 돌고 또 돌아 현기증에 사로잡

힌 여자-어린아이의 비명만큼 날카로운 호각소리가, 그 림자들의 형체 없는 세계에 상기시키는, 유죄선고를 받은 두 세계의 사이. 나는 타협을 두려워하지 않던 저 유순한 부위를 붙잡고 나를 나로부터 뜯어낼 것이다.)

그대는 속내 이야기에 인색하였고, 그리하여 내 이야기는 그대의 말보다는 나 자신의 말들에 더 의지하게 되었다. 나는 그대가 그대의 연인을 어떻게 쓰다듬었는지 알지 못하며, 그대의 수난이 얼마나 끔 찍했는지 알지 못한다. 나는 다만, 그대가 허공 위를 쓰다듬으며 사 라의 이름을 발음하는 방식을 통해, 그대가 갇혀 있던 시기가 언급될 때마다 그대 입가에 끼이는 주름을 통해, 그것들을 짐작할 뿐이다. 그대가 내 시선 앞에서 그대 자신을 드러내었던 그 모습 그대로, 나 는 그대를 떠올린다. 이는 어쩌면, 그대가 더는 살 수 없었기 때문이 었는지도 모른다.

나는 기억의 저편에서 오는 것처럼, 사막에서 왔다. 나는 모래의 구 원을 가지고 왔다. 나는 세월에 박탈당하여 텅 빈 두 손으로 왔다. 내 게는 이름이 없었다. 내가 그대로부터 받아들이려 했었고, 그대가 다 시 가져갔던, 그 이름을 제외한다면.

포기하는 것은 쉬운 일이다.

몽상은, 추억과 마찬가지로, 우리가 언제나 같은 내일들과 그 잔인 한 공허함을 벗어나기 위해 노 저어 나아가는 해변이다. 스스로를 표 현할 수 없는 나날들은 잿빛이고 춥기 때문이다. 말하지 못하는 날들 은 제멋대로인 몸짓으로 우릴 찢는다.

나는 음절들의 그림자 속에서 살고 있는 느낌이다. 비밀 이야기보 다 앞서 존재하는 이 공간, 언어가 아직 사유의 부름에 응답할 능력이 없는 공간, 한번 숨 쉴 때마다 빠져들 것을 각오해야 하는, 이 늪지 대 속에서.

렙 탱은 이렇게 말했다. "우리에게 깊은 영향을 미친 원전이 제 목소리를 되찾기 위해서는, 때로 몇 년간의 기다림이 필요하기도 하다. 그렇게 원전이 목소리를 되찾고 나면, 원전은 우리가 더는 그 말의 흐름을 끊기 어려울 정도로 말을 한다."

> ("물살에 난폭하게 휩쓸린 뗏목처럼, 시온[4]에 대한 희망은 바다로 흘러들었다.
> 고통은, 모든 밤처럼, 제 성좌와 마주한다."
> • 렙 자코비)

내가 피신하고자 했던 시골 마을은, 내 앞에 펼쳐지며, 제 모든 나무와 싹과 새들의 힘을 동원해 삶과의 화해를 종용하고자 한다.

다른 어떤 곳에서보다 더, 나는 이곳에서 말의 건강함, 말의 강건함 가운데 있다. 그러나 바로 그 강건함에 의해, 그 말은 나를 쫓아낸다. 한 마디 한 마디씩, 나는 내 영혼으로부터 나를 잘라낸다. 수액[5]은 내게 모독이고, 열매는 협잡이다.

사라의 울부짖음 이후에, 그리고 그대의 모범적인 자살 이후에도 살아남았다는 것, 이는 내가 작가로서의 오만에 빠져 나 스스로를 부정하는 것이 아닐까?

나는 누군가 나를 알아볼 것이 두려워 꼼짝하지 못하는, 얼굴 없는 사람이 되리라. 유켈, 내게는 그대의 자살을 따라 할 용기가 없었으

---

4) 예루살렘에 있는 성산(聖山)의 이름이며, 솔로몬 성전이 위치하던 곳이다. 약속된 땅으로서 '되찾게 될' 예루살렘을 상징한다.
5) 수액(la sève)이라는 단어는 삶의 '활력'을 빗대는 사은유이기도 하다.

니까 말이다.

> (렙 살랑은 이렇게 썼다. "책들 안에는 잉크의 밤이 보
> 호하는 괴물들이 산다. 우린 계속해서 그들의 식욕을 달
> 래야만 한다.
> 책을 돌려주고, 나는 내 운명에서 벗어난 줄 알았지만,
> 그렇지 않았다. 여전히 나는 시야에 드러나는 눈 덮인 분
> 지들을 전전하며 내 모든 것을 바치고 있다. 여기서밖에
> 본 적이 없는, 켜켜이 쌓인 경멸의 층들, 그 위에서 피는
> 아름답다.")

내가 그의 목소리를 통해 드러내었고, 나의 진실성을 믿어주었던,
저 모든 단어들 속에는 비난이 깃들어 있다.
짐승이, 시인의 재능을 통해, 천사로 변모한다고 할지라도, 배반당
한 그 천사는 오래 지나지 않아 다시금 짐승이 되어버린다.
조금씩 조금씩, 책이 나를 끝낼 것이다.

> ("지위에 있어 모욕받은 12지파[6]들은 나의 질문들로부
> 터 한 권의 책을 기대하는 것 같았다. 나는 그들을 위해,
> 그 책이 보편적인 언어로, 인간 본연의 언어로 쓰이길 바
> 랐다.
> 책은 손에서 손으로 내게 전해져왔다.
> ─나는 거기서, 내 아버지의 언어와 내가 전혀 접해본

---

6) 야곱의 열두 아들로부터 유래한 열두 가문. 야곱이 신에게서 받은 이명은 '이
스라엘'이며, 이스라엘을 공통의 조상으로 둔 열두 가문 사람들이 모두 모여
'이스라엘 민족'을 이루게 된다.

적이 없는 할아버지의 언어를 알아보았다. 오직 희다는 점 말고는 서로 어떤 관계도 없던, 그럼에도 불구하고 적절한 단어들을 통해 스스로 주어질 것을 미리 확신하던 페이지들의 책에서 말이다."

• 렙 아자르

"짓궂은 호기심이 장미로 하여금 창공에 제자리를 요구하게 만든다. 그것은 이슬과 함께 꽃을 피우고 석양과 함께 진다."

• 렙 시디)

대화는 성립되었다, 내가 아니라면 누가 그것을 중단시킬 수 있겠는가? 모래인 **현실** 그리고 창공인 **무**가, 내가 그 위에서 시계를 얻는 두 공간이다. 내가 한쪽을 밟고 서서, 다른 쪽을 향해 두 눈을 치켜든다고 한들, 무슨 문제가 있겠는가?

존재하는 것은 유켈, 바로 그대와 그대가 사랑하는 이다. 존재하기를 그친 것은, 바로 그대들, 그 신음소리가 우리 안에 맺힌, 유켈과 사라이다.

혼이 내지른 모든 울부짖음은 서로 닮아 있다.

무는 우리의 이름을 부르는 이 순종적인 세계이다. 증오와 종속은 동일한 호흡을 가진다.

나는 공기 중에 갈지자로 퍼지는 저 마지막 숨결의 현기증이다. 이별을 고하기 이전, 삶과 죽음의 짤막한 기항지이다.

보이지도 않고, 목소리도 없다.

2

렙 사피르는 이렇게 말했다. "우린 죽은 사람들이다, 그것을 그대들은 이해하지 못하겠는가? 죽는다는 것은, 마침내 제 이방인으로서의 존재 조건을 받아들인다는 것이다. 죽은 사람보다도 더 이방인인 것이 누구겠는가?

아, 모든 망자는 유대인이다. 타인들에 대하여 유대인이고 스스로에 대해서도 유대인이다.

죽음의 순간에, 사람들은 다만 스스로 유대인임을 깨닫게 될 뿐이다.

보다 연장자인 사람들로서, 길의 나이와 같은 나이인 우리들은 다른 곳에, 저 너머에 혹은 이쪽에 존재한다. 지나간 미래, 그러므로 영원이고, 무한. 바람에 흩날리는 별들과 해와 분쇄하는 자들의 솔."

그리고 렙 아렙은 이렇게 말했다. "유대인의 연대라는 것은 이방인이 또 다른 이방인에게 느끼는 불가능한 정념이다."

3

"사랑은 귀머거리를 위해, 제 자신의 목소리인 죽음의 목소리를 가진다."

• 렙 모젤

"다른 이들의 내어줌은 풍요를 일군다. 그것이 나 자신의 내어줌을 예비하기에."

• 렙 알랑

"주님께서 삶이시라면, 인간은 주님께서 원치 않으셨던 죽음일 수밖에 없다."

• 렙 아슈맹

"바다는 세계를 베어 문다."

• 렙 암롱

"망각은 오래된 공허이다. 그 안에서, 땅이 돈다."

• 렙 도

씨앗과 기호 안에서의
사라와 유켈에 대한 묘사

"우리의 들판은 노래다."

• 렙 세브

1

별의 색이 되기 이전에, 밀은 빵의 색이었다.

— '죽음'Mort이라는 단어에는, 낮jour과 죽음mort의 금빛or이 있다.

태양은 땅의 사랑을 지켰다.

대지와 태양, 어긋났지만, 기호의 삶 속에서 하나되는 연인들.

사라는 돈다
그림자와 빛 속을,
끈을 쥔 채로.

— '운명'Sort이라는 단어에는, 낮jour과 죽음mort의 금빛or이 있다.

그대의 운명은

불꽃의 운명이었다,
우리가 그것으로
그대 손가락에 끼운 결혼반지를 만들었던.

그리고 유켈은 말했다.
"사라, 그대는 새벽이면 우리 들판을 뒤덮는 황금 베일의 뒤에 있습니다."

그리고 사라는 말했다.
"유켈, 나는 그대가 나를 두고 간 금빛 안개 속에 있습니다.
나는 얼어붙은 황금입니다."

2

("내 손에 쥐어 떨려오는 종이를 마주하고, 내가 현기증에 사로잡힌다면, 그 이유는 종이의 흼 때문이 아니라, 종이가 숨기고 있는 흰 단어들 때문이다. 종이는 단어들이, 제게 고유한 순서로 나타나길 기다린다. 나는 그 단어들을 알아볼 수 있을까? 나는 강렬한 빛에 눈이 부시다. 실수는 그렇게 빨리 저질러진다. 한 단어가 다른 단어를 짓누르는 일이 없게 하기, 나 자신이 그것의 페이지이자 과거였던, 희망하는 단어, 기대되는 단어를 되찾기. 우리의 운명은 동일하다."

• 렙 페르아)

"잠깐 동안의 도금양이면 한 세기의 밭고랑들을 잊기에 충분하다."

• 렙 켈라

"집단 구타당한 별들.
인종주의의 그림자들."

• 렙 브뢸

거울과 목도리

"새하얀 마지막 영상에 이르기까지, 우린 영상들과
영상들의 영상들을 모을 것이다. 그리고 그 새하얀
마지막 영상에 우린 우리 자신을 일치시키리라."

• 렙 카라소

마르도에 시몽은 그가 목에 두르고 다니던 비단 목도리가, 거울이
라고 주장하곤 했다.

그는 이렇게 말했다. "보시오들, 내 머리는 목도리에 의해 몸으로
부터 분리되어 있습니다. 내가 턱 아래에 거울을 매고 다닌다고 한다
면, 대체 누가 반박할 수 있겠습니까?

목도리는 얼굴을 반사합니다. 그러면 그대들은 그것이 살로 이루
어져 있다고 생각합니다.

밤은 거울입니다. 낮은 목도리입니다. 해와 달은 반사된 얼굴들입
니다. 그러나 내 진짜 얼굴, 형제들이여, 나는 그것을 어디서 잃어버
린 걸까요?"

시몽이 죽었을 때, 사람들은 그의 목덜미에서 커다란 흉터를 발견
했다.

이 일화에 어떤 의미를 부여해야 하는지를 두고, 랍비들 사이에서
논의가 시작되었다.

가장 연장자의 자격으로, 렙 알팡드리가 먼저 발언하였다.

"이중의 거울이 우릴 주님에게서 떼어놓는다. 그리하여 주님께서

는 우리를 보고자 하실 때 스스로를 보시게 되고, 우린 주님을 뵙고자 할 때 다만 우리 자신의 얼굴만을 보게 되는 것이다."

렙 에프라임은 이렇게 물었다. "겉모습이란 것은 거울들의 작용에 의해 우리에게 던져지는 사물의 반사상에 지나지 않는 것 아닌지요?" 그가 말을 이었다. "알팡드리 선생님, 선생님께서는 아마도, 우리가 그 안에서 우리 자신을 비추어보는 영혼을 거울에 빗대신 것일 테지요. 하지만 산이 수원을 받치는 대인 것처럼 몸은 영혼이 머무는 장소입니다. 몸은 거울을 부쉈습니다."

렙 알팡드리는 이렇게 말을 받았다. "수원은 산 정상에 잠들어 있다. 수원의 꿈 역시, 수원이 그러하듯, 물로 이루어져 있다. 수원의 꿈이 우리 쪽으로 흐른다. 우리의 몽상들은 우리를 연장시킨다.

그대는 렙 알장의 다음과 같은 문구를 잊었는가. '우린 주님의 꿈인 창조의 꿈을 체험한다. 저녁이면 참새들이 둥지 속에 숨어들 듯, 우리 몽상들도 그 안에 몸을 웅크리러 온다.'

또한 렙 암은 '밤의 새들처럼, 나의 몽상들은 잠든 우주의 거대한 몽상을 탐색한다'라고 쓰지 않았던가."

렙 에프라임이 말을 이었다. "꿈이란 것은 수정 덩어리의 절단면들이 지닌 투명한 이야기인지요? 세계는 유리로 되어 있습니다. 우린 그 반짝이는 정도를 통해 밤과 낮을 짐작합니다."

렙 알팡드리가 대꾸했다. "대지는 거울 속에서 회전한다. 대지는 목도리 안에서 회전한다."

렙 에프라임이 말했다. "보기 흉한 흉터에, 멋쟁이의 목도리."

("대지가 시간 속에 있는 것처럼, 말은 숨결 속에 있다."

• 렙 마르*)*

316

그리고 유켈은 이렇게 말했다.

"방황하는 유대인의 보따리에는 대지도, 별들도 담겨 있다."

렙 마와스는 이렇게 말했다. "담는 것은 제 스스로 담긴다."

내가 그대들에게 들려준 이야기와, 그 이야기가 불러일으킨 논평들은 모두 시선의 책에 기록되게 되리라. 사다리는 우리가 우리 스스로를 넘어설 것을 재촉한다. 사다리의 중요성은 거기에 있다. 하지만, 무無 안에서라면, 사다리는 대체 어디에 두어야 할까?

(*"주님께서는 조각되었다."*

• 렙 무아얄)

울부짖고 있는
사라와 유켈에 대한 묘사

"달아나, 그대들의 횃불에 달라붙은 손들.
하늘은 그대들을 새처럼 여겼다.
둥지는 활과 나무의 왕위를 박탈했다."

• 렙 르제르

흰 페이지에 대한 흰 도면, 이 도면은 울부짖음의 도면이다.

그것은 더는 장애물을 두려워하지 않는다.

잉크도 더는 그것을 방해하지 않는다.

새는 제 날아오름의 흔적을 남기는가?

그대 눈길은 새를 쫓아간다.

여기서는, 귀가 곧 질서다.

("눈은 그것이 듣고 맛보고 접하는 것들을 보게 해준다.
나는 내 몸에 있어서 온통 눈이다."

• 렙 강리)

그리고 유켈은 이렇게 말했다.

"누가 내 말들로 목을 축일 것인가?

나 자신이다, 나는 정말로 그럴 줄 몰랐던가?

나의 책 안에서, 곧 고독의 한복판에서,
그대의 고독은, 영원히, 내 탓이다."

감긴 눈의 목소리

감긴 눈의 목소리는, 사랑의 밤을 보내고 깨어난
여인의 목소리처럼, 느리고, 무겁다. 그림자의 느린
차오름, 그림자의 느린 개화와도 같은 목소리다.

1

렙 샹은 이런 이야기를 했었다. "어느 날 아침, 아직 청소년이었던 렙 야에가 내 거처를 방문한 일이 있었다. 나는 그의 과도한 흥분 상태와 그가 내뱉던 앞뒤 안 맞는 말로부터, 더없을 정도로 고통스러운 인상을 받았다. 나는 느릿느릿하게 끊어서 내뱉은 말들과 그의 기억에 대한 간접적인 접근을 통해, 그가 알아들을 수 있는 방식으로 자기 이야기를 하게끔 만들고자 했으나 허사였다. 내 느낌으로는 그가, 마치 죽은 이들처럼, 책을 반대 방향으로 읽고 있는 듯했고 또한 거울 바깥의 어떠한 개입도, 그의 입에서 내뱉어진 문구들의 정상적인 배열을 복구할 수 있을 것 같지 않았다.

그래서 나는 정원에서 가져온 장미 한 송이를 그에게 내밀며, 이렇게 말했다. "이보게, 세상의 존재들과 사물들에는 질서와 조화가 있네. 우리가 그것들을 부수려고 한다면, 그것들의 이름까지도 위태로워질 수 있다네. 이 장미 역시도 그와 같지 않겠는가?"

며칠 뒤, 렙 야에는 다시금 나를 방문했다. 그는 내가 그를 위해 꺾어주었던 꽃과 비슷한 꽃 한 송이를 내게 건네주며 이렇게 말했다.

"선생님, 제 이성이 돌아왔습니다. 제 영혼은 잎들의 배열과 향기를 되찾았습니다."

("그대는 책을 쓰기를 꿈꾼다. 책이 쓰였다."
• 렙 제당)

2

어느 날 렙 암마르가 그의 막내아들에게 이렇게 말했다. "도시는, 더는 고동 소리가 들려오지 않는 심장이다.

도시를 벗어나거라, 그러면 너는 사막 속에 묻힌 도시의 비밀을 발견하게 되리라."

막내아들이 물었다. "사막에서, 저는 도시가 감춰두었을 어떤 비밀의 고백을 캐낼 수 있을지요?"

렙 암마르는 이렇게 답했다. "어떤 고백도 캐낼 수 없을 것이다. 다만, 돌 속에 깃든, 그리고 시멘트가 틀어막은, 고통스러운 바다의 부름을 캐내게 되리라."

렙 텔라는 이렇게 말했다. "그대는 산산조각난 소금의 섬들을 거느린, 그리고 제 상처들로 인해 사랑스러운 해안을 지닌 물고기들의 나라를 가로질러 가리라.

그대는 깃털과 야생의 비늘 사이의 신비로운 대화를 위하여, 갈매기 날개들이 수면에 매여 있는 대양을 가로질러 가리라.

내일은 온실의 침묵 속에서 살아야 하는 날이다. 온실 안쪽에는, 유배의 한쪽 끝에서 다른 쪽 끝에 이르기까지, 불안에 떠는 물결들의 웅성거림이 있다.

　왕관은 경쾌하게 물결을 따라 표류하고 있다. 그러나 그 지배에는 끝이 없고 가로막을 목소리도 없다.

　렙 아바는 이렇게 말했다. "우린 바닷속에서 살아가지만, 본성에 의해 땅에 매여 있다.

　우린 물에 대한 기억을 잃어버린 바다의 자식들이다."

돌과 모래의 대화

1

돌들의 세계는 규율 잡힌 길들의 세계, 빛으로의 대담한 침입이 이루어지는 검은 세계다.

그것은 주름들을 궤도로 삼는 터널들의 세계.

우린 우리의 이중의 고통, 우리의 교활한 불행을 타고 굴러간다.

> (렙 졸레는 이렇게 말했다. "우린 굴러간다. 하지만 우리가 나아가는 것을 볼 때, 바퀴가 있으리라는 생각을 누가 할까?
>
> 기도 중인 **유대인**이, 발돋움을 했다가 이윽고 엉덩방아를 찧을 때면, 그는 제 신앙의 바퀴들과 꼭 어울리는 험난한 경로에 접어든 것이다.")

돌의 날은 내일 떠오른다.

나는 거쳐야 할 길을 가르친다.

2

—내 시간의 증인. 시간은 내 귀밑머리를 희게 했다.

—나는 금의 흰빛이다. 금은 숨겨졌을 때 파래진다. 바람은 내 청춘이다.

—내 안에서 청춘이 불어오지만, 나는 저항한다. 유년기부터 나는 늙었고, 굳었다.

—내 행동들의 증인. 그대는 성채를 짓기 위한 돌이자 열정적인 조각가. 그대는 교량들과 둑들을 만들기 위한 돌.

—나는 이름 없는 돌이다. 내 이름은 생기 넘치는 나의 내면의 빛 속에 있다.

—나는 하늘이 흩뿌린 태양의 씨앗들이다.

—입술로부터, 두 손으로부터 멀리 떨어져, 나는 권태로운 기다림 속으로 빠져든다. 내 말은 지하에 묻혀 있다, 그러나 사랑 또는 투쟁 속에서 내 몸이 일으키는 마찰이 불을 지핀다.

—나는 부재에, 비의 원천에 말을 건다. 내 말은 당당하다.

—나는 부동의 사슬, 억류된 간격이다.

─나는 바다의 잊힌 밑바닥이다. 나는 지쳐버린 물의 불가능한 꿈이다. 하늘의 머리칼에는 모래가 묻어 있다.

　　─나는 제 이름을 한계로 삼는, 바닥도 하늘도 없는 바다의 눈이다.

　　─나는 바다를 지난 바다, 파도에 부서지는 파도이다.

　　─나는 마천루다.

　　─돌이 돌에 굴복하고
　　모래가 모래에 굴복하는 곳에서
　　나는 때 이른 선물이다.

　　─눈과 풀의 앞에서 나는 돌이지만, 태양과 소금과 바람에 의해 모래 알갱이에 가깝다.

　　─그대는 우리 증명들의 돌이며, 증명은 우리에게 높은 수원까지를 나눠준다.

2부

"나는 땅보다도 수원에 더 가까이 있다."

• 렙 아베

"나의 단어들 안에는 다섯 대륙이 있고, 그 주변에는, 지구의 먼지와 하늘이 있다.
우주 안에는 세계들이 여럿. 세계마다 하나씩의 우주."

• 렙 솔라

"침묵의 우주 속에서 끝도 없이 외로웠던 인간은, 어느 날 아침, 신성한 **대화**를 복원하고자 주님께 말을 걸었다."

• 렙 에메르

"침묵의 울림. 최초의 반향."

• 렙 알피에

책과의 관계

1

유켈은 바위에 걸터앉아, 바다가 세계의 물의 책을 한 쪽씩 넘겨보는 것을 바라보았다.

우리는 작품과 지속적인 관계를 유지한다. 소금이 모래와, 대기가 물과 맺는 관계. 조가비가 메아리와, 침묵이 기호와 맺고 있는 비밀스러운 관계를.

겪어지고, 충실히 기록되는 순간들, 죽음의 끈기 있는 작업.

죽은 땅을 위한 나무들은 없다.

죽은 하늘을 위한 별들은 없다.

가장 높은 곳 너머로부터 오는, 접힌 부분 너머에서 오는,

빛이 하늘과 땅을 삼킨다.

2

"아끼는 것의 불가능성. 하루는 매일 하루에서 빠져나간다."

• 렙 리토

3

"가능성에 관한 의식과 무의식.

　불가능한 것은 가장 가능한 것 너머에 있다. 하지만 가장 가능한 것은, 끼워 맞춰진 순간에 우리가 가지고 있는 인간적 앎의 넓이에 달려 있으며 또한 그만큼, 우리가 우리 자신에 대해 그리고 이 세계에 대해 갖고 있는 앎에 달려 있다.

　강에 의해 비옥해진 땅, 불가능한 것은 비옥한 시련이다."

　　　　　　　　　　　　　　　　　　　　　　　• 렙 틸셰

　　　("우린 더해지는 것의 한가운데 있다.

　　우린 빠지는 것의 한가운데 있나.

　　우린 곱해지는 것의 한가운데 있다.

　　우린 나뉘는 것의 한가운데 있다.

　　우린 다시금 세분細分되는 것의 한가운데 있다.

　　우린 입을 다무는 것의 한가운데 있다.

　　나의 가슴을 열어다오.

　　그대는 구름 또는 호수의 형태를 띤

　　침묵을 보게 되리라.

　　열어라, 나의 가슴을 열어다오.

　　그대는 침묵을 위해

　　말하게 되리라."

　　　　　　　　　　　　　　　　　　　　　　　• 렙 리브라

"나의 말 속으로, 내 어둔 거처로 들어오라. 침묵의 이편 과 저편에서, 우린 하나의 목소리가 되리라."

• 렙 시리)

글을 쓰는 습관

"나 자신의 덧없는 영상을 복원하는 데 전념하는,
나는 만족하지 못한 자요, 죽은 자이고, 바다다."

• 렙 마르주크

1

("천상이 정말로 일곱 개라면,[7)]
지옥도 일곱 개가 있다."

• 렙 엘페르

"그대에게 있어, 단어는 곧 선線이다.
그대는 내 얼굴을 그려냈다.
나는 읽혔다, 내가 만족하는 곳에서."

• 렙 나미아

"오류는 진리로 이어지는 애도의 우회 길로, 초석礎石이
자 문턱이다."

• 렙 소타르)

---

7) 유대교 전승에 따르면, 천상에는 일곱 대천사가 각각 주관하는 일곱 하늘이 있
   으며, 이중에서도 가장 높은 일곱 번째 하늘에는 주님께서 앉아 계신 옥좌가 있
   다고 한다.

나의 책들은 많은 것들이 생략되어 무척 단순한—그리고 어렴풋한 빛의 층계참이라 할 수 있는—문장들로부터 시작하여 이루어졌다. 그렇게, 나는 글 쓰는 이가 머무는 장소가 밤이라는 것을 배웠다.

나는 어둠에서 이끌어낸 작품을 무척이나 좋아한다. 제 몫을 그림자에게 남겨주는, 좋은 낮의 시간.

책에서, 초석은 언제나 평범하다.

—참신한 초석은 그것이 떠받치는 사물을 해친다.—

죽은 자들을 위한 우리의 기도를 목소리보다 더 높이 올려주는 등잔불처럼 평범하다.

초석이 떠받치는 사물, 그것은 문장 중에서도 골라진 문장, 영상이다.

단어는 단어에 대한 열정 속에서 제 위대한 겸허함을 드러낼 수 있다.

초석은 운동선수의 다부진 어깨를 가진 문장, 오로지 근육만을 믿는다는 것이 그것의 지혜이다.

청동에 대해서는, 나무로 된 받침. 구름에 대해서는, 바람으로 된 받침.

초석의 본보기. 사람은 언제나 사람에게 말을 건다.—별은 태양을 몽상하고, 제 영원 속에서 별을 그린다.—

균형을 모두 잃어버릴 때까지.

"가난한 이들에게 하는 것처럼, 목소리를 높일 것"

• 렙 에캉

물은 물에서 벗어나지 않는다.

주먹으로, 사람은 감옥을 만든다.

경쟁 전선: 빛 대 빛.

고집이 강한 아름다움.

물결은 바위를 유리처럼 만든다. 불투명한 것의 변모.

말은 알 수 없는 것에 대한 탄식, 해면에 위협받는 물의 소송이다.

새벽은 장미 한 송이로 만족한다.

3

(*"그는 말했다. 초석을 암시하기 위해, 그는 두 손을 뒤집었고, 사냥개들을 풀어놓듯이, 두 손을 수평으로 크게 펼쳤다가 모았다. 공간 안에, 손가락들로, 그는 다시금 사물을 만들어냈다."*

렙 도아는 이렇게 말했다. "말은 어린 암캐들인 두 손의
목줄을 쥐고 있다. 손들이 짖지 않도록 하라. 그러지 않으
면, 그대 몸짓이 우릴 귀먹게 하리라.")

4

—빛의 토대는 졸고 있는 그림자들이다.

—꿈은 빛인가?

—일어선 그림자들은 빛의 심장을 지니고 있다.

—그들의 얼굴은 어둡다. 그들의 손가락도 마찬가지다. 그들의 눈
은, 누군가 한 번이라도 그들의 눈을 보았던가?

—그림자의 손가락은 줄기이며, 눈은 잎사귀들에 둘러싸인 꽃이
다. 그것들은 태양을 따른다.

—세상은 하룻밤 꿈인가 또는 이어지는 천 번의 새벽인가?

—낮에는, 밤들의 승천에는, 세상의 놀람이 있다.

그리고 유켈은 말했다.

"나는 그대들에게, 흰 공간을 할퀴는 데 성공했던 레에 마요르에 관한 이야기를 들려주겠다."

어떤 때에도
그대들의 얼굴을 묘사하지 않았네

"사물은 사물을 과장한다."

• 렙 사파드

"나는 춤춘다―주님께서는 나의 *생각*이다."

• 렙 카람

"생각이란 무엇인가?

무희다.

그때그때의 음악에 맞춰

그녀는 춤을 춘다.

박수를 보내라, 형제들이여, 그 광경에

박수 보내라.

생각들은 그대의 마음에 들기를 갈망한다.

내 삶의 발레.

내 죽음의 발레.

무희들을 건드리지 마라. 그녀들은 잔인해질 수도 있
으니까.

형제들이여, 그녀들에게 그대의 사랑을 건네라.

그녀들은 아름답다."

• 렙 엘라미

"나는 내 가슴에 사막을, 침묵의 뜨거운 모래를 품고 다닌다. 이를 둘러싸는 먼 바다는, 내 어깨 위에서 기도로 떨리는 목소리에 물결치는, 둘레가 술로 장식된 숄이다."

• 렙 심

"내 안에서 벌어지는, 다른 이와의 대화. 성찰. 모든 사유는 질문의 추구다."

• 렙 이벨

"생각과 사유를, 춤과 단검을 혼동하지 마라.
—찌르기의 정확성. 희생자에 의한 반격의 부정확성."

• 렙 벨라

"피로 물든 발자국. 그대는 나아가기 위해 찌른다. 사유는 가죽끈이자 칼날이다."

• 렙 라데브

그리고 유켈은 말했다.
"어떤 때에도 나는 그대들의 얼굴을 묘사하지 않았네.
내 책들의 낮들과 밤들 속에 고립된, 술에서 깬 연인들이여.
하지만 구실이 모자르지는 않고, 간청이 없지도 않네.
희망의 얼굴은 이삭.
고통의 얼굴은, 거울.

차게 식은 등잔

"새벽의 법은 등잔의 법이 아니다. 태양은 우주에
게 말을 건다. 등잔은, 외로운 인간에게 말을 건다."

• 렙 아크리다

"법은 알이다.
법은 날개다."

• 렙 네생

렙 마졸은 이렇게 말했다. "우린 법에 의해 다스려진다. 단식의 법
과 함께, 자유의 법이 가장 엄격하다."

또한 그는 이렇게도 말했다. "빛의 법은 그림자의 법에서 영향을
받았다. 빛에게 좋은 것은 그림자에게도 좋으며 그 역도 마찬가지다.
우린 어둠과 낮의 동일한 목소리를 통해서, 그들을 연구했으며, 그리
하여 서로 상반되는 것들의 단일성이라는 결론에 도달했다."

그리고 그는 또한 이렇게도 말했다. "나는 법들에 관한 책을 쓰
리라."

("법의 주님, 주님께서는 공기와 물의 주님이십니다. 공
기의 법은 가벼워지는 것입니다. 물의 법은 속옷을 세탁
하는 여인이 되는 것입니다.

• 렙 아카프)

"자유는 장미의 줄기와도 같다. 가시는 꽃잎을 예고한다."
• 렙 갈랭

"우주의 법에 복종하기.
이면과 법을, 다시금 푸르게 하기."
• 렙 타오르

"개들과 늑대들의 사이에서.
별들과 카스트의 사이에서."
• 렙 탱바

그리고 유켈은 이렇게 말했다.
"법은 단어 안에 있다.
나는 쓴다. 나는 법을 집행한다."

유켈 세라피가 참여한,
학자들과 우연한 손님들 간의 대담

1

("불가능한 것의 바위 산맥.
가능한 것의 말 없는 한계."

• 렙 벨

"물결이 굴러간다, 주님께서 흘러넘치게 만든 영혼의
말들처럼."

• 렙 카나

"뱀보다도 더 묵묵한, 그대는 말의 말."

• 렙 에알

"나는 찬동이자 그을음이다."

• 렙 알레브

"모든 작가들을 마비시키는, 쓴다는 일의 불가능성을
마주하고, 그리고 2,000년 전부터 그 이름을 짊어진 백성
들에게 고통을 안긴, 유대인으로 존재한다는 일의 불가능
성을 마주하고, 작가는 글쓰기를 선택하며 유대인은 살아

남기를 선택한다."

(유켈의 수첩)

"동일한 운명을 위해 단어와 한 몸을 이루는 일의 어려움. 유대인의 영혼과 육체를 지니는 일의 어려움. 나는 내가 말할 수 있는 것의 끝까지 가기를 추구한다. 그래서 나는 쓴다, 매번, 다음에는 그 끝에 이를 수 있으리라고 생각하기에.

주님께서는 한 차례 주님의 언어로 말씀하는 데 성공하셨다. 그래서 침묵하신다."

(유켈의 수첩)

"우린 불가능한 것에 의해 묶여 있다."

• 렙 카브리

"초연함은 주님의 지배 방식."

• 렙 므니아)

한 사람의 학자: 나는 내 작품 안에 자리 잡지만, 작품은 그것을 모른다. 내가 나의 글에 애착을 가질수록, 나는 내 글의 원천과 단절된다. 내가 진심이고자 할수록, 더 빠르게 나는 말의 주도권을 포기해야 한다. 나는 말들이 나 없이 존재하고자 하는 것을 거부할 수가 없기에.

그래도 나는 그 말들의 존재의 기원이다. 따라서 나는 그 언어적 존재를 품어낸 자요, 그 존재는 내 작가로서의 운명이 의지하게 될 제 자신의 운명을 갖게 되리라.

한 사람의 학자: 나는 글을 쓴다. 그리고 곧, 나 자신을 벗어나는, 그리고 내가 그 덕분에 존재하는, 단어가 된다. 단어는 단어로 이어지고, 그렇게 스스로를 드러낸다. 가지들로 인해 뻗어나가는 나무처럼, 나는 문장과 함께 증식한다.

한 사람의 학자: 표현되지 않은 사유는, 말을 말과 엮고자 하는 희망이며, 제게 각인된 형태를 찾는 기호들의 기다림이며, 이론의 여지가 없는 힘의 가능성 또는 불행의 수용이다.

한 사람의 학자: 나는 나를 다시 그려내는 몇몇 글자들과 함께 알파벳들로 칸이 나뉜 우주를 돌파한다. 그런데 존재하고자 하는 의지와 그러한 의지의 언어적 표현 사이는, 지각과 확인된 단어를 통한 그 지각의 자연스러운 전달 사이는, 얼마나 멀리 떨어져 있는가? 나인 것은 이제 나 없이 존재할 나에 다름 아니다.

한 사람의 학자: 우린 우리가 어떤 고장들을 통행하게 될지 미리 알지 못한다. 단어는, 알 수 없는 미래로 나아가는 철로의 한편과 다른 편 사이 행간行間이지, 결코 기둥과 기둥 사이가 아니기 때문이다.

한 사람의 학자: 작가가 자기 작품을 굽어볼 때, 그는 생각한다, 아니 차라리, 우릴 설득하려 한다, 그의 얼굴은 단어들이 그를 나타내 보이는 그대로라고. 그는 거짓말을 하고 있다. 그는 거짓말한다. 마치 주님께서 스스로의 모습을 본떠 인간을 창조했다고 하심이 거짓일 것처럼. 생각해보라, 대체 주님의 모습이라고 하면, 무엇인가?

한 사람의 학자: 사유에서 단어로, 뜻밖의 꿈에서 예견된 말로 나

아가기. 여기에는 길들의 매력이 있다. 우리를 갉아먹는, 타오르는 정념을 길들이기 위해 우리가 언젠가 접어들게 될 길들의 매력이.

만족스러운 몸짓으로부터 표현되지 않는 욕망으로 나아가며, 우린 동일한 길들을 만나게 된다. 우리 자신을 잠 속에서 소멸시킨다는 지고의 목적 아래, 우리가 매번 거꾸로 매만지는 길들을. 모든 밤에 그와 동등한 아침이 주어지는 것처럼, 모든 빛에는 그에 상응하는 밤이 주어지기에.

한 사람의 학자: 자격을 가진 안내인의 발걸음으로, 또는 본능에 내맡겨진 발걸음으로, 우린 우리 안에서 방황하고, 또한 다시금 우리가 우리 자신인—그러나 전과는 다른—곳에 이르기까지 떠돈다. 그러면 우린 태양을 숨기고 있는 저 어두운 지점에 도달한다. 우린 알고 있다, 그곳이 특별한 장소라는 것을, 거기서 그림자와 빛은, 둘로서 존재하기 위해, 우주를 드러내는 바로 단 하나가 되기 위해, 접촉하게 된다는 것을.

한 사람의 학자: 모험은 작가의 필요에 종속된다. 자신의 말을 경험해야 한다는 것에, 어떤 일생을 추체험해야 한다는 것에, 침묵에 귀 기울이고, 침묵을 몰아붙여야 한다는 것에. 수락되고 또 완결되는 모험. 모험은 받아들여지고 공포된 선물이며, 파종의 시기인 동시에 수확의 시기이기에. 불길에서 해방된 부분. 거기서 싹트는 것들은 제 기원에서부터 파악되며, 거기 죽은 가지들로 이루어진 둥지 속에는 이미 다음번 새의 비상이 존재한다.

한 사람의 학자: 스스로에게 낯선, 하지만 제 사람됨과 떨어질 수 없는, 있음과 없음을 체념하고 받아들인 사람은, 그럼에도 불구하고,

사람의 끝에 맞붙은 가장 중요한 존재다. 그러나 사람으로부터 유래한 단어는 식물의 단어, 동물의 단어, 사람의 단어이고, 사람은 이를 통해 스스로 사람이고자 하고, 식물이고자 하고, 동물이고자 하거나 사물이고자 한다. 따라서 언어는 **모든 것**이다. 언어는 매번, 가장 사소한 요소들에 이르기까지, **모든 것**을 우리 눈앞에 재현해주기 때문이며, 우리가 **모든 것**에 이를 수 있는 것은 언어 덕분이기 때문이다. 하지만 그것이 **모든 것**이기에, 언어는 또한 어떤 것도 아닌 **무**다. 사람은 언어의 중재를 통해 있고 또 있지 않다. 이와 대조적으로 언어는 언어로 남는다. 달리 말해 언어는, **모든 것**과 **무** 안에서 있고 또 있지 않을 수 있는, 인간에게 주어진 유일한 기회로서 남는다.

한 사람의 학자: 인간에게 낯선, 그러나 그와 동조하는—마치 식물의 개화를 위해 땅과 동조하는 물처럼—언어는 풀에 목마른 수원이다. 그것이 살기 위해서는 삶을 뿌려주어야 하기에. **모든 것**의 기원에서 언어는 인간을 위해 다시금 우주를 문제 삼는다. 언어는 시간적으로 인간보다 앞서 존재한다. 인간은 말 속에서 만들어진다. 그는 자신의 끝없는 탄생을 경험한다.—우린 내일 태어난다.—인간의 죽음은 말을 탄생시키고, 말을 통해 인간은 스스로를 분명히 드러내며, 스스로를 내려놓는다. 책 속에서의 주님의 죽음은 인간을 낳았다.

유켈: 이름을 얻은 **유대인**은 더는 그로부터 벗어나지 못하게 될 정도로 자기 이름에 종속된다.

줄기, 그는 줄기의 형상을 한 뿌리이다. 가지, 그는 가지의 형상을 한 뿌리이다. 열매, 그는 풀리지 않는 매듭이다. 다른 이들이 걸을 때 그는 뛴다. 다른 이들이 유유히 배영을 즐길 때, 그는 물살을 가른다. 그의 도정은 주파하기에는 너무 길다. 그가 뛰어오르고자 할 때 사람들은 그를 붙잡는다. 개를 잡듯이, 사람들이 그를 쓰러트린다. 수기에서라면, 그는 삭제된 부분의 불쾌한 단어일 따름이다. 그에 대해서, 그리고 나에 대해서 너무도 많은 생각을 한 나머지, 나는 더는, 내 글 속에서밖에는, 그를 볼 수 없게 되었다. 그리하여 내가 어떤 단어에 삶과 죽음을 부여할 때면, 마치 동시에, 어느 유대인에게도 삶과 죽음을 부여하는 것처럼 느껴진다. 하지만 유대인이라는 단어는 내게 언제나 낯설다. **유대인**이 다른 **유대인**에 대해서 낯설게 느끼는 것처럼 말이다. 그는 조심스러운 태도가 몸에 배인 이방인, 비록 서로가 친형제보다도 더 닮은 듯 느껴지더라도, 그의 견딜 수 없는 고통을 드러내지 않기 위해, 유대인은 다른 유대인의 정체성을 캐는 것을 언제나 두려워한다. 다른 유대인의 견딜 수 없는 고통은, 그 깊은 이야기는, 필경 그 자신의 견딜 수 없는 고통을 되살릴 것이기 때문이다.

한 사람의 손님: **유대인**은 눈빛으로 서로를 이해한다. 이어서 그들이 서로에게 털어놓는 모든 것은, 다만 그 눈빛에 관한 정열적인 논평일 따름이다.

한 사람의 손님: 한 유대인이 다른 유대인에게, 어찌하여 그가 자신의 나라를 떠나야 했는지를 설명할 때, 그 이야기를 듣는 다른 유대인은 생각한다. "그는 그의 조국에서 고통받았고, 이제는 나의 조국에서 고통받으러 왔구나." 자신을 맞이해준 친구의 주소를 바라보는 신참 망명객의 두 눈에는 다음과 같은 영원한 질문이 서려 있다. "알려다오, 나는 여기서, 내가 떠나온 그 나라에서 받았던 만큼의 고통을 받게 될 것인가?" 왜냐하면 유대인은, 그가 박해받았던 나라를 떠날 때, 결코 확신을 갖지 않기 때문이다. 국경 밖을 나가면 더는 고

통받지 않으리라는 확신을. 그는 다만 희망을 갖고 떠난다, 다른 곳에서라면 좀 덜한 고통을 견디게 되리라는 희망을.

한 사람의 학자: 단어는 또 다른 단어로 향한다, 우선은 문장으로, 다음으로는 페이지로, 마침내 책으로 올라서기 위해. 살아남기 위해, 단어는 적극적으로 말의 세계를 해방하는 데 참여해야 하며, 그것의 변모와 일관됨에 있어 동적인 한 요소가 되어야 하기 때문이다. 그림자 속에서 또는 사유의 곁에서, 단어는 문장이라는 꽃송이 속에서 논리적으로 그 단어의 뒤를 쫓는 또 다른 단어에 결합되거나, 스스로가 도래를 부추기는 또 다른 단어에 결합된다. 단어를 이루는 각각의 음절, 그리고 각각의 글자들은, 명상 속에서 혹은 대담한 일 속에서, 알려지거나 알려지지 않는 제 몫을 수행한다. 사유는 저 단어들의 은밀한 만남들을 주선하고, 이에 참여한다. 사유는 단어들 사이의 결합을 촉진하며, 그러면 섬세한 하나의 의도가, 왜냐하면 사유가 스스로 정교해지는 것은 바로 단어들의 결합에 의해 또는 단어들의 결합을 통해서이므로, 연장되고, 스스로를 넘어서고, 창조되며, 포기된다.

한 사람의 학자: 사유는 검증되기 위하여, 단어들과 힘겨루기를 할 필요가 있다. 그런데 그 단어들에 대해, 사유는 무척이나 제멋대로인 권력을 휘두르는 것이다. 마치 순종적인 신민들에 대해 전제군주가 그러한 것처럼. 그러나 잔인한 군주와 마찬가지로 사유도 알고 있다, 폭정의 밤이 저물면 자유의 새벽이 오리라는 것을. 단어는 우선, 아침이 밝아왔을 때 사유를 조금 더 철저히 파괴하기 위해, 순종을 꾸며낼 것이고, 그러한 겉보기 순종을 통해, 사유를 그림자의 정점으로 올려 보내었다가, 결국에는 승리하리라.

한 사람의 학자: 말로 표현된 사유 안에서, 우리를 감동시키고 흥분시키는 것은, 정확히 말해 그러한 사유의 사유로서의 성격이 파괴되는 것이요, 그렇게 파괴된 것이 단어 안에서 부활하는 것이다. 사유는, 우리가 그 덕분에 그것을 엿볼 수 있게 되는 몇몇의 단어들이다. 단어들 덕분에 우린, 사유의 의미와 영향력을 파악하기 이전에, 그리고 이번에는 우리가 지성과 감성의 중재를 통해 그것과 힘을 겨루기 이전에, 우리 자신을 위해 그것을 사랑할 수 있게 된다.

한 사람의 학자: 유대인은 그를 기다리는 또 다른 유대인을 향해 간다. 그는 그 자신이 결코 벗어날 수 없는 운명이라 여기는 것에 의해 떠밀리지만, 사실 그 운명의 정체는 그의 파괴를 악착같이 원하는 사람들의 악의에 지나지 않는다.

한 사람의 학자: 유대인이 있는 곳에는 유대인을 받아들이기 위해 일시적으로 마련된 한 조각의 땅이 있다. 유대인이 있는 곳에는 이제 막 제 삶의 조건을 전해들은, 그리하여 우연찮게도 그와 삶의 조건을 공유하게 된 또 다른 유대인이 있다.

위기가 닥칠 때마다, 유대인 앞에 적나라하게 모습을 드러내는, 이러한 숙명, 연대할 수밖에 없게 되는 이 무자비한 이유. 목숨만은 건진 공동체가, 눈앞에 선한 안전한 공동체에 대한 희망을 통해, 그리고 그들이 가장 겸허하고도 고통스러운 표현을 통해 그려내는, 민족국가의 태胎를 통해, 유대인을 가슴에 품고 받아들인다. 예속된 단어에 대해서와 마찬가지로 영광스러운 단어에 대해서도 열려 있는, 각각의 문장에 있어서도 사정은 이와 마찬가지다.

비록 우리의 책들이 제 단어들을 구제하지는 못한다 할지라도, 적어도 책들은 단어들의 영상을 증대시킴으로써, 그들이 스스로를 버틸 수 있도록 돕는다.

유켈: 사회는 유대인을 내치는 데 반해, 사유는 단어를 있는 그대로 존중한다. 사회는 대체로 유대인에 대한 경멸과 맞먹는 정도의 경멸을 사유에 대해서도 갖고 있다. 시인들은 단어들에게 자신들의 몽상과 함께 살 수 있는 기회를 부여한다. 그들은 단어들이 영혼을 가질 수 있게 한다. 정서적으로, 나는 박대당한 단어의 곁에 있는 것처럼 느낀다. 박대당한 단어는 나와 같은 민족이기 때문이다. 나의 저항은 그러한 단어 안에서 무르익고 있다. 나의 글은 그러한 저항의 귀결이다. 단어들을 통해, 나는 폭군을 겨냥한다.

한 사람의 학자: 처음에 나치는, 쓸모없는 유대인들만을 화장터의 가마로 보냈다. 나중에는, 이 '쓸모없음'이란 개념조차 파기되었다. 모든 유대인들이 몰살되어야만 했다.
어쩌면 언젠가는, 단어들이 영영 단어들을 잃게 될 날이 오리라. 시가 죽는 날이 오게 되리라.
그것은 로봇의 시대, 그리고 옥에 갇힌 말의 시대이리라.
유대인들의 불행은 보편적인 것이 되리라.

유켈: 유대인들의 불행은 불행을 무장해제할 것이다.

2

"그대는 벽들을 세우고, 나는 벽들 사이에 공간을 세운다."

• 렙 아랭

"저의 하느님, 저는 다만 말일 따름입니다. 저는 주님께 다가가고
또 멀어집니다."

• 렙 자라델

"유모가 제 젖먹이를 달래는 것처럼, 말이 나를 흔들어 달랜다."

• 렙 바랑

3

("죽음은 묻힌 거울들을 파낸다."

• 렙 카스트로

"그림자는 시선을 검문한다."

• 렙 시트)

"기억의 손수건에 달린 불의 매듭들, 목 없는 별들, 푸른 수련들."

• 렙 미사

"이 밀랍의 하늘 안에서, 어떤 손이 위협을 하는가?
나는 세상들을 옮긴다.
간격을 두고 거울들을 세운다."

• 렙 비나

4

"꿈꾼다는 것은 과거를 깨어나게 하는 것이다. 새벽의 귓불에 매달린 한 알의 진주 같은."

• 렙 아강

3부

"그대는 살아갈 방도를 찾는다, 개가 뼈다귀를 찾듯."

• 렙 망데르

유켈의 일지

"나의 거리였고, 나의 동네였다. 그것들은 나보다 앞서
존재했다. 누가 보석 상자를 훔쳐갔는가? 누가 날 비단
이불 바깥으로 몰아냈는가?

동방은 여인의 이마 위에 루비. 나는 궁정의 샹들리에
였다. 나는 길 위에 깨진 유리 조각이다."

• 렙 날레

"주님께서는 무너진 성전 벽에 등을 기대셨다.
이제부터는, 그 어떤 거처도 우리의 것이 아니리라."

• 렙 라앙

10월 5일

나는 거울 안의 내 모습을 들여다보았다. 겨울 하늘보다 더 잿
빛이 짙은 눈을 가진 청년이 보였고, 그의 눈물은 창유리 너머로
쏟아지는 비와 한 쌍을 이루고 있었다.

내 얼굴의 얼굴.

아무개 씨, 그것은 나, 쫓기어 몰린 영혼 속에 갇힌,

유켈이라는

인질.

10월 9일

나는 나에 대해서 생각하지 않는다. 나는 다른 이들 속의 나, 각종 자료들로 근거를 얻은 그들의 적대감 속 나를 생각한다. 나는 사라의 사랑 속에서의 나에 대해 생각한다.

그 속에서 사슬[lien]은 곧 무기인 관계[lien].

10월 12일

나는 사유를 행하는 습관을 버려야만 한다.

언젠가, 나는 나의 펜과 나의 목소리를 되찾게 되리라.

그것들의 사용법이 기억날까?

흰 페이지는 인내의 페이지이다.

거대한 그림자.

세상을 뒤덮은 그림자들이 드리운 그림자.

램프들의 밤 속에서, 밤은 한 마리 자벌레나방.

선조들이 나를 찾아오셨다.

나는 그분들과 어떤 것도 공유하지 않는다

말의 주름들 속에 간직된 말을 제외하고는.

10월 15일

삶은 적의 얼굴을 취했고

죽음은 나의 적, 나의 얼굴을 취했다.

10월 16일

우린 우애롭다.

굶주림이 굶주림과 정겹듯.
잎이 잎과 정겹듯.
벼락이 벼락과 정겹듯.

11월 3일
곧, 나는 어쩌면 아무도 모르게 지나가리라.
그들이 이긴 셈이리라.

11월 6일
취약하고, 거절당한 몸.
혼은 침묵에 관한 모든 지식을 소유한다.

11월 9일
세계는 기억의 구球.
별, 반짝이는 망각.

11월 13일
렙 알바그는 이렇게 말했다. "입은 가장 조그만 수원이다. 하지만 그 입이 온 인류의 갈증을 푼다."

사라의 일지 1

내게 고통이 있고, 그대는 나로 인해 고통을 가집니다.

나눠주기 위해, 나의 자산인 고통을 짓기, 고통스럽게 하기.

3월 7일

　나는 내가 본 것에 대해 어떤 것도 쓰지 않을 것이다. 나는 내가 회피한 순간의 아래에서, 질문들을 품은 질문에 이끌려 쓸 것이다.

　바다는 나의 집이다.

　나는 거리에 대해, 물에 잠긴 나무의 잎사귀들에 대해 어떤 것도 쓰지 않을 것이다.

　나는 인간들의 잔인함에 대해, 더럽혀진 말에 대해 어떤 것도 쓰지 않을 것이다.

　죄가 없지만 잘못이 있는 상태로,

　심장 속에서, 그리고 우리 부모님의 두 눈 속에서 거리를 두고,

　검게 탄 돌들을 선반으로 삼는

　정신착란의 재발에 의해

　홀로, 벽 너머를 보는 것에 대한 나의 공포 속에서.

　홀로, 나의 고집스러운 미광 속에서.

3월 8일

　오늘 저녁, 하늘은 하늘에 반환되었다. 모든 별들이 하늘 속에서 제자리를 되찾았다.

　불의 피해를 입지 않고 빠져나온 모든 별들이, 나를 추방되어야 할 사람으로 가리킬 때에, 나는 경탄한다.

4월 10일

　햇빛을 받는 묘석들.

　나의 고통은 돌들의 수를 헤아리고, 나는 그것들 틈의 도마뱀이다.

4월 11일

　나는 삶에 대해 공허의 진리를 맞세운다.

　나의 강기슭에는 물이 없다.

　사람은 강의 표면에서 버둥거리지, 밑바닥에서는 전혀 발버둥치지 않는다.

4월 17일

　죽음은 과일 속을 파먹은 벌레인가 아니면 여름의 태양인가?

　내 삶의 겨울은 나의 속눈썹에, 그리고 입술에 매달려 있다.

　봄은 우리 내면의 계절이자, 유일한 계절이다.

　영혼의 하늘은 크기가 하늘 크기의 365배이다.

　늦게 온 봄, 벼락에 소스라치는 봄.

　내가 지나는 곳에는, 길이 없다.

4월 23일

나는 물에 잠긴 두 팔로, 즉석에서 아치교의 형태를 만든다.

하지만 대체 어떤 나라, 어느 대륙이란 말인가?

사로잡혀버린 아름다운 무지개여,

그대가 여기에서보다 내게 소중할 곳이 어디일까?

사슬을 찬양하기, 기호 둘레에 둥근 테를 두르기.

세상은 이보다 더 둥글지 않던가?

5월 3일

처마에 목소리를 주기.

볼링핀처럼, 위태롭게 서 있는

나는 쓰러진다, 얻어맞을 때마다.

5월 4일

가벼운 나의 꿈, 코르크와 같은 나의 꿈이 내 삶을 봉한다.

바다에 던져진 유리병.

5월 6일

나는 이해하고자 한다, 온 힘을 모으고자 한다.

내가 내 몸을 어찌나 악착같이 쫓아냈는지, 나는 더 이상 무겁지 않다.

나는 굶주림을 알기도 전에 굶주렸던가?

잉크 얼룩 아래에서와 같은, 나의 투명함 속에서, 종잇장은 지우개에 의해 쇠약해진다.

5월 15일

　나뭇가지들의 중재를 통해, 하늘과 나의 무감각을 연결 짓기 위해, 내가 그 발치에 눕고자 하는 나무.

　나눠 가진 최고의 대리석 속에서, 둘이 되기.

5월 16일

　진정한 죽음은 가식의 계곡이 아니라, 죽은 하늘에 있다.

　밤샘의 나날들에 지쳐, 나는 밤을 새운다.

　그렇게나 비천하게.

　그토록 낮게.

6월 11일

　의심한다는 것은 어쩌면, 경계들을 없애는 일, 주사위 주변을 맴도는 일.

　땅, 그곳에서 모든 것이 단순한 땅.

　주님께서는 의심이시다.

6월 12일

　자유롭다, 미끼를 물고.

　등대의 언어에 거부당한 완벽한 물.

6월 21일

　노래에 지나지 않았더라도 나는 좋았으리라. 그랬더라면 내 삶이 오래도록 남을 수도 있었을 테지.

　나는 견뎌낸다, 보라. 거기에 불행이 있다.

헌신의 상아 세공품.

나는 지속되는 시간보다도 굳세다.

7월 18일

항구는, 색상들보다는 나무에 사로잡힌 팔레트의 수줍음을 갖고 있다.

나는 한계에 달했다. 거품이 인다, 과적되어, 침수되고 있다.

살이었던 시기를 지나, 대리석이 다시금 대리석이 되고자 하는 것은 자연스러운 일이었다.

7월 19일

다른 이들의 빵을, 다른 이들을 위해 쪼개기. 내 빵은 눅눅해졌다.

7월 22일

나는 존재들과 사물들을 오래도록 바라본다, 그것들이 보이기 이전에. 그러면 나는 그것들의 존재에 익숙해지고, 그것들은 소리 없이 사라진다.

7월 23일

나무의 침묵은 없고, 돌의 침묵은 있다. 기억에 의해 왜곡될 수 있는 목소리의 부재는 없고, 끈적끈적한 진흙 속 지렁이의 고백이 부재한다.

7월 27일

　원천처럼, 지하에 있다.

　그리고 시야에 보이는 한, 오직 하나의 원천뿐이다.

7월 31일

　우린 허공에 얼굴을 그릴 수 있다. 그러면 허공은 우리 자신과 그것의 닮음을 통해 우리에게 충격을 준다.

　내가 노려보고 있는 얼굴은 나란 말인가?

　그림자는 그림자에 의해 다스려진다. 손이 더 큰 손에 의해 다스려지듯.

사라의 일지 2

8월 7일

　　"주님에 대한 나의 심상은 끔찍하다. 그분께서는 눈이 멀었고, 귀가 멀었고, 팔이 없고, 다리가 없다.

　　주님, 주님을 구해드릴 수 없는 이 무력함에 의해, 저는 당신과 닮았나이다."

• 랩 잘탱

8월 9일

　　"나의 영혼, 내 젊은 아내여, 사람들이 내게 가하는 못된 취급들을 피해, 나는 오는 길을 우회했습니다. 나는 늙어 보이고, 시력은 감퇴하고 있으며, 등허리는 뒤통수 쪽으로 허물어져 내려가고 있습니다. 그리고 그대, 그대는 아름답습니다."

• 랩 모아

8월 11일

　　"끔찍한 발들이 보입니다,

　　저의 하느님,

　　제게는 당신이 지네처럼 보입니다.

　　끔찍한 갈고리들이 보입니다,

저의 하느님,
제게는 당신이 전갈처럼 보입니다.

끔찍한 더듬이들이 보입니다,
저의 하느님,
제게는 당신이 메뚜기처럼 보입니다.

끔찍한 모창충毛槍蟲[8]이 보입니다,
저의 하느님,
당신께서는 저의 찢긴 상처들입니다."

8월 17일

나는 더 이상 읽히고 싶지 않다. 세심하게 정리된 작품들의 뒤에 숨겨 꽂힌 한 권의 책처럼, 숨어 있기.
나는 묵묵한 소리들과 부딪친다.

8월 19일

활강하는 새처럼 잠들기. 날개들에 떠받히기, 그러나 더는 그것들을 느끼지 않기.

8월 22일

그림자, 비, 태양이 나를 조각낸다.
나는 생식기와 두 손의 바깥에서 피어난다.

---

8) 가느다랗고 뾰족한 여러 개의 촉수가 둥글게 모여 있는 꼴로 생긴 해상 생물의 일종.

심장은 대개 제 나이에 늦게 도착하고
—또는 더 일찍 도착한다.

8월 23일
    얼굴의 혼란에 지나지 않는 것의 얼굴. 흐트러진 침상.
모든 깨어남은 자기 생김새와의 단절이다.
겉모습은 우리가 잃어버린 것이다.

8월 25일
    돌을 채석장에 돌려주기, 그리고 채석장을, 그것의 돌의 말에
게 돌려주기.

8월 31일
    도주, 나의 술잔, 나의 장창長槍.

9월 19일
    나는 저 페이지들을 불길 속에 던져야 할 필요를 느낀다. 몽유
병자가 제 공기처럼 가벼운 발로 평화로운 수면의 땅을 밟듯이,
밤이면 밤마다 밤새, 내가 발길을 옮기던 페이지들.
죽어버리기, 마침내 나 자신의 살가죽 위에서 죽기.

시간의 바깥에서
연인들이 나눈 대화

(—사라, 지옥의 밑바닥에서 그대는 무엇을 보았습니까?

—불이 보여요, 하지만 유켈은 보이지 않습니다. 불길을 틀어막는 물이 보여요, 하지만 유켈은 보이지 않습니다. 나는 물과 불을 봅니다.

—유켈, 밤의 가장 깊은 곳에서 그대는 무엇을 보았습니까?

—그림자 속의 그림자가 보입니다, 하지만 밤은 보이지 않아요. 태양 속의 태양이 보입니다, 하지만 햇빛은 보이지 않아요.

—사라, 지옥의 밑바닥에서 그대는 무엇을 희망합니까?

—나는 철과 철 사이에 있고 거기서 지평들이 열리기를 꿈꿉니다. 나는 벽과 벽 사이에 있고 거기서 수확을 거두기를 꿈꿉니다.

—유켈, 밤의 가장 깊은 곳에서 그대는 무엇을 희망합니까?

—보지 않는 것을, 그게 아니라면 가장 늦게 보는 것을 희망합니다. 그리하여 내가 시각이라는 곳串에 가장 마지막으로 도착할 수 있도록.)

―태양은 검은 껍질에 감싸인 알이다. 태양은 제 두 날개로, 어둠을 부술 것이다. 정오가 오고 있다.

　정오, 시간들의 예루살렘이.

　―나의 입은 그대의 예루살렘이요, 나의 영혼은 **성전**聖殿이다.

　모든 낮의 사막들로부터, 나는 그대를 부른다.

　―모든 밤의 포도밭들로부터, 나는 그대를 부른다. 껍질이 깨어지고, 낮은 **왕**이 되었다. 그림자의 목소리는 거의 들리지 않는다.

　―자유는 우리가 그에 대해 망각의 힘 말고는 힘을 갖지 않는, 한쪽 벽의 잔해임이 확실한가?

　―자유는 벽을 구성하고 있던 각각의 돌덩이들 안에 깃들어 있고, 백배로 무거워진 건물 무게에 짓눌려 굴복한 영혼을 지닌, 사람들의 안에도 있다.

　―나는 장애물에 들러붙은 몸뚱어리들을 본다. 나는 그들이 손톱에 피가 나도록 벽을 긁는 것을 본다.

　―사라, 그대는 영혼들을 보고 있는 것이다. 그대는 그들의 주름진 얼굴과 밀집대형을 보고 있는 것이다. 진리는 우리가 그것을 잘 포착할 수 있게끔 돕는 형태를 취한다. 진리가 그러한 형태를 취하지 않았더라면, 그것은 공기와 닮게, 자유롭게 풀려난 산들바람과 닮게 되었으리라.

　―심연은, 그 가장 깊은 곳에서 내 사랑의 불행이라는 형태를 취

한다.

—우리는 불행의 극단에 서 있다. 연인들의 전령인 혜성은 우리에게 다다르기 전에 불탄다.

—포기하지 않는 혜성들. 혜성을 태워 죽이는 바로 그 불길이 우리 영혼을 다시금 덥혀준다.

—나는 우리가 으레 만나곤 하던 카페에서 그대를 기다렸다.
나는 그대 가는 길 위에서 그대의 뒤를 밟았고, 그대가 다른 길 위에 있는 것은 아닐까 하는 생각에 몸을 떨었다.
행인들, 몇 미터 떨어진 테이블에 자리한 연인들, 카페 주인, 이들은 모두 그대가 올 것을 의심치 않았으며, 오지 않으리라고는 생각지 않았다.
그들은 아무것도 알지 못했다.
사람들, 신문들, 책들, 그리고 군대들이 우릴 규탄하고 있었다.
벽들과 가시 돋은 철사들이 우릴 요구하고 있었다.
우리의 노란 별들은 길 위에, 지붕 위에, 그리고 두 눈 위에 피어난 두 송이 데이지였고, 세상의 모든 밤들은 그 꽃잎을 뜯어볼 줄 몰랐다.[9]

---

9) '데이지 꽃잎을 떼다'(effeuiller la marguerite)는 것은 꽃잎으로 연애점을 치는 것을 의미한다. 짝사랑하는 상대방의 마음이 궁금한 사람은 데이지 꽃잎을 한 장씩 떼며 "그(녀)는 나를 사랑한다, 약간 좋아한다, 많이 좋아한다, 정열적으로 사랑한다, 미칠 정도로 사랑한다, 세상에서 제일 사랑한다, 전혀 사랑하지 않는다"를 반복한다. 마지막 꽃잎이 떨어질 때의 점괘가 상대방의 마음이라고 생각되었다.

―나는 죽음이 망치질하는, 기다림의 하얀 어둠 속에서 그대를 기다렸다. 부재는 나의 왕국. 시간 속에서, 나는 눈물의 습기마저 말라버린 이별의 손수건을 흔든다.

―과거는 결코 내쫓기지 않는다.
시간 속에서, 인간 속에서, 우린 주님에게 결합되어 있다.

―우린 주님께서, 그 안에서, **스스로 거리를 띄우시는** 과거다.

사라의 일지 3

12월 11일

    모든 불꽃은 하나의 음이었고, 이들 예상치 못한 음계를 이용해서, 길 위의 진창처럼 슬픈 한 작곡가가 음악을 만들어내었다. 그 안에서 세상에 대한 확고한 지식이 제자리를 내려놓고 만, 출구 없는 왈츠를.

    나는 파충류와 곤충, 네발짐승과 새가 춤추는 것을 보았다.

    나는 물고기와 식물이 춤을 추는 것을 보았다.

    그러자 죽음은 불이 훤히 밝혀진 축제가 되었고, 거기서 웃음소리는 빈사자의 헐떡임을 배가시켰다. 그리하여 나는 더는 알수가 없었다. 죽음이 내 안에서 펼쳐지는 것인지, 내 앞에서 펼쳐지는 것인지를. 그리고 탄식이, 제 짝으로서 언제나 기쁨을 두고 있던 것이 맞는지 아닌지를.

    늦어버린 꿈들이 매달려 있는, 삼처럼 거친 머릿결의 광기가 방 안에 자리 잡았다. 광기의 야윈 두 손은, 아침을 사랑하는 그녀의 젊은 육체와 극적인 대조를 이루고 있었다. 그녀는 커다란 촛대를 휘둘렀고, 내 감정을 비웃었다.

    나는 그때 막 흘러갔던 일곱 밤처럼, 죽어 있는 것이 무서웠다.

1월 3일

    단어들은 단어들의 배를 갈랐다.

참을 수 없는 냄새.

1월 5일

별들의 이빨 사이의 대지.

공포는 내부에 있다.

우주의 침이 층층이 고여 대양들을 이룬다.

1월 7일

모두를 위한, 하나의 동일한 벽난로 열 반사판taque.[10]

1월 11일

원반은 이미 사라져버렸을 터인 테라스를 떠오르게 했다. 그
안에서 꽃들이 무덤 위에 평안히 피어났을 공중 정원을.

1월 19일

내 머릿속에는 문어가 들어 있다.

수다쟁이보다 더욱 말이 많다.

1월 23일

물의 서명.

그리고 요람으로 삼은 바다.

---

10) 네모난 모양의 서양식 벽난로에서, 중앙의 불길을 에워싸도록 설계된 철판을
말한다. 벽난로가 불길에 타지 않도록 보호하는 역할과 흡수한 열기를 보존
하여 불이 꺼지고 나서도 오래도록 벽난로가 온기를 갖게 하는 역할을 한다.

2월 11일

　희망이 짊어진 무게를 줄이도록 하라.

　바람은 정복자다.

2월 14일

　모든 경계는 이마 주름의 뒤에서 흐려진다.

4부

"읽히는 것에 운수가 있다는 점에서 책의 운명은
주님의 운명과 마찬가지이다."

• 렙 아낭

여지-없음_{non-lieu11)}의 화신 1

"예지능력을 가진 말의 장소가 아니라면, 대체 어느 장소가 나의 장소일 것인가?"

• 렙 오댕

1

그리고 유켈은 말했다.

"어느 날 저녁, 나는 죽음과 얼굴을 마주하게 되었다. 죽음은 매혹적인 눈을 가진 소녀. 조금씩 조금씩—어쩌면 내가 그녀를 바라보며 흰 장미를 생각했기 때문에—그녀는 내 몽상의 형태를 띠게 되었고, 그녀의 향기는 한층 더 강하게 내 마음을 흔들어놓았다. 나는 삶의 붉은 장미와 흰 장미를 바꿀 것을 제안했다.—누구에게 이러한 거래를 제안했던가? 그것은 기억나지 않는다. 최후의 순간에, 우리 주변의 모든 것은 혼란스럽게 되었다.—나는 이미 차갑게 되어버린 내 입술에 흰 장미를 물고 있었다. 붉은 장미는 사라졌다. 먼 곳에서, 입이 하나 보이는 것 같았다. 그리고 그것이 내게 작별 인사를 하는 것을 나는 똑똑히 들었다.

---

11) 본래 법률 용어로, 더는 죄를 추궁할 여지가 없는 피의자에 대한 면소(免訴)를 뜻한다. 부정을 나타내는 'non'에 장소를 의미하는 'lieu'가 합성된 단어이다.

절정과 낫에 의해, 내가 우리였던 것과 그토록 가까웠던 적은 결코 없었다.

내 사랑아, 우리가 언어의 진리에 그토록 가까이 다가갔던 적은 결코 없었다."

2

계절의 일람표

그녀는 기적에 대해 말하고 빵을 반죽한다.
무구함이 그녀를 그려낸다.

근면한 별들.
가르침을 주는 거미들.

말 위로 눈이 내린다.
말을 위해 눈이 내린다.
말 안에 눈이 내린다.

경이.
등잔불들이 내건 판돈.

여인과 샘이,
물을 피 흘리게 한다.

걸인은 믿고 있다
나무들의 선함을.

잉크와 금속으로 이루어지는
느린 건축,
빛은 기억이다,
영원한 첫 비행.

내일이면, 난쟁이들은
거인이 될 것이다.

돌은
망각을
견딘다.

그러나 먼지 한 톨이
그것을 이겨낼 수도 있다.

(*"노래는 독수리의 심장 안에 있다. 하지만 두 날개가
노래를 다른 곳으로 실어가버린다."*

• 렙 아쎄이야

*"물의 괴로움은 주름이다. 내게 얼마나 많은 괴로움이
있는지 보아라."*

• 렙 앙이)

3

일곱 양초의 노래

아야, 아야 나의 고통은 어디에 있나?
아야, 아야 나의 삶은 어디에 있나?
아야, 아야 나의 도시는 어디에 있나?
그리고 내 무너진 **성전**은 어디에 있나?

여인이여, 그것들은 우리 가슴 안에 있다.
여인이여, 그것들은 우리 울부짖음 안에 있다.
여인이여, 그것들은 시간 속에 있다
우리들의 일곱 양초가 금빛으로 물들이는.

아야, 아야 나의 삶은 어디에 있나?
일곱 고통과 함께 꺼져버린 나의 삶은,
일곱 우물과 함께 꺼져버린 나의 삶은,
일곱 양초와 함께 꺼져버린 나의 삶은 어디에 있나?

여인이여, 여기 그대의 고통이 있네.
여인이여, 여기 그대의 삶이 있네.
여인이여, 여기 그대의 도시가 있으며
무너진 **성전**이 있다네.

우리 가슴속에서 부활한 것이지.
우리 울부짖음 속에서 부활한 것이지.

우리들의 시간 속에서 부활한 것이지
우리들의 일곱 양초가 금빛으로 물들이는.

4

("신앙의 일곱 불꽃처럼, 일곱 얼굴이 날 굽어보았다.
그리하여, 시간의 어둠 속에서, 오직 나의 얼굴만이 빛나
고 있었다. 그렇게 나는, 나를 초대한 주인들의 호의에 의
해, 그들 우정의 불 속에서 정화되었다.
　오, 내 어둠의 동무들이여, 영원의 순간은 인간들 중에
서도 가장 버림받은 이에게 허락되었다."
　　　　　　　　　　　　　　　　　　　• 렙 세프라)

5

그리고 유켈은 말했다.
"내가 사는 나라는 나의 선조들이 말을 주었던 그 나라가 아니다.
나는 이곳 풍경의 일부가 되는 것을 기꺼워하지 않는다.
그러나 나의 언어는, 내가 이곳에서 습득하고 가다듬은 언어이다.
나의 망명은 주님께서 예전에 겪으신 망명이다.
나의 망명은, 음절에서 음절로 나아가며, 나를 주님, 곧 단어들 중
에서도 제일가는 망명을 겪은 단어에게로 인도했다. 그리고 그분 속
에서, 나는 온전한 모습의 바벨탑을 엿보았다.
　주님께서는 우리가 사용하는 언어로 우리에게 말씀하시리라."

그러나 이 대목에서 렙 베다는 다음과 같은 말로 유켈의 말을 가로
막았다.

"말들로써 **말씀**을 파괴하려 하는 자, 책들로써 **책**을 파괴하려 하는
자는 미치광이다.

주님의 말씀은 유랑한다.

책은 유일한 한 권의 **책**이다."

6

("우린 한 뙈기의 땅과 한 권의 책을 갖고 있었다. 우리
의 땅은 책 속에 있다."

• 렙 릴

"그가 내게 말했다.

그대는 이제부터 손 없이 살게 되리라.

나는 답했다.

이제, 내 손에 무슨 소용이 있을까?

그가 내게 말했다.

그대는 이제부터 입술 없이 살게 되리라.

나는 답했다.

이제, 내 입술에 무슨 소용이 있을까?

그가 내게 말했다.

그대 두 눈은 말라붙은 호수가 되리라.

나는 답했다.

*나는 **책을** 완벽하게 알고 있노라."*

• 렙 포르테)

7

그리고 유켈은 말했다.

—우린 서로 같은 언어로 말하지 않는다. 따라서 같은 기호나 같은 단어가 아니라 우리가 그 기호나 단어에게로 옮겨놓는 정념이 우리 사이를 가깝게 만드는 것이다.

이에 렙 바드는 이렇게 대답했다.

—그대는 그대 나라의 작가이다. 주님께서는 우주를 통해 스스로를 표현하신다.

유켈은 이렇게 말을 이었다.

—만약 내가 주님의 언어로 말을 한다면, 사람들은 내 말을 듣지 못할 것이다. **그분께서는** 모든 말의 침묵이시기에.

> *(렙 앙마르는 이렇게 말했다. "우주는 책의 문간에 있다. 문간 너머에는, 우주를 탐색하는 단어들이 있다.*
>
> *태어나 눈을 뜨면서, 우린 세상을 발견했다. 지금 우리는, 그 세상을 찾고 있다.")*

("뿌리와 줄기 사이 생명의 마디, 푸른 자유."

• 렙 펭아

"주님께서는 그분 선택의 자유를 보전하시는 반면, 인간은 그가 선택을 하는 순간, 선택의 자유를 잃는다.

*우리의 자유란 것은, 다만 자유의 영원한 상실이 아닐까? 그렇게 죽음은 자신의 진정한 의미를 갖게 되었다, 인간으로 하여금, 시간 속에서 분*minute*이 그러하듯이, 끊임없이 스스로를 재창조하도록 강제함으로써.*"

• 렙 스모트)

침몰한 나의 책을 떠오르게 하는 것은 어떤 힘이며, 그것의 이름을 소리쳐 부르는 것은 또 어떤 빛인가?

나는 알아보기 어려운 피조물들 가운데서 살아간다.

햇살은 다른 대륙으로 감겨 들어간다.

렙 엘로트, 랍비들 가운데 가장 절망한 자는 이렇게 말했다.

"아, 삶이란 것이 영원히 둥근 것일 수도 있는 것인가? 나는 그러한 삶을 나의 아버지로부터 물려받아 아들에게 물려주었으니."

그는 이러한 답변을 들었다. 가장 척박한 땅이라고 하더라도, 포기를 모르는 마음과 인내를 통해, 언젠가는 풍요의 땅이 될 수 있노라고.

그러자 렙 엘로트는 이렇게 말을 이었다. "나는 세상에 대해 나쁜 기억을 갖고 있다. 내가 사랑하던 존재들, 매장되는 것을 내가 목격한 이들은 이 세상에서 불가촉천민 취급을 받았기 때문이다.

우린 죽도록 일만 하다 스러지리라, 우리의 얼굴을 보여주지도 못한 채로."

우리의 자유는 거울을 복원하는 데 있다. 그것이 매 순간마다 우릴 해석해내기에.

렙 스탱은 이렇게 말했다. "사람이 틀림없이 죽음을 향해 가듯, 우린 책을 향해 나아간다. 아, 우리가 죽은 뒤에 누가 우리를 읽을 것인가?"

민족은 최후의 단어와 함께 스러진다.

9

("인간이 신으로부터 멀어졌을 때, 그는 심대한 우울에 사로잡혔다. 그는 자기 자신으로부터 잘려나간다는 가혹한 일을 겪은 것이었다."

• 렙 아르델

"그대가 전나무를 베어 눕힐 수는 있다. 하지만 그대가 전나무를, 그것의 마디들로부터 떼어놓을 수는 없으리라."

• 렙 모니

렙 탤룽은 이렇게 말했다. "그대들도 나와 함께 우시오. 우린 반쪽짜리 갈대에 지나지 않으니."

그리고 렙 밀은 이렇게 말했다. "그대가 나비의 한쪽 날개를 뜯어낸다면, 그것은 더는 실오라기를 풀어내지 못하리라. 그것은 불구가 되어, 진창 속에서 퍼덕퍼덕 뛸 것이다. 그와 같이, 나도 주님의 시야 바깥에서 살아간다.")

그리고 유켈은 이렇게 말했다.
"나는 그대들에게 아이들의 웃음의 친족인, 자유의 천진난만함에 대해 들려주겠다."

("미소는 빛과 자유가 새긴 줄무늬."
• 렙 젤

"햇살 한줄기가 내 두 눈의 비밀을 파고들었다. 그로 인해 내 이성은 심각하게 뒤흔들렸다."
• 렙 로로

"만약 자유가 무엇인지를 묘사해야 한다면, 나는 어떤 태양에도, 어떤 시선에도 굴복하지 않는 몇몇 자존심 강한 별들의 모습에서 그것을 보았노라고 주장하리라."
• 렙 셀틸

"소녀가 양쪽 볼에 입김을 불었다. 얼굴이 발견되었다."
(나는 나의 거처를 짓네)

"그대는 무구한 자의 흉내를 내고 있다. 그대는 결코 자유롭지 못하리라."
• 렙 실바

렙 타디에는 이렇게 썼다. "그대는 밤을 찬양한다. 그리고 나, 나는 마침내 자유로이 숨 쉰다."

그러나 렙 라에미는 그에게 이렇게 답했다. "모든 그림자가 태양을 낳는다면, 그대는 대체 어떤 그림자를 믿을 것인가.")

유켈, 그대가 열매를 맺어야 한다면, 그대는 그대 자신을 거짓으로 꾸며낼 수는 없으리라. 자유를 갈망하기 위해, 우선, 그대는 정당성을 갖추어야 한다.

그대는 오직 그대 자신의 최선을 통해서만, 즉 그대 자신의 가장 상처 입은 모습을 통해서만 자유로울 수 있었다. 그것은 성자의 자유다.

세상은 견디어진 고통에 걸맞는 것이어야 했다. 그대의 사랑에 접목된 증오에 상응하는 것이어야 했다.

그 미래가 그대의 미래와 조화를 이루려 했다면 말이다. 나무의 사계절이 그대의 사계절이려 했다면 말이다.

(렙 마노라는 이렇게 썼다. "우리들의 찢긴 상처는 절망스럽게 뜨인 눈들. 그것들이 우리가 나아갈 길들을 낸다."

그리고 렙 아클레는 이렇게 썼다. "숨 쉬기 위해, 별에게는 새로운 밤의 공간이 필요하다. 아침이면, 별은 잠이 든다. 제 빛 속에 몸을 숨긴 채.")

그리고 유켈은 이렇게 말했다.

"닻줄을 감고 있는 자를 동정하라, 책의 작가를 동정하라. 그의 책들 속에는 사라의 비명이 가득하며, 그의 책들의 침묵은 여백의 공간을 넓힌다. 유켈의 말들과 함께, 또 다른 삶의 단어들이 묻혀 있는 여백의 공간을."

("붉게 물든 밤들의 닻을 올려라. 친구여, 그대의 여행이 끝나려면 아직 멀었으니."

• 렙 알미)

여지-없음의 화신 2

(내 기억의 바다는 흰색이다. 나의 의지에 의해, 꿈속에서의, 그리고 열병에 의해 부풀거나 스러지는 파도의 난폭 속에서의 단어들의 연합에 의해, 그 바다는 푸르게 될 것이다.

페이지의 반사광이 숨기고 있던, 비밀에 잠긴 온갖 동식물들, 나는 그날 하루의 끝에서, 그것들이 살아 움직이는 것을 목도하였다. 물의 가장 깊은 곳을 탐사하고자 두 눈 크게 뜨고 물속으로 잠겨 들었을 때.

나는 나의 단어들을 만나러 가고, 나는 그것들을 수면으로 끌어올리는 것 같다. 내가 그것들을 죽음으로 이끈다는 생각은 조금도 하지 않으면서.

하지만 이는 환상일 뿐이다.

바다의 표면은 우리가 페이지를 넘기면서 부수는 거울이다. 내 펜의, 그리고 내가 귀찮게 괴롭히는 내 죽음의 새파란 바다.

의식적인 나의 동반자들은 해초들이다.)

그리고 유켈은 이렇게 말했다.

"나는 그대들에게 이별에 관하여 들려주겠다."

(렙 조르다노는 이렇게 썼다. "나의 영혼이여, 그대는 입을 통해 내 몸속으로 들어왔고, 나는 그대 말들의 명령에 순응한다."

그리고 렙 소라노는 이렇게 썼다. "짐승의 침묵 속에 영혼이 있듯, 인간의 말 속에도 영혼이 있다. 영혼의 휴식은 식물 속에 있다."

렙 에지는 이렇게 질문했다. "그럼 돌은 어떠한가? 돌은 영혼의 방문을 받지 못하는 것인가?"

렙 소라노는 이렇게 답했다. "돌 속에서, 영혼은 망각에 싸여 있다.")

유켈, 우리에게 육체와 영혼에 관하여, 우리가 하나가 다른 하나 없이 존재함을 상상할 수 없는 인간과 신에 관하여 말해다오. 그들은 우리로 하여금 한쪽이 다른 한쪽에 의해 존재한다고 생각하게 하며, 번갈아가며 깨어남과 하루의 끝이고, 번갈아가며 존재하고 존재하지 않으니, 있는 것을 있게 하기 위해 있고, 있지 않는 것이 있을 수 있게 하기 위하여 있지 아니한, 그들에 관하여 말해다오.

유켈, 우리에게 우리의 불운과 행운에 관하여 말해다오. 서로 너무도 긴밀히 묶여 있어, 우리에게는 마치, 지나치게 유통된 탓에, 그리고 동시에, 지나치게 오래 서투른 우리 수중에 머물러 있던 탓에, 더럽혀진 동전을 쥐고 있는 것처럼 느껴지는, 우리 불운과 행운에 관하여 말해다오.

유켈, 우리가 첫 번째 우물의 상실을 애석해하며 우는 것처럼, 사라와 유켈의 운명을 애석해하며 울고 있는 그대 자신에 관하여 우리에게 이야기해다오. 우리는 첫 번째 우물의 상실을 너무도 깊이 슬퍼하여, 점차, 그 운명이 우리 민족의 운명과 혼동될 지경이라네. 말이 말에 의지하는, 첫 번째 우물의 영상은 우리 민족을 나타내는 단순하면서도 충격적인 영상이 되었네. 그리고 이러한 운명의 영상과, 그것들이 오늘날 우리의 눈물과 우리 눈물의 미래를 담고 있기에, 우리의 가장 소중한 재물이 된다고 할 수 있는, 그대가 우리에게 선사하는 저 말의 무게, 이 무거운 유산, 그것을 위해 우리가 긴 세월에 걸쳐 투쟁했으며, 우리가 반항 속에서는 내치고 비천함과 고행 속에서는 우리의 것으로 받아들이는 이 무거운 유산은, 주님께서 스스로 우리 민족의 증인이 되어주시기 위하여 우리 민족을 굽어보실 때, 주님께서 주님에게 상속받은 유산이네. 주님께서는 우리에 의해 주님으로부터 떨어지셨네. 우리가 주님 안에서 다시 찾게 되는 우주와 분리되신 것이네. 인간은, 보다 높아진 말 속에서 그분의 높이까지 올라가기 위해, 주님에 의해, 인간과 분리되었네.

우리가 우리의 단어들에게 쫓겨나지 않는 한, 우린 어떤 것도 두려워할 필요가 없네. 우리의 말이 제 소리를 보존하고 있는 한, 우리에게는 목소리가 있을 것이네. 우리의 말이 제 의미를 보존하고 있는 한, 우리에게는 영혼이 있을 것이라네.

그리고 유켈은 이렇게 말했다.

"나는 그대들에게 사랑 속에서의 이별에 관하여 말해주겠다. 그리하여 그대들이 강의 이편에서 저편에 이르기까지, 산의 이쪽 봉우리에서 저쪽 봉우리에 이르기까지 껍질에 감싸인 연인의 부름을 들을 수 있도록.

그 부름 속에 담긴 하소연에, 비명에, 외로운 송가에, 나는 주님마저를 희생시킨다."

─그대는 주님을 주님께 희생시키는 것이다. 주님께서는 육체의 두 메아리의 놀라운 만남이기에.

("하나는 인간에게는 수수께끼요, 주님께는, 하나의 숫자."

• 렙 스아

"단일성과 수이신, 주님께서는 숫자 1의 배수이시며, 그를 통해 인간은 **단일성**에 가닿는다."

• 렙 레바)

렙 케다르는 이렇게 말했다. "내 삶의 한가운데 흐르는 강은 축복받아라, 그것은 두 강가의 말을 꽃피운다."

그리고 렙 에이웅은 이렇게 말했다. "신생아들의 울음이 우리에게 상기시키듯, 예전에는 눈물이었던 말들은, 아침을 향해 돌아선 그림자의 독백을 이루기 위해 모여든다. 그리고 방백들이 그들의 가치를 더한다."

그리고 다시금 유켈이 말했다.

"나는 그대들에게 말 속에서의 이별과 침묵 속에서의 이별에 관하여 들려주겠다. 그리하여 말에 대한 말의 욕망과 침묵에 대한 침묵의 욕망이, 존재와 세계로부터 분리되고자 하는 그대의 가장 강한 욕망을 부추길 수 있도록 말이다. 그리하여 찬란한 결합에 대한 그대의 욕망이 비참의 시간, 그 속에서는 무용한 몸짓의 뒤를 이어, 삶의 불타는 격정을 마주하고, 가난한 자와 고행자의 지혜로운 금욕이 뒤따르는, 그런 비참의 시간에 대한 그대의 의탁이 되게끔 말이다."

—유켈, 우리에게 본래의 고통에서 공통의 고통으로의, 유대 민족의 이행에 관하여 들려다오.

―나는 그대들에게 가장 첫째 날의 모든 빛과 어둠을 제 안에 감춘 순간에 관하여 들려주겠다.

("그대는 사랑의 문간에 있다. 그대는 보고, 그와 동시에, 그대의 시력을 잃는다."

• 렙 캐레

"그 장소는 사랑이다. 그곳은 장소의 부재다."

• 렙 작)

베일과 처녀

"오, 나의 처녀, 나의 아내여, 주님께서 그대에게, 나
에 관하여 말씀하시는 동안에는 그대의 레이스 베일로
계속해서 얼굴을 덮고 있으라."

• 렙 딥

1

"언젠가, 나는 신의 **말씀**을 발명해내리라."

• 렙 빌나

"불길 속에서 타오르는 장작 안에는, 주님의 불타는 **말씀**이 있으며
또한 유죄 판결을 받은 인간의 말도 있다."

• 렙 팽아

"주님, 보다 빨리 **당신**께 도달할 것 같습니다. 무구함이 말馬에게
있습니다."

• 렙 크와레

2

그리고 유켈은 이렇게 말했다.

"나는 그대들에게 잠에 관하여, 그림자가 가장 가는 빛의 실로 짜내는 베일에 관하여 들려주겠다."

렙 알비는 이렇게 말했다. "잠은 꽃의 그림자에 기대어진 꽃이다."

나는 그대들에게 개똥벌레들이 출몰하는 고요한 시간의, 하늘의 잠에 관하여 들려주겠다. 그리고 때맞지 않게 스치는 운석들에게 방해받는, 우주의 잠에 관하여 들려주겠다.

> ("하늘은 우주에 별 하나를 더하기를 꿈꾸고, 땅은 제 암석들로 밝게 빛나기를 꿈꾼다."
>
> • 렙 아노
>
> 렙 쉬마라는 이렇게 썼다. "천둥소리가 울리는 것은 노하신 주님의 목소리입니까? 주님, 화강암은 보잘것없어 보이는 떨기나무로 인해 쪼개어집니다.")

나는 그대들에게 재 위에서의 잠에 관하여 들려주겠다.

3

> ("단어들의 한가운데에는 허공이 있고, 그 허공을 통해 단어들은 탈주한다.

쓴다는 것은 단어들에게 잠을 돌려주는 일이다. 페이지
는 말들의 침소다. 그렇게 되면 말고삐는 꿈이 움켜쥐게
되고 그대는 휴식지에서 목을 축일 수 있다."

　　　　　　　　　　　　　　　　　　　　　• 렙 딜리에)

　"내 펜의 오랜 무기력은 어쩌면, 순간의 영역을 정복하는 데 대한
단어들의 곤란 때문이었을지도 모른다. 그 속에서 사람에게 기억이
없고, 그 속에서 존재가 다만 한 줄의 끈에, 내뱉어진 한 숨에 의존할
뿐인, 그러한 순간의 영역 말이다.

　그러므로, 새가 제 날개의 나눔을 통해 구원받을 수 있듯이, 그대는
그대의 울부짖음으로 인해 구원받을 수도 있었으리라.

　내 펜의 오랜 무기력은 또한, 지나치게 일찍 말라버린 내 잉크의
탓이거나, 지칠 정도로 덕지덕지 꾸며진 끝에 페이지가 사임한 탓이
었을지도 모른다."

4

　렙 사뉘아는 이렇게 썼다. "첫 번째 인간의 발걸음과 말 사이에는
어떤 관계가 있는가?

　나는 알 수 없는 것을 향해 나아간다, 그것은 날이 저문 뒤의 새벽
빛이다. 나는 잊힌 목표를 향해 달려간다.

　익숙한 발걸음들이 박자에 맞추어 나의 말을 외친다.

　내가 스스로를 표현하는 것이 너무 빠르더라도 양해해다오. 나의
형제들은 그들의 도주로부터 되돌아오려 하지 않는다.

　나의 목소리는 골짜기다."

("대낮 속에 늘어선 잠의 군도群島.
그림자는 인간을 늘리는 것이 아니라 눕히는 것이다."

• 렙 알피에

"나무는 나무 속에서 잔다."

• 렙 달레드

"울부짖음에는 오직 하나의 입이 있다."

• 렙 뇌비)

5

"삶은 죽음이 살아낸 시간이다.
죽음은 영원한 삶이요, 방파제다."

• 렙 뤼엘라

"나무 한 그루로 그대는 시나고그를 세우리라. 하지만 그대가 열매
를 건드릴 때, 그대는 **말씀**을 갖게 되리라."

• 렙 오델

"살아 있는 언어가 되기 위하여 살기를 그만두는 것, 바로 이것이
그대가 말하는, 영혼의 단어들의 불멸을 위한 죽음입니까?"

• 렙 다싸

주님의 내려간 눈꺼풀

1

렙 아바브는 이렇게 말했다. "주님의 눈꺼풀이 처음으로 내려갔을 때, 그림자는 악과 함께 우주에 있었다."

렙 골레는 이렇게 말했다. "그대는 주님께 인간의 형상을 부여하고 있다. 주님께서는 불꽃이지 얼굴이 아니다."

렙 노아는 이렇게 말했다. "그림자란 시야 너머로 존재하는 악의 어두운 솔개 사육장이 아닐까?"

렙 아바브가 말을 이었다. "주님의 눈꺼풀이 처음으로 내려갔을 때, 악은 별들과 함께 악에게 모습을 드러냈다. 그렇게, **선**인 하늘은 눈부신 빛이며 빛의 방울인 **악**에게 침략당하고 말았다."

렙 골레가 이렇게 물었다. "찬란히 반짝이는 새벽빛은 악 그리고 대리석 장미의 찬란한 개화인 것인가?"

렙 노아는 이렇게 물었다. "선과 악은, 쌍둥이 꿈을 꾸는 시간들의 중계자인 것인가?"

그러자 렙 아바브는 이렇게 답했다.

"선은 꿀벌이다.

꽃부리를 따지 말고 남겨두어라."

("꽃은 제 색을 흐리게 하는 모든 말을 내친다."

• 렙 알팡

"말과 꽃잎은 서로의 향기와 색을 겨룬다."

• 렙 칼레프)

"나는 매일 밤마다 별들을 가진다."

• 렙 나몽

"불의에 더는 한계가 없을 때 사랑은 벨라돈나의 가지가 된다."

• 렙 아다슈

"기적이 일어날 때마다 감사하라. 신적인 힘은 부엉이만큼이나 슬프고 고독하니까."

• 렙 골랭

2

"현자는 밤을 물려받았다. **유대인**은 사막을 물려받았다."

• 렙 세드베

(렙 알캉은 이렇게 썼다. "그대는 가장 단단한 자재들로 그대의 집을 세울 수 있으리라. 그 집은 언제나 모래 위에 서 있으리라."

그리고 렙 사아다는 이렇게 썼다. "내 두 손안에 가득 담긴 모래에 얼굴을 묻으며, 형제여, 나는 그대 얼굴에 입을 맞추는 듯하다."

"계곡에 도착한 줄 알았거늘, 사막이 날 앞질렀네."
• 렙 팩)

3

(렙 사파드는 이렇게 지적했다. 사막은 바다에 대한 그리움을 품고 있다. 바다가 우리를 홀리는 힘에 대해서는 더 이야기할 것도 없다.")

바다는 우리의 역사다.
렙 파농은 이렇게 말했다. "등껍질에서 나를 꺼내다오, 나의 갈증을 달래려면 커다란 파도들이 필요하다네."
우린 우리 두 손의 가운데에 또는 바다의 한복판에 있다.

4

"파도는 밀려나가며, 수고롭게도, 인간의 유일한 질문인 '죽음이란 무엇인가?'에 대한 답변을 모래사장에 남겨주었다.

그러나 귀에 들리지 않는 이 답변을, 인간의 정신은 다음과 같은 질문의 형태로 받아들였다. '인간이란 무엇인가?'

사막에서 그대는 만함식을 열 수 없으리라. 그대는 그대가 나아가기 위해, 노도 타舵도 만들어낼 수 없으리라.

그대는 그대 두 다리에 의지해야 하리라. 여기, 모든 길들의 교차점에서, 그대는 그대의 길인 먼지의 길을 따라가야 하리라."

• 렙 젱

"색채는 그림자의 비명이다."

5

렙 네그랭은 이렇게 썼다. "언젠가 사람으로 하여금, 우주의 비밀들을 발견하게 하기 위한 것이 아니었다면 주님께서 그에게 그것들을 숨기실 이유가 있었을까?

조금씩 조금씩, 사람으로 하여금 유일한 앎에 접근하게 하기 위한 것이 아니었다면 주님께서 그를 그것과 거리 두게 하실 이유가 있었을까?

이브로 하여금 나무 열매를 따게 충동한 것은 뱀이 아니라, 그녀가 땅속에서 파헤쳐낸 나무뿌리들이었다. 그녀는 그녀의 손가락들이 더듬고 있는, 저 나무 형상의 파충류들이 과연 살아 있는 것인지 궁금했고, 또한 그들 생명의 맛이 어떠할지가 궁금했다. 뿌리들이 가진 유혹의 힘은 대단했다.—부동성은 상상력의 무장을 해제한다.—그리고 그녀는, 그녀의 것이 된 과실을 아담에게 가져갔고, 주님의 권능은 아담을 흥분케 했다. 그녀는 아담에게 이렇게 말했다. '앎이란 것은 왕국의 열쇠가 아니겠니? 나는 이 사과를 뱀에게서 가져왔어. 그것을 베어물고 내게 알려줘, 어떻게 그 뱀이 나무로 변신할 수 있었는지를.'

그리고 아담은 주님께서 그와 함께 시작하셨음을 깨달았다."

("우리를 갈라놓는 사막은, 또 다른 사막 속으로 사라진다."

• 렙 앵

"하나의 증거, 그러면 주님께서는 마침내 그림자로부터 해방되시리."

• 렙 아키에

"주님께서는 부재하신다. 모든 현존은, 그 스스로, 제한되어 있다."

• 렙 마탈롱

"무엇인가를 창조하는 것은 확실성이 아니다, 무엇인가를 창조해내는 것은, 헌신적인 작업 속에서 우리가 처한 불확실성이다."

• 렙 델르다

*"주님께서는 주님의 부재이시다. 그분께서는 망명 중의
망명이시다."*

• 렙 사르다

*"주님을 읽고 있는 인간으로 하여금, 그의 한계들을 밀
어내게 하기 위해, 주님께서는 부재하셔야만 했다."*

• 렙 아바씨

*"후회, 기다림, 가장자리. 부재의 다이아몬드들. 떠남,
떠남, 떠남."*

• 렙 시동)

6

렙 샤르비는 이렇게 말했다. "그대는 무엇을 찾고 있는가? 그대는
단지 어렴풋하게 그 모습을 본 무엇을 기억할 뿐, 사람들이 그 무엇
인가를 두고 천변만화로 변화시켰다는 것은 전혀 기억하지 못하고
있다."

이에 대해 그의 제자 중 한 사람은 이렇게 답했다.

"저는 제가 만질 수 있고, 꿈꿀 수 있는 어떤 것을 볼 뿐으로, 다른
이들이 제 이전에 파악한 것을 보지는 않습니다."

그러자 렙 샤르비는 이렇게 말을 이었다. "너는 네가 자식의 자식
이며, 시선의 시선임을 잊었단 말이냐?"

"주님께서는 베일에 가려진 우리의 눈을 통해 바라보신다."

7

"저의 주님, 당신께서는 당신의 약함으로 세계를 지배하시고자 무력한 이들에게 행동할 힘을 내리셨나이다."

• 렙 오랭

"주님의 불확실성은 바다의 밀물과 썰물 같은 것이다. 그것은 말을 낳고, 인간은 그 말로써 제 확실성을 주장한다."

• 렙 보젤

"확실성은 죽음의 지대이다, 불확실성은 삶의 계곡이다."

• 렙 아무

"내 영혼의 나약함, 물속에서, 그쳐가는 빗줄기.
벼락은 열매를 쪼개었다."

• 렙 파르이

"빛 속의 빛, 보이지 않는 끈 속의 끈.
장소의 장소."

• 렙 노앙

8

"침묵 속에서, 우린 언제나 죽음에 귀 기울이고 있다."

• 렙 가배

"주님, 저는 꿈을 하나 꾸었습니다. 그리고 그 꿈을 꾸는 짤막한 시간 동안, 저는 그것이 멋지다고 생각했습니다. 바로 제가 더는 **유대인**이 아닌 꿈이었습니다."

• 렙 므나싸

"나는 이방인들을 호의적으로 바라보고자 노력했다. 그들이 나를 바라볼 때, 같은 방식으로 바라봐주기를 원했기 때문이었다."

"이제는 고운 눈길의 최후가 우리를 갈라놓는다."

• 렙 알쎄

"오 나의 사랑이여, 너는 내 삶으로부터 났거늘, 내 삶에는 사랑이 없었다. 내가 너의 이름을 부르는 것은 죽음에 이르러서구나."

"너의 죽음은 내 사랑의 순박한 언어로 나의 죽음에게 말을 거는구나."

(찬가)

죽음의 반항

렙 생아는, 밤과 다투던 중에, 렙 아씨르를 불러들였다. 렙 아씨르가 그의 침상 곁으로 다가오자, 그는 렙 아씨르에게 이렇게 말했다.

"렙 아씨르, 나의 형제여. 내가 오늘 그대를 부른 것은 내 최후의 순간을 함께해달라는 강요를 하기 위해서가 아니라, 내가 본 것을 그대에게 전해주기 위함이라네."

그러자 렙 아씨르는 이렇게 답했다.

"선생님의 시선이 포착한 것을, 제 두 눈도 호시탐탐 노리고 있습니다. 선생님께서는 이미 신비를 포착하셨습니까?"

그러자 렙 생아는 이렇게 답했다.

"지금까지 내가 가르쳐온 모든 것은 거짓이라네. 나는 우리가 반항을 하는 것은 백묵의 순간을—순간을 기입하는 순간—존속시키기 위함이라고 생각했었지. 난 이제 반항이 죽음의 특권임을 깨달았다네. 정의는 삶의 원리인가, 무덤 저편의 원리인가? 굶주린 자들은 한 조각 빵을 얻기 위해 반란을 일으키지. 그러나 그들의 기수旗手는, 렙 아씨르, 바로 죽음이라네.

존재는 함수호鹹水湖라네. 그것을 파고 또 세는 것은 폭풍우이지. 사람은 삶의 몽상이 죽음의 꿈 앞에서 사라져가는, 바로 그러한 순간들을 맞아 투쟁한다네."

렙 아씨르가 그의 말을 가로막았다.

"어떻게 그럴 수가 있는지요? 죽음이란 그림자의 그림자이며 빛 속에 몸을 숨긴 빛이 아닙니까?"

렙 생아가 말을 이었다.

"죽음은 삶의 한복판에서의 반항이고, 우리 발걸음의 모자람을 채워주기 위해 디뎌진 발걸음이네. 그대는 걷는다고 생각하지만, 실은 제자리걸음을 하고 있지. 앞으로 내딛는 각각의 발걸음들은, 시간 바깥에서, 우릴 깨물기 위해 머리를 치켜드는 한 마리 뱀이라네."

렙 아씨르가 질문했다.

"우리들의 길은 뱀들로 가득한 것인지요?"

렙 생아는 이렇게 답했다.

"모든 추억에서는 독의 맛이 난다네."

그리고 그는 이렇게 말을 이었다.

"죽음은 우리를 단련시키고 우리의 모습을 바꾸어내지. 죽음은, 밤의 무無 속에서, 끊임없이 우리 머리를 지끈거리게 하는 자유의 질문들일세."

죽어가는 이의 두 눈 속에서, 공포와 기쁨에 의해 해독된 X자 표시들이 잇달았다.

그리고 렙 생아는 죽음의 얼굴을 묘사했다.

그리고 렙 아씨르는, 그로부터 자기 벗의 생김새를 알아보았다.

속된 말

"나무는 빛과 그림자가 서로 자신의 것이라 주장하
는 우주의 단일성에 대한 상징이다. 그것은 나의 삶을
지배하던 정점에 달한, 채워진 욕망, 나는 그것에 의해
죽음 안으로 들어섰다."

• 렙 알로애

"우리 예언자들의 목소리는 어찌나 씩씩한지, 가지
치기를 당한, 군중의 목소리와 구분이 되지 않을 정도
이다."

• 렙 앙레

첫 번째 목소리

시인이 헹가래를 받는 곳에서,
모여든 이들은 울부짖음에 의지한다.
선원이 폭풍우에 의지하듯,
소녀가 바람에 날려 보낸 제 사랑의 꽃대에 의지하듯.

두 번째 목소리

추함은 걷기 위해 신발을 신었다.

첫 번째 목소리

그렇게 시간이, 끝이 없는 터널이 흘러간다.
그렇게 피가 한 사람에게서 다른 사람으로,
한 대륙에서 다른 대륙으로 흘러든다.

두 번째 목소리

거짓말이 허물벗기를 하는 축제의 밤.

첫 번째 목소리

발치에서 연이어 터지는 폭음, 불꽃놀이의 불꽃이
하늘에서 춤을 춘다, 영원의 순간.

두 번째 목소리

죽음은 식물들에게서 이빨을 뽑아낸다.

첫 번째 목소리

통음난무通飮亂舞의 다음 날, 부름을 받은 개들이 짖는다.
전장들은 레이스에 덮여 있다.

두 번째 목소리

답해보라, 얼마나 많은 몽상이 계속해서 사로잡게 될까
산 자들을,
혼백이 나간, 살아남은 자들을?

첫 번째 목소리

본성은 대수롭지 않게 그에 맞선다.

두 번째 목소리

광산의 여름, 전속력으로
벼려지는 분명한 이성의 강철.
잔뜩 더럽혀진.

첫 번째 목소리

탄생하게 될 말은 거품이다.
요정 이야기들은 반딧불이 떼에 갉아먹혔다.

두 번째 목소리

그렇게나 많은 깨진 포석들이,
그렇게나 많은 눈물들이,
우리의 등잔들을 세웠다.
태양은, 그대가 현재를 가득 안아들고 서 있는
바다 건너편에 있다.

첫 번째 목소리

우리들의 운명은 방황의 빛이다.
그렇게나 많은 파괴된 우물들이,
그렇게나 잦았던 비의 부재가,
우리의 잔들을 만들어냈다.
그대가 두 다리를 벌리고 서 있는,
대화재의 건너편에서.
세월은 스카프를 목에 매었다.
계절들 간의 대화는 급류와 함께 멎었다.

두 번째 목소리

말은 올리브 나무다.

첫 번째 목소리

그렇게까지 분노가 인 적은
결코 없었다.

두 번째 목소리

불행이 뚫어내는 길목들을 희망이 작은 깃발들로 장식한다.
도취는 도로 위에서 스스로의 토사물 가운데 뻗어 있다,
　주변에 널린 커다란 봇짐들, 벌통으로부터 멀리 떨어진 곳에서 죽
어버린 꿀벌들.

첫 번째 목소리

길의 이름들은 밤새 도시를 경비하기를 그쳤다.

두 번째 목소리

말은 전나무이다
한때는, 구름을 뚫고 솟아 있던.

첫 번째 목소리

작별인사는 아침을 놀라게 한다.

두 번째 목소리

숲은 역사의 페이지들이다,
기울여 세운 칼날 위에서,
기도들의 낭떠러지에 매달린.

첫 번째 목소리

춤추어라. 불길은 그대의 옷을 벗어던졌다.
악단은 허가된 다른 원천들을 알고 있었다.
공포의 거울 속으로의 망명.
엄격한 명령 체계가 확립된 화장터의 가마.
모든 입술로부터 노랫가락이 새어나오고, 숨은 향기롭다.

두 번째 목소리

정점들의 황혼. 새벽에는 악의가 없다.

첫 번째 목소리

모든 머리 안에는 노래가 있다, 미쳐버린 독수리가.
길들의 끝에 있는 주머니마다 들어 있는 황금.

두 번째 목소리

사시나무의 말은 북소리로 인해 잘게 찢긴다.

첫 번째 목소리

바다에 대해 하늘이 그러한 것처럼
보도록, 또한 그 속에 빠지도록 이끌린, 긴 부재의 시인.
나의 색은 내게 주어졌다.

두 번째 목소리

수원의 말은 강의 예언이다.

("시는 우리 고통의 식물이다. 시의 나이는 우리 눈물의 나이다."

• 렙 르아

"눈은 우리 심장을 파묻었다. 그러나 가장 높은 나무는 우리의 울부짖음을 기억한다."

• 렙 카뭉

"인간은 망각을 영속시키기 위해 망각의 먹이로 주어졌다."

• 렙 셰이타)

과거와 과거의 대화

"죽음이란, 끈질기게 버티고 있는 과거다."

• 렙 볼타

렙 제로니모는 이렇게 말했다. **"유대인**은 두 가지의 고독을 알고 있다. 그것은 인간 안에서의 영혼의 고독과 세상 속에서의 피조물의 고독이다. 영혼은 인간의 과거다, 세상은 피조물의 과거다."

"인간 안에서, 영혼은 곧 세상이다. 인간은 과거의 희망인가?"

"인간은 어제의, 그리고 보다 먼 곳의 영상이다. 밤이면, 삶은 씨앗을 되찾는다. 그리고 그대가 존재하게 된다."

그리고 유켈은 이렇게 말했다.
"나는 그대들에게 바데 아셍에 관한 이야기를 들려주겠다.
렙 세르비는 이렇게 썼다. "독실한 인간은 굴복한 인간이다." 바데 아셍은 자기 그림자 위로 몸을 숙인 사람이었다. 오직 자기 자신의 얼굴만을 볼 수 있는 사람은 저주받은 자다. 바데 아셍의 우주는 어두운 투쟁의 순간이었다. 그리하여 그는 마음을 사로잡는 별들의 임박과 태양의 도래를 예언했던 것이다.
"그대가 고지하려는 것은 주님의 지배가 아닙니까?"

바데 아셍은 결코 질문들에 답하지 않았다. 그는 그 스스로가 질문이 아니었을까?

그러나 낯선 목소리의 개입에 성이 난 그는 목소리가 들려오는 방향으로 두 눈을 들어 올렸고, 날이 정점에 달하였음을 인정했다.

그렇게, 그는 깨달았다. 자신이 자각 없이, 분에게 시간의 언어를 쓰고 있었으며, 초에게 세기의 언어를 쓰고 있었음을.

뱃사공과 강변 주민의 대화

강변 주민: 나는 그대의 도움이 없이는 강 건너편에 이를 수가 없다. 뱃사공이여, 강의 다른 편에 대해 이야기해다오.

뱃사공: 내게 있어, 강의 다른 편은 도달해야 할 강변일 뿐이다. 내가 저편에 있을 때 이편이 그러한 것처럼.

강변 주민: 그곳은 내 유년기의 강변과 닮았는가? 강의 건너편은 너무도 멀리 떨어져 있어, 이곳의 나는 그곳을 이해할 수 없다.

뱃사공: 그대의 상상력을 자극하는 고장이 어떻든 무슨 상관인가? 그 고장의 강변들이 어떻든 무슨 상관인가? 언제나 그대를 사로잡는 것은 그대 자신의 고장이요, 그대의 강변들이다.

강변 주민: 나는 건너편 고장이 어디에서 시작하고, 어디에서 끝나는지 알고 싶은 것이다. 나는 건너편 식물들도 이편의 식물들과 유사한지, 건너편의 나무들과 바위들은 어떤 모습인지를 알고 싶다. 그곳에서 어떤 일이 벌어지는지 알고 싶다.

뱃사공: 건너편에도 이편과 마찬가지로, 삶이 있다. 죽음 속의 삶이. 이편과 마찬가지로, 저편에도 **이름**의 빛 속에 어두움이 있다.

("그대는 내게 와 이렇게 말했다. '렙 아키, 렙 아키
이지 않습니까?'

나는 그대에게 이렇게 답했다. '그대는 모르도의
아들입니까?'

그대는 내게 와 이렇게 말했다. '렙 아키, 나는 그
림자입니다.'

그리고 난 그대에게 이렇게 답했다. '그렇다면 나
는 그림자의 발걸음입니다.'"

• 렙 아키

"나는 불리고, 찾아지고, 물려진 **이름**이다."

• 렙 에글랑

"나는 어렴풋이 **이름**을 보았다. 내 죽음은 내 시선
으로부터 오리라."

• 렙 아마

"**이름**이 탄생했다. 축제를 열고 아침의 봉우리들을
맞이하라."

• 렙 켈랑

"밤은 **이름**을 통해 낮이 된다."

• 렙 페랭

"내 이름은 내 고통 안에 있다. 내 고통에는 이름이
없다."

• 렙 고랭)

질서와 흔들림

"목소리 안에서 말이 그러하듯이, 우린 우리가 우리의 영혼과 몸에 배게 하는 흔들림 속에서 살아남는다. 그 흔들림에 의해 우린 유대인이다."

• 렙 엘랑

"가장 약한 숨결에도 일렁이는, 내 초의 고아가 된 불꽃이여, 너는 내 영혼의 영상이자 내 회의의 진술이니."

• 렙 아시르

"파도가 손바닥만 한 뗏목을 흔들 듯, 아가, 나도 너를 흔들어 달랜다. 언젠가 너는 고향으로 돌아가리라."

(아이를 돌보는 여인)

"네가 왔구나, 오, 내 사랑아. 촛대의 일곱 불꽃도 너를 맞이하기 위해 허리를 숙였다."

(찬가)

"나의 고통은 불꽃을 소진시킬 힘을 일곱 번 찾아냈다.
　그렁그렁한 불꽃, 그것들은 좌에서 우로 하늘거리고, 때로는 내 펜 앞에 고개를 숙이기도 한다.
　움켜쥐인 밤 속에서 불꽃들의 비명이 반짝인다."

420

• 렙 아타

"밤은 각각의 섬광 속에서 밤에게 말을 건다."

• 렙 사바디에

"**주님**을 기다린다는 것은 엄숙한 흔들림이다."

• 렙 미다비

그리고 유켈은 이렇게 말했다.

"중부 유럽의 어느 마을에서, 어느 날 밤, 나치들은 살아 있는 우리 형제 몇 사람을 땅에 묻었다. 그들과 함께, 그들이 파묻힌 흙도 오래도록 꿈틀거렸다. 그날 밤, 그와 동일한 리듬이 이스라엘 백성들을 세상과 결합시켰다."

난파선의 잔해는 대양의 끝에 이르기까지 파도와 한 몸을 이룬다.

(*"죽음의 저편, 기억의 연못들 위로, 기호들의 생존을 위해 고요가 숨을 분다."*

• 렙 압

"삶의 저편은 죽음의 저편과 만난다. 같은 물, 같은 불, 같은 사막."

• 렙 탕

"우주의 중심에서, 내 삶은 내 낮들의 삶이요, 내 죽음은 내 밤들의 죽음이다."

• 렙 장

"죽음은 사랑 속에 있고, 사랑은 삶의 전前과 후後에 있다."

• 렙 엘라르

"그대는 그대가 살아 있다고 생각한다. 그대는 죽음의 불을 밝힌다."

• 렙 다베르

"우릴 위하여, 밤이 약간 벌어진다, 삶의 텅 빈 이면이."

• 렙 엘라티)

낮은 오직 빛만을 베어 넘긴다.

연기, 시간의 몸치장에 사용되는, 시간의 깃털들보다 높게 솟은 연기, 바람과 아침의 깃털보다도 높고, 그림자의 손길에 물든 깃털들보다도 높게 솟은 연기.

화장터의 연기, 사그라든 고통과 망각의 연기.

렙 야이드는 이렇게 말했다. "저 연기를 보라, 불은 연기를 쫓아내었지만, 연기는 달아나며 불을 미치게 하나니."

렙 랭레는 이렇게 말했다. "군주의 위엄을 지닌 말을 경계하라, 그것은 교만의 그물이니."

또한 렙 일린은 이렇게 말했다. "나는 단어들로 인하여 죽을 것이며, 마음으로 인해 죽지는 않으리라. 나는 가장 외로운 단어의 한복판에서, 마음으로 인해 죽을 것이다."

불은 불 속에서 꺼지고, 시간은 시간 속에서 사라진다.

그리고 유켈은 이렇게 말했다.
"친구여, 쏟아진 피, 계획된 죽음 속 한 방울 피의 부재, 숨의 부족, 그리고 보랏빛 삶으로 인해 나와 가까운 이들 중에서도, 부풀어 오르는 빵처럼, 그리고 누룩 없는 빵처럼, 정직하고 명민한 나의 동반자여, 내 책을 받아다오. 각각의 낱장들은 무례한 앵무새가 아니라 그대 창가의 비둘기가 되리라. 내 선물을 받아다오. 이는 나의 망각이며 기호의 구제이고 페이지의 시련이자 또한 돛대 꼭대기에 매단 찢긴 전리품이니."

5부

"해변. 나는 반란을 일으킨 페이지의 파도들을 이겨냈다."

• 렙 도다

"─그대는 어떤 책에 대해 이야기하고 있는 것인가?
─책 안의 책에 대해서이다.
─내가 읽고 있는 책 안에 숨겨진 다른 책이 있다는 건가?
─그대가 쓰고 있는 책이 있다."

• 렙 아오

렙 아쑤가 말했다. "나는 내 책을 걸어가며 썼는지도 모르겠다. 말해보라, 아, 말해보라, 내가 언제 내 공책을 펼쳤단 말인가?
나는 전방을 바라보고 있었다. 나는 칠판 위에 글을 쓰곤 했다."

렙 메아는 이렇게 물었다. "그래서 그대는 밤을 사랑하는 것입니까? 그대의 기호는 별들입니까?"

그러자 렙 아쑤는 이렇게 답했다.

"빛 속에서, 우린 불의 단어들을 볼 수 없다. 기껏해야 우리 자신을 볼 수 있을 뿐이다."

"삶에 매이고 죽음에도 매여 있네, 자유란 별이 총총한 굴레로구나."

• 렙 나퉁

고급 가구를 만드는 장인 아자르에게 주님의 작업과 사람의 작업 간의 차이를 설명하기 위해, 렙 조르다는 못의 예시를 들기로 했다.

"하늘에는 별들이 못 박혀 있지 않은가?

그대가 가구의 부분과 부분을 이어 고정시킬 때 사용하는 못들을 그 별들에 견주어보라. 주님께서는 우주를 주님의 운동 속에 고정시키신다."

아침

(나는 아침에게 인사하고, 풀잎과 열매의 죽음에게 인사한다.

나는 어제-아침에게 인사하고, 어제-풀잎과 어제-열매에게 인사한다.

아침의 창백함에 겁먹은, 그리고 사람들과 사물들의 두 눈―봄과 여름이 없는, 가을과 겨울의 눈―속에서 몰아치는 폭풍우에 겁먹은 네 어린아이 같은 얼굴에게, 나는 인사한다.

너의 무릎보다 낮게, 풀잎의 높이에, 네 몸과 나무가 드리운 그림자의 높이에 있는 아침에게 나는 인사한다.

쓰러진 하루, 또다시.)

그들은 친구가 운영하는, 에콜 거리rue des Écoles의 한 카페 테라스에서, 맥주 몇 병이 놓인 테이블에 둘러앉았다. 평소보다 더운 날씨다. 하늘은 거대한 날갯짓처럼 보이고, 상처 입은 새가 대지에게 그러하듯, 그림자가 그들의 발치로 기어든다.

행인들은 마치 양안兩岸 사이를 표류하고 있는 듯하다. 둑길 위로는 온통 앉아 있는 사람들뿐이지만, 매우 드물게, 아스팔트조차 물의 광택을 띠는 이 8월을 달려 나가는 몇몇 차량들이 보인다. 차들은 이상한 증기선들처럼 보인다. 오직 둘에서 넷의 승객만을―때로는 단 한 명의 승객만을―태우고, 오르간의 음관音管보다 클까 말까 한 작은 연통을 뒤쪽 두 바퀴 사이에 달고 있는, 이상한 증기선들처럼 보인다.

그들은 많은 몸짓을 섞어가며 이야기하지만, 때때로, 목소리를 잊어버릴 정도로 목청을 낮춘다. 마치 갑자기 그들에게 있어서는 발음 없이 입술을 움직이는 것만으로도, 침묵의 단어들을 띄워보내는 것만으로도 의도를 이해받기에 충분해졌다는 듯이 말이다.

자리에는 이스라엘인 라미, 독일인 숄츠, 이탈리아인 루차토, 이집트인 만수르가 있다. 자리에는 스턴, 라셈, 굴저, 술라, 자이드가 있다. 자리에는 라파엘, 자크, 레옹이 있다. 그리고 유켈은『질문의 책』에 관한 이야기를 하고, 친구들은 그의 말에 귀 기울인다. 그들은 이따금 다른 일들을 생각하고, 그들 자신을 생각하며, 『질문의 책』에는 담기지 않은, 자신의 유년기를 어루만지던 이야기들을 생각하기도 한다.

그리고 유켈은 이렇게 말했다. "유년기는 어떤 기호도 그 위에서 보존될 수 없는, 책의 한 페이지이다. 그러나 사람이 창유리 앞에서 그러하듯, 단어들이 거기 제 모습을 비추어볼 수는 있다."

숄츠는 이렇게 말했다. "우리 유년기는 토라의 단어들과 태어난 고장의 단어들이 보내는 두 개의 시선 아래 펼쳐졌다. 그래서 우린 두 개의 번역된 세계 사이에서 자라난 것이다."

그리고 유켈은 그가 어떤 몽상에 자신의 책을 빚지고 있는지, 그리고 그가 얼마나 많은 질문들과 마주했는지에 대해 이야기했다. 그리고 그는 자신의 책이 그 끝에 이르기까지 부재하는 장소로 남게 될 것임을 말했다. 그리고 그는 인간 안에 있지 않고, 말 안에 있는 주님의 리듬에 대해 이야기했다. 그리고 그는 랩 마리아브가 자신의 제자 중 한 사람의 질문에 이렇게 답한 것을 인용했다. "영원성이 말 속에 있는데, 어떻게 주님의 영원성을 부정하겠느냐?"

모두가 입을 다물었다. 그들 각자는 자신의 이름으로부터 책을 되찾았다. 그리고 유켈은 가족으로부터 멀리 떨어진 곳에서, 자신이 세상에 내어준 아들을 길러낸 눈먼 여인의 이야기를 들려주었다. 그는 이 여인의 운명을 작가의 운명에, 그리고 맹세를 통해 선조들의 땅에 매인 유대인의 운명에 빗대었다. 맹세를 통해 매였음에도 불구하고, 눈과 다리로 인해, 그 땅 아닌 땅, 유지된 꿈으로서의 땅, 대륙들이 포함할 수 없는, 기억의 땅에서 떨어져나간 유대인의 운명에.

그러자 라미는 친구들을 위해, 거기서부터 자신이 온 그 땅을 묘사해주었고, 거기서 몇몇 사람들은 그들 꿈의 일부를 알아보았다. 라미는 얼굴과 영혼 때문에, 그리고 화살과도 같은 그들의 울부짖음 때문에 쫓기는 이들을 받아들이기 위해서는 땅에서 잘려나간 땅이 필요했다고 말했다.

그러자 모든 친구들은 한 사람씩 돌아가며 발언권을 쥐고 화살로서의 비명에 관한 각자의 해설을 제시하였다. 그것은 오랜 세월에 걸쳐 박해자들과 그 공모자들을 몰아내고, 또한 빛을 피 흘리게 하는 모습을 보인, 폭군 같은 별들을 몰아내온 화살이었다. 그렇게 희생자들은 복수를 하였다. 그러나 별들과 인간 사이의 거리는 무척이나 멀기 때문에 화살이 정의를 집행하는 데에는 오랜 세월이 필요하다.

그러자 유켈은 순교자들의 울부짖음이 언제나 화살인 것은 아니었으며, 바로 그 이유로 인해 박해자들과 고문으로 인해 죽어간 자들이 그토록 많았다고 말했다. 그리고 그는 사라에 대해 이야기했다. 그에 따르면 그녀의 광기는 맹금에 의해 품어진 알이었다. 그는 알 속에 웅크리고 있는 사라, 날기 위해 창조되었고, 날고 또 추락하는 사라의 모습을 듣는 이들의 마음속에 환기했다.

그러자 만수르는 가장 오래된 울부짖음은 하나의 영상이었다고 말했다. 그는 시나고그의 어느 랍비에 관한 이야기를 들려주었다. 어느 날 아침, 그 랍비는 자물쇠로 잠긴 성궤에서 한쪽 나무 뚜껑이 삐걱이는 것을 발견했다. 랍비는 무척 충격을 받은 나머지, 비탄 속에서, 그 균열이 마치 주님의 울부짖음에 대한 표상처럼 드러나는 것을 보았다. 그것은 귀가 알아챌 수 없는 것이었고, 다만 두 눈이 알아볼 수 있는 것이었다. 눈은 가장 처음 피어나서, 가장 마지막에 지는 꽃잎이었으니 말이다.

그러자 루차토는, 만자문卍字文은 바람결에 실려가는 울부짖음들과 바다 위를 떠도는 울부짖음들의 교차로임을 시인했다. 그는 피부 아래 피들의 울부짖음에 관해 이야기했고, 하나하나의 모공은 모두 조그마한 입이며, 뺨을 어머니의 피부에 맞댄 채 그녀의 팔에 안긴 아기는, 이미 그 모공의 울부짖음을 들은 것이라고 이야기했다. 또한 그는 유대 민족의 젖먹이들은 모유의 울부짖음을 빨아먹는다고 덧붙였다.

그러자 유켈이 차례를 이어, 주님의 울부짖음은 책이라고 말했다. 그는 또한, 꽃부리를 둘러싼 꽃잎들이 그러한 것처럼, 그것을 둘러싸고 단어들이 시들어가는, 사라와 유켈의 고통에 대해 말했다.

그러자 라미는, 이스라엘에서는 황량한 사막에 울부짖음들을 심었으며, 그 땅은 지금 오렌지 나무들로 무성하다고 말했다. 그리고 그는 씨앗이 된 울부짖음에 대해, 그리고 햇볕에 탄 얼굴들 위로 다시금 떠오른 미소에 대해 말했다. 그리고 그는 이 미소와 열매를 지켜야만 한다고 덧붙였다.

그러자 만수르는 렙 베르티의 것으로 알려진 다음과 같은 노래를 상기시켰다.

"그가 내게 말했네
'나는 황인黃人이라오.'

그래서 나는 대답했지
'나 또한 그러합니다.'

그가 내게 말했네
'나는 흑인이라오.'
그래서 나는 대답했지
'나 또한 그러합니다.'

그가 내게 말했네
'나는 백인이라오.'
그래서 나는 대답했지
'나 또한 그러합니다.'

나의 태양은 노란 별이고,
나는 검은 밤에 감싸였으며,
내 영혼은, 율법이 새겨진 석판처럼,
새하야니까 말이지."

그러자 유켈은 다음과 같은 렙 아앵의 문구를 인용했다. "내가 그대에게 말을 할 때, 나는 행복하다. 그대가 내 말에 귀를 기울임으로써 내 말들은 거처를 찾았으니." 스턴은 감동하여 성경 구절을 인용했다. 유켈은, 책이 제 충적토 속에서 스스로의 모습을 드러낼 수 있도록, 입을 다물었다. 그리고 모든 이들이 다음과 같은 말을 들었다.
"사라와 유켈의 운명을 쥔 채로,
굴복당하지 않는 자인 나는,
영혼에게보다 글쓰기와 더 가까우며,

나 자신의 삶보다 단어들의 삶에 더 가까우며,

영혼과 모든 것의 망각을 통해

사라와 유켈의 곁에 있는 나는

여기 밀이 제 낟알 곡식으로서의 진리를 고집하는 곳에서,

새가 날개 달린 동물로서의 진리를 고집하는 곳에서,

벌레가 과일 속의 진리로 통용되는 이곳에서,

나는, 여기 통나무 작업대와 깃털 펜 사이에서,

골조와 살집 사이에서,

내 말들 속에서 괴롭힘 받는, 내 죽음의 한가운데에서,

나를 배제하는 땅의 끝에 땅이 하나 있고,

동판 한 장이 씀씀이 헤픈 손들 가운데 있고,

훌륭한 이름을 가진 땅, 그리고 모든 재산은 그 땅에 결부되어 있는 가운데,

나는 그러나 집에 대한 무의미한 갈증도 배고픔도 느끼지 아니하면서,

헤매노라, 최초의 음절들이 남긴 주옥같은 흔적 속으로."

그러자 만수르는 이렇게 말했다. "말은 소음이 만들어내는 지속 저음부와 같다. 우린 침묵으로 승리했다."

그리고 그는 그의 나라를 둘러싸고 있는 사막에 대해 이야기했다. 그러자 유켈은, 사막이란 대화재로 전소된 바다 위에 태양의 부스러기가 쌓여 만들어진 곳이라고 말했다.

그러자 라셈은 희망과 용서의 색채인, 사막의 색채들에 대해 말했다. 그는 또한 사막의 모래 알갱이들은, 하나하나가 대★단식 이후 세 차례 모습을 드러냈던 별에 대한 극도로 축소된 형태의 정밀 재현이라고 말했다.

그러자 스턴은 이렇게 말했다. "오직 하나의 별밖에 갖지 않는 하

늘들도 존재한다."

그러자 그때까지는 대화에 끼어들지 않고 듣고만 있던 굴저가 이렇게 말했다. "나는 또한 몰락의 색이기도 한, 보이지 않는 세계의 색에 대해 이야기하는 것을 피하고 싶었다. 그 색은 그림자들이 흩어놓는 소멸의 찬란한 빛을 띠고 있다." 그러자 모든 이들은 그가 **비밀**을 지키고 싶어 한다는 결론을 내렸다. 그러자 숼라는 삶 이전의 색인 회색에 대해 이야기했다.

그러자 유켈은 말 속의 연못인 침묵을 환기했다. 그리고 그는, 그가 어떻게 소리들 사이로, 그가 스스로 몸을 담글 물에 이르기까지의 길을 텄는지에 대해 이야기했다.

그러자 자이드는 그에게 이렇게 말했다. "유켈 세라피, 그대는 우리가 죽기 위한 한 조각 포석을 간청하는, 머무름 없는 삶이다." 그러자 숼츠는 자이드에게 이렇게 말했다. "자이드여, 그대는 폭풍우에 굴하고자 하는, 그리고 벼락에 스러지고자 하는 여름의 유혹인가? 그대의 영혼은 낙엽이 쌓인 화단이다."

그러자 라파엘, 레옹, 그리고 자크가 죽음의 수용소에 대한 기억을 환기했다. 그리고 모든 이들은 각자 자기 자신의 기억 속으로 피난했다.

그러자 굴저는 이렇게 말했다. "죽음에게 결정적인 죽음을 허하도록 하자. 그리하면 삶은, 어우러져 다발이 된 꽃들이 다가와 목을 축이는 꽃병이 되리라. 그들 자신의 꽃들처럼 꽃잎들은 소금으로 이루어져 있으며, 줄기는 갈증으로 이루어져 있다고 주장하는 이들이 분배한 바닷물 속에서, 그 꽃들이 지기 전에 말이다."

그러자 라파엘은 이렇게 말했다. "나는 네 가지 시선에 대해 이야기할 수 있을 것인가? 첫 번째 시선은 아이의 시선이다. 두 번째 시선은 청소년의 시선이다. 세 번째 시선은 어른의 시선이다. 네 번째 시선, 그것을 주님께서는 예언자들에게 짊어지우셨다."

그러자 친구들은 각자, 그 네 번째 시선을 정의해보려 했다.

그리고 유켈은 한 조약돌에 관한 이야기를 들려주었다. 땅에 쓰러진 유대인을 향해 던져진 조약돌이 유대인의 관자놀이에 적중하려던 순간, 한 송이 카네이션으로 변모했다는 이야기였다.

가브리엘에게 보내는 편지

*"**그대** 말고 또 누가 책의 동기가 될 수 있겠는가?*
그대는 기다림이고, 선물이로다."

• 렙 솜메르

소중한 나의 친구에게.

책이 마무리되어가는 가운데, 그대의 편지를 받았습니다. 내가 누구인지 스스로 알지 못하는 무지 속에서, 나는 과연 내가 어디에 있는지 알고 있는 걸까요?

바람은 바람의 굴레를 벗깁니다. 사라는 어디에나 있습니다. 번개는 불에 휩싸인 그녀의 팔이고, 벼락은 그녀 심장의 폭발입니다.

나는 얼마나 많은 것들을 바라보아야만 했습니까? 내 여정을 따라, 점토나 화강암은 얼마나 큰 담대함을 보여줬던가요? 또한 파도의 손바닥 안에서 이성은 얼마나 큰 환희를 보여줬습니까?

렙 앵라슈는 이렇게 썼습니다. "나는 내 방에 새어 들어온 햇빛과 마찬가지이다. 내가 덧창을 닫는다면, 그 빛은 어떻게 되겠는가? 또한, 그 빛을 기억할 오늘 밤은, 어떻게 되겠는가?"

인간들을 갈라놓는 것은 질문이 아니라 물입니다. 한쪽에는 갈증이 있고, 다른 한쪽에는 갈증이 풀린 피조물이 있습니다.

우리가 서로 알게 된 도시인 카이로는 스펑크스와 피라미드들의 도시가 아닙니다. 피라미드들과 스펑크스는 사막에 속하는 것입니다. 피라미드와 스펑크스, 그것들은 모래의 영광에 대한, 그리고 무無의 비밀에 대한 증인입니다. 계절들의 질서를 넘어선 곳에서, 그것들은 제 신비로 강과 과일을 사로잡는, 농한기農閑期의 충만함입니다. 밝음이 스스로 밝혀지되 무엇도 보지 못하는 곳에서, 어둠의 싸늘함이 열기로부터 별들을 털어내는 곳에서, 그것들은 찬란한 광휘의, 그리고 거절에 도취된 지식의 영상이자 경계입니다.

기자Gizèh의 3대 피라미드에 대해서는 여러 개의 단을 지닌 사카라의 피라미드들이 짝을 이룹니다. 하지만 스핑크스에 대해서는 어떠합니까? 모든 우상의 잔해들은 모래들의 어두움 속으로 사라지기 전에 주님께 질문을 던졌습니다. 인간은 스스로에게 질문을 던짐으로써, 그 괴물을 길들였습니다.

사막의 새들은 종려나무를 경멸합니다. 돌은 그들에게 있어 탄성을 체험하는 도약대입니다.

나는 되밝혀진 세기들 너머로 나아갔고 거기에서는 후광을 두른 랍비들이 내게 길을 밝혀주기 위해 나를 기다리고 있었습니다.

나는 탐색된 목소리의 리듬에 따라, 사구에서 사구로 나아갔습니다. 하나의 이름, 그것은 한 삶의 여행이자, 죽음의 이유입니다.

나는 오아시스에서 오아시스로 나아가며 깊은 생각에 잠겼습니다.

—나는 내 손에『질문의 책』을 들고 있다. 이것은 에세이인가?

—아니다. 아마도.

—그렇다면 깊은 우물들에 바쳐진 시인가?

—아니다. 아마도.

—그렇다면 하나의 이야기인가?

—아마도.

—나는 이상의 이야기로부터, 그대는『질문의 책』이 그대의 강물들에 관한, 그리고 그대의 암초들에 관한 이야기로 받아들여지길 원

한다는 결론을 내려야 하는가?

—단어처럼, 그리고 **유대인**처럼 낯선 책, 여러 책들 가운데 무엇으로 분류해야 할지 알 수 없는 책, 그러한 책을 우린 무엇이라고 불러야 하겠는가?

—어쩌면 그대는 그러한 책을 '책'이라고 부를 수도 있으리라. 그대 책의 인물들은 누구인가? 확실히, 그대의 책 속에는 사라와 유켈이란 인물들이 있다. 그러나 그 외에도 이 책에는 그대 주인공의 이름을 가로챈 서술자가 존재한다. 어째서 그러한가?

—모든 자갈들은 자갈들이지 않은가? 그리고 모든 별들은, 경이로운 천체들이지 않은가?

—모든 별들은 제 이름을 갖고 있다.

—책 속에서, 유켈은 그것을 구성하는 철자들에 의해 밝혀지는 이름인 동시에, 사라의 잃어버린 입맞춤들에 의해 드러나는 이름이기도 하다. 그것들은 동일한 이름이다.

—사라는 유켈의 메아리인가?

—이름의 끝에는, 여성의 이름이 있다. 유일한 이름이.

—그대의 질문들은 상처들인가? 우린 그 상처들에 붕대를 감아주기 위해 무릎을 꿇었다.

—내 질문들은 책의 꼭대기들이다. 저녁이 되면, 나는 계곡으로 내려가야 한다.

—그대는 우리에게 주님께서 그곳으로 망명하신 침묵 속에서 배운 말을 전달한다.

—나는 말을 기다리는 의혹, 말에 대한 의혹이다.

—믿음과 의혹을 어떻게 화해시킬 수 있는가? 그대는 신앙이 없다. 난 그대를 가엾게 여긴다.

—새벽빛은 밤낮으로 그림자의 뒤를 잇는다. 의심한다는 것은 비

로소 끊임없이 믿기 위해 믿음의 이삭을 처음부터 다시 자라게 하는 것 아니겠는가?

믿음은 약속된 부활을 위해 믿음을 파묻는다.

—그대는 믿음과 굶주림을 혼동하고 있다. 빛은 욕망을 양분으로 삼는 욕망 안에 있지 않다.

—다음 중 누가 더 주님께 가까이 있는가? 주님께서 인간을 창조한 것처럼 그분을 만들어내는 자인가, 아니면 주님께 가까이 다가가기 위해 기도를 올리는 자인가?

빛은 빛을 번쩍일 부싯돌 안에 있다.

나는 언제나 바깥에 놓이는 상황을 선호했습니다. 그 덕분에 사람은 대상에 대해 거리를 두고 설 수 있기 때문입니다. 한 발짝 물러나 있는 위치 덕분에 사람은 즉시, 그리고 순간의 바깥에서 판단하고, 상상하고, 사랑하고, 살 수 있습니다. 자유롭게, 하지만 자유를 꿈꾸는 노예의 자유라는 의미에서 자유롭게.

바깥에서, 사람은 건드릴 수 없는 것이 됩니다. 스스로 그러한 자세가 물러남의 자세라고, 자기 자신 속으로의 은둔이라고, 도주라고 생각하게 될 때까지 말입니다.

현재는 단 하나의 개간지입니다. 바깥에서 존재한다는 것은, 바로 그 현재의 장소에 도달했다는 말입니다. 그곳은 장소 이전의 장소이자, 장소 이후의 장소입니다.

계시는 언제나 새로운 떠나감입니다. 우린 현실을 다시 살아가기 위해, 매번 현실로부터—정확히 말해, 과거로부터—멀어지면서, 의혹에서 의혹으로 나아갑니다.

그러니 책 속에서가 아니라면, 대체 어디서 책이 꽃을 피우겠습니까? 거룩한 것은 우리 안에 깊이 뿌리박고 있습니다.

한 편의 시를 쓴다는 것은, 제게는 언제나 하나의 종교적 행위를 완수하는 일이었습니다.

책의 과거와 미래를 위하여, 저는 책의 말이 되고자 애썼습니다.

현재는 사람들이 반대 방향으로 결합하는 시간입니다.

현재는, 어쩌면, 죽음의 시간입니다.

그렇게, 여러 지점들 가운데 이 특정한 지점, 보다 긴 선 가운데 빛나는 이 선, 이 특권적인 모험의 순간, 다른 것들로부터 떼어지고 잘려나간, 그러나 너무도 급작스레 또 적절하게 떼이고 잘려 사람이 그 떼임과 잘림을 의식조차 못하게 되어버린 이 순간은, 요컨대 죽음이 삶 없이 지배하는 장소이자, 삶이 죽음의 곁에서 존재를 그만두는 장소, 우리 몸짓 속의 장소입니다.

그렇게, 매인 바가 없는 이 시간은 **주님의 말씀**의 시간입니다.

우리들의 기억은 보편 기억에서 일어난 파괴에도 살아남았습니다. 그리하여 미래는, 인간이 짊어진 주님의 기억의 재편再編에 다름 아니게 되었습니다.

책의 왕도는 주님께서 장애물들을 치우신 길들입니다. 길의 끝에는, 길의 시작에 계신 주님께서 계십니다.

오늘 아침, 몽주 거리와 무프 거리 사이, 파트리아르슈 거리와 에페 드 부아 거리를 지나 나의 거처가 세워져 있는 곳에서, 나는 사막이 우리 지역을 침략하도록 두었습니다. 나일강은 멀리 떨어져 있지 않았습니다. 그러나 나는 그대를, 옛 시절 우리가 함께 산책하곤 했던 저 둑길 위로 데려온 것이 아닙니다. 나는 그대를, 갑작스러운 잠 기운에 사로잡힌 두 소녀들처럼, 삶의 곁에 죽음이 누워 있는 곳으로 데려왔습니다. 내가 나의 책을 버리고 싶은 곳은 바로 이곳입니다.

작품의 열쇠는 다만 열쇠에 대한 몽상일 뿐입니다. 날이 지고 나면, 날에 대한 강박관념이 남습니다. 그러나 약속된 땅이 반드시 어떤 나라인 것은 아닙니다. 이는 그대도 마찬가지이고, 심장과 영혼이 그대와 닮은 다른 이들도 마찬가지입니다.

세상은 책을 휘두르고, 책을 전파한, 자유로운 손들에 의해 구제될 것입니다.

유켈

바다의 손들

"단어는 인간처럼 죽는 것이 아니라, 단어처럼 죽어간
다. 단어와 함께, 우주는 바스러진다."

• 렙 마르브

바다 깊숙한 곳, 주님께서 손을 거두신 곳에서, 손들이 요동친다,
서로를 찾고, 서로에게 싸움을 건다.

손에 손잡은, 기름의 바다.

수면에서, 물은 어깨와 허리의 굴곡에 맞추어진다. 드러나는 팔꿈
치는 거품을 넘쳐흐르게 한다.

인간들의 세계, 분주히 움직이는 개미들의 세계.

모든 파도 속에는 별이 배회한다.

세이 사쏭은 기뻐하고 있었다. 그는 이제 막 자신이, 태어나자마자
이미 4킬로그램에 달하는 한 남자아이의 아비가 되었음을 전해 들었
다. 그가 까치발을 들고 살금살금, 방으로 들어서자, 그의 아내인 셀
린은 그에게 미소를 지어보였다.

—행복한가요, 아이 아버지?

그녀가 나지막한 목소리로 말했다.

세이는 먼저 주님께 감사의 입맞춤을 보내고 아내의 이마에 입을
맞춘 뒤, 아들의 이마에도 입을 맞추었다.

셀린은 이렇게 덧붙였다.

—아이가 당신을 닮았어요.

—그렇게 생각해요?

아이는 울고 있었다. 아이의 울음소리는 바늘이었다. 침대 주변에 퍼진, 아니 어쩌면, 밤 속에서, 그들 집의 주변에 퍼진, 강철과 소금으로 된 자그마한 바늘들이었다.

세이는 생각했다.

'이 아이는 바로 이 바늘들을 쥐고 행복 또는 고통을 꿰매리라.

또한 바로 이 바늘들을 쥐고 찢긴 상처를 다시금 봉합하게 되리라.

너는 살아간다는 행운을 거머쥐었구나

그리고 너는 울고, 울부짖고, 울부짖는구나.

주님께서는 너의 달콤한 미래이시다.

주님으로부터, 감미로운 씨앗이 생겨난다.'

그러나 그가 누구의 것인지 알지 못하는 어느 목소리가—사람은 그 목소리를 알지 못한다 —그에게 이렇게 답했다.

—세이, 너는 잘 알고 있지 않느냐, 우리의 운명은 결코 달콤하지 않다는 것을.

물의 덮개, 둥지와 구름을 향해 열리는 지붕.

오염된 물이 우리의 일상적인 음료였다.

그리고 유켈은 이렇게 말했다.

"나는 내 시대의 사랑을 믿었어야 했다.

시간은 시간의 가장자리에서 입을 다물었다."

남쪽

"죽음은 풀어진 매듭이다."

• 렙 조아스

"솟아오른 파도 속의 파도. 이스라엘, 이스라엘."

• 렙 레아

　그가 사라의 죽음을 알게 된 것은, 그녀가 12년 전부터 갇혀 있던 정신병원의 원장이 보낸 편지를 통해서였다. 그는 고인의 사망에 관한 행정 수속이 마무리되었으며, 그녀는 지금 도시 공동묘지에 묻혀 있다는 통보를 받았다. 편지는 그의 책을 발행하는 출판사 편으로 도착했다.

　그는 그 편지를, 그가 자신의 개인적인 문서를 수납해두는 책상 오른쪽 서랍에 있는, 그가 결코 다시 열어보지 않을 공책 사이에 끼워 넣었다.

　이제, 더는 어떤 숨결도 그의 책을 살아 있게 하지 못할 것이었다. 그는 더는 무엇도 낳지 못하는 마지막 어둠에 이르기까지 단어들의 뒤를 쫓은 것이었다.

　그는 밖으로 나가, 그가 살고 있던 구역을 거닐었다. 어쩌면 그는 유켈과 함께했던 도정을 다시금 밟는 셈이었다.

　비가 내리는 거리는 끊이지 않는 탄식이다. 커다란 건물들은 보랏

빛 사체를, 구조대원들이 소생시키고자 노력해도 허사인, 거인 같은 몇몇 조난자들로 부푼 보랏빛 사체를 닮아 있다. 하지만 누가 그 건물들을 생각할 것인가?

그는 어느 알려지지 않은 이야기에서 발췌한 한 구절이—그러나 어째서 다른 구절이 아니라 바로 이 구절이 갑자기 그의 기억에 떠올랐는지?—떠올랐다. 그는 그 구절을 읊으며, 처음 그 구절을 접했을 때의 정동을 되찾았다.

"아버지, 우리가 그것의 지킴이들이었던

그 도시는 무엇이었습니까?"

그 도시는 파리가 아니다. 하지만 그럼에도 불구하고, 파리는 그의 감각의 **수도**이다.

"날씨가 궂은 밤이로구나." 유켈은 투덜거리며 잠에서 깼다. 아침의 호흡은 짧았다. 아픈 하늘이 뱉어내는 발작적인 두 기침 사이로 여전히 빗방울들은 떨어지고 있었다.

모든 장소에 물이 고여 있었다. 우주의 늑막 안에, 두 눈의 안쪽에, 그리고 사람들의 심장 속에. 쳇. 이게 무슨 진창이란 말인가. 그는 계속해서 창문을 반쯤 열어둔 채였다. 진흙은, 세상 어디에서든 시민권을 취득하지 않았던가?

그는 옷장에서 낡은 정장 한 벌을 꺼냈다. 그리고 일전에 그가 소개받은, 퐁투아즈 거리의 양장점 주소를 찾아냈다. 다 해진 옷들도 거의 새것처럼 보이게 수선해준다는, 염가의 양장점이었다.

그는 그 가게에 옷을 맡기기로 결심했다.

"한 벌 새로 맞출 값이면, 저 옷을 고쳐 적어도 일 년은 더 입을 수 있으리라."

가게를 찾는 것은 어렵지 않았다. 가게 안에는 반짝이거나 더러워진 윗옷과 바지들이 마구잡이로 쌓여 있었고, 그 사이로 노인의 모습이 보였다. 노인은 기다란 줄에 매달린 램프 불빛 아래에서 재봉기 위로 몸을 기울이고 있었다.

유쾰의 모습을 보자, 노인은 안경을 벗었고, 그를 찾아온 방문객—침입자—이 한마디 입을 뗄 틈도 없이, 중부 유럽 유대인에게 고유한 억양으로, 그리고 이질적이고, 신비하고, 보다 내밀하게 울려 퍼지는 다른 어휘들로부터 어렵사리 떼어내지고—아직 접착력이 덜 떨어진 채였으므로—끌어져 나온, 질질 끌리는 단어들을 사용해서, 유쾰에게 이렇게 고지했다, 자신은 앞으로 석 달 동안은 추가적인 일감을 받지 않을 것이고, 지금 이미 너무 바쁘며, 이젠 나이가 들어서 조금은 몸을 생각하지 않으면 안 되며, 돈은 벌 만큼 벌어 아쉽지 않고, 자신은 아내와 함께 위층의 방에서 살고 있으며, 요즘 사람들은 마치 땅이 곧 폭발이라도 할 것처럼 바쁘게 살아가기 때문에 손님께 이러한 상황을 먼저 알리는 것이 자신의 의무처럼 생각되었다고.

유쾰이 자신에게 그를 찾아가보라고 추천한 자의 이름을 거명하자, 노인은 비로소 새로운 고객이—그는 이제 유쾰을 손님으로 받아들였다—탁자 위에 내려둔 옷에 시선을 던졌다. 그 시선은 우선 흐리멍덩한 것이었다가 점차 흥미로운 눈빛으로 바뀌어갔다. 그는 옷을 손에 쥐고 익숙한 손길로 이리저리 살펴보더니, 가위 끝으로 안감을 꺼내 불빛에 비추어가며 옷감의 상태를 확인했다.

"단춧구멍과 주머니들을 수선하는 데는 약간의 어려움이 따르는 것이 보통이네만… 나는 짜깁기 장인을 한 사람 알고 있어서 말이지… 60프랑일세… 두 달, 아니 어쩌면 그보다 짧게 걸릴 거야… 정확히 언제라고 장담은 못하겠네. 확실히, 옷 한 벌을 가는 일이 피부를 바꾸는 것보다는 더 쉽지… 60프랑, 괜찮겠나?"

유쾰은 이렇게 답했다. "네, 하지만 60일은 좀…"

"그럼 한 달 반은 어떤가." 노인이 내뱉었다.

"좋습니다, 하지만 하나 약속해주세요, 만약 시간이 있으시 다면…"

"확실하게 말하건데," 노인이 말을 이었다. "내가 일 없이 한가할 때가 별로 없어. 선금 20프랑이네… 그리고 자네 이름하고 주소 적어 주고."

유켈은 노인이 시키는 대로 했다. 노인이 다시 말을 이었다.

"혹시 자네가 젊은 사라와 유켈의 이야기를 쓴 사람인가? 우리 이웃에 꼬맹이들 가르치는 여선생이 사는데, 그 이야기를 읽었다는군."

"네, 저 맞습니다."

노인이 너무나도 명백한 무관심을 보이며 질문한 탓에, 유켈은 그에게 무뚝뚝한 목소리로 대답하고자 했다.

"나는 아무것도 읽지 않아, 신문조차도. 한가할 때가 없거든, 저녁 이면 졸리고. 자네 이야기는 꾸며낸 이야기인가?"

"진실한 이야기입니다." 유켈이 답했다.

"모든 슬픈 이야기들처럼 그러하겠지. 우리 이웃이 얘기하기를, 자네 책에서 이야기란 것은 다만 구실에 불과하다는군. 나는 문학이라곤 아무것도 모르는 사람이지만, 이건 알아, 진짜 자기가 겪은 이야기라면, 결코 구실이 될 수 없다는 거 말이야."

가게 문이 열리고, 한 노파가 들어왔다. 그녀는 검은 옷을 입고, 어깨에는 뜨개질로 만든 엷은 보라색 숄을 걸치고 있었다.

"여기 내 마누라일세." 노인이 말했다. 그리고 노파 쪽으로 몸을 돌려, 이렇게 말했다. "이봐, 할멈. 여기 이 손님께서 『사라와 유켈의 책』의 저자시라는군."

"아Ach" 노파가 말했다. "당신도 우리처럼, 유대인이로군요?"

그녀의 억양은 남편의 억양과 같은 것이었다. 유켈은 엷은 미소를 지어 보였다.

"우리 부부도 강제 수용을 겪었답니다… 남편하고 나는 여기로 돌아왔지만, 우리 아들하고 딸은 거기서 죽고 말았죠. 손님께서는 전쟁 때 프랑스에 계셨나요?"

"아뇨, 이집트에 있었습니다."

"그럼 손님은 행복한 유대인이시군요. 지금 어떤 괴로움을 겪고 계시든, 손님은 행복한 유대인이세요."

"그만 됐어, 할멈. 손님 분 너무 귀찮게 하지 말어, 당신의 그…"

그러나 이때 노파는 남편의 말을 가로막았다.

"이분 유대인이시잖아, 아니야? 그리고 작가시잖아, 아니야?"

그리고 그녀는 귀환의 나날들에 대해 이야기하기 시작했다. 죽음을 그들 가슴에 품은 채,

두 손으로 시야를 가리고, 귀를 막으려 했으나,

온몸이, 살과 피가, 영상들을 보고, 울부짖음들을 들었으므로,

허사였던,

끝없는 귀환의 밤들에 대해.

"나는 우리가 더는 못 버틸 거라고 생각했어요. 하지만 우린 살아남기 위해 먹었고, 지금 여기 서 있죠. 우린 무無 속에서 삶을 받아들였어요."

"그만 됐어, 할멈." 노인이 자신의 손님을 배웅하며 말했다. "그런 것들일랑 전부 침묵 속에 버려둬, 그게 쉬지도 않고 우리에게 다시 종알댈 테니까." 그리고 그는 유켈을 향해 이렇게 말했다.

"침묵의 이야기를 잘라내지 못하는 사람은, 말하기를 포기할 수밖에 없지, 그렇지 않소?"

어떤 절대적인 욕망이, 그로부터 몇 시간 뒤에, 유켈로 하여금 남쪽

으로 가는 열차를 타게 했을까?

그것은 지중해를 다시 보고 싶다는 욕망이었으며, 언제나 제 소금과 색채들을 간직하고 있는 바다의 가르침을 듣고 싶다는 욕망이었다.

책으로의 귀환

헌사

센 지방, 바뉴의 공동묘지에는 내 어머니께서 묻혀계신다. 고도古都 카이로, 모래의 묘지에는 아버지께서 묻혀계신다. 밀라노, 대리석으로 이루어진 저 죽은 도시에는, 내 누이가 묻혀 있다. 로마에는, 그림자가 손수 파낸 땅 아래, 내 형제가 묻혔다. 네 개의 무덤. 세 개의 국가. 죽음은 국경이란 것을 알고 있을까? 한 가족. 두 대륙. 네 도시. 세 깃발. 무無의 언어라고 하는, 단 하나의 언어. 하나의 괴로움. 하나로 합치되는 네 개의 시선. 네 존재. 하나의 울부짖음.

네 차례, 백 차례, 만 차례 울려 퍼지는, 하나의 울부짖음.

"그렇다면 무덤조차 갖지 못한 자들은?"

렙 아젤이 묻자, 유켈은 이렇게 대답했다.

"우주의 모든 그림자들은 울부짖음이다."

  (어머니, 저는 삶의 첫 번째 부름에, 처음으로 내뱉어진 사랑의 말에 응답하고, 그러면 세계는 당신의 목소리를 가집니다.)

이야기에 앞서

렙 게브라는 이렇게 썼다. "주님께서는 내 유년기와 함께 돌아가셨다. 주님께서는 내 청년기와 함께 돌아가셨다. 그리고 지금, **그분**께서는 나와 함께 죽어가신다. 이렇게, 영원한 공호 속에서, 불의 화살세 발이 인간의 출구를—어쩌면 그의 궁극적인 질문들일지도 모르겠다—상기시킨다."

그리고 유켈은 이렇게 말했다.

"렙 게브라는 좋은 랍비였는가, 나쁜 랍비였는가? 나는 이에 대해 뭐라고 단정 짓지 못하겠다. 렙 아로의 제자로서, 그는 제 스승을 배신한 것인가? 빛이신 주님을 직접 뵈었다고 주장하여 유죄 판결을 받은 이들과 마찬가지로, 그는 **주님의 법**을 다시금 검토해야 할 문제로 삼는 신성모독을 저지른 것인가? 그렇다면 사람들이 그에게서 거리를 둘 법도 했다. 또한 사람들은 나와도 거리를 둘 만했다. 책에 실린 모든 랍비들 중에서, 나와 가장 닮은 이는 렙 게브라이니 말이다."

(그러자 렙 페아는 이렇게 이야기했다.

"나는 인파 속으로 미끄러져 들어가 이렇게 물었다. '책은 어디에 있는가?'

군중 속의 한 남자가 내게 답했다. '책은 내 수중에 있었다.'

나는 그에게 다가가 이렇게 요구했다. '내게 **책을** 보여다오.'

그는 웃고 나서 이렇게 말했다. '물이 그것을 읽을 수 있도록 강에 던져주었다.'

그리고 나는 이렇게 말했다. '땅은 낱장들을 제공했다. 불과 물은 글을 써냈다.'

아아! 남자는 이미 사라지고 없었다."

이야기를 들은 렙 아스콜은 이렇게 해석했다. "당신들 둘 모두 책의 말들이었다.")

"내게 그대의 시선을 다오. 그러면 갈라졌던 것이
하나로 묶이리라."

• 렙 망데스

1부

"첫 번째 숨결은 가장 먼 과거로부터 온다. 마지막
숨결은 제 따스함을 여전히 첫 숨결에 빚지고 있다."

• 렙 살리나스

가장자리와 경계

"나는 모든 단절을 감수했다. 그중 가장 큰 단절은
나 자신을 나로부터 끊어낸 것이었고, 이는 내 탐구
의 출발점이었다."

(유켈의 일지)

세 번째 『질문의 책』의 문간에서 나는 어느 화강암 덩어리와 다시 만났다. 오래도록 사막을 걸은 뒤, 해가 떨어질 무렵이면, 나는 종종 그 화강암 위에 자리를 잡아 앉곤 했었다.

밀이 널린 타작마당으로, 모든 시대에 걸쳐 가장 높은 묘비의 발치로 돌아가기. 진흙으로, 인간으로 돌아가기.

사막에서는, 어떠한 생각도, 어떠한 꿈도 수위首位를 차지하지 못한다. 장님이 중풍병자를 둘러메듯, **무**는 **무**를 둘러멘다. 심연은 재산이다.

이집트를 떠난 뒤로 많은 세월이 흘렀다. 층계참의 연쇄는 여러 세기 동안의 안식인, 죽음의 휴식을 나타낸다.

진리는 팔기 위한 것이 아니다. 우린 우리의 진리이다. 그것은 주님과 인간의 고독이다. 또한 그것은 우리가 공유하는 자유다.

보편적인 **진리**, 단 하나뿐인 **진리**를 찬미하자. 우린 우리가 그것의 현기증이 되는 셀 수도 없이 많은 길들을 통해 진리에 다다르고자 한다. 진리는 우릴 진리로 이끄는 움직임 안에 있다. 진리는 또한 신비에 감싸인 반어^{反語}의 도래 안에도 있다.

우리가 전진함에 따라, 진리는 우리에게 어둡게도 보이고 빛나게도 보이며, 부조리하거나 감동적인 것으로도 보인다. 우린 갈림길에서의 해석을 금하고 있다. 해석이 과감하면 과감할수록, 그것은 더 심각하게 우릴 고립시킨다.

예상과는 다르겠지만, 나는 원용된 **진리**의 이름으로 믿음을 배웠다. 읽을 수 없는 **법**을 읽어내기, 그것이 나의 율법이다.

그렇게, 진리의 말은 우선 말의 진리이다. 그것은 약속된 말과 교환된 말이요, 대화의 말이며, 금강석의 말이다. 그것은 습득된 글자를 통한 글자의 갑작스러운 말 걸기이고, 홀린 단면을 통한 불길의 갑작스러운 말 걸기이다.

말을 잃는다는 것, 그것은 **창조**의 울부짖음 속에서 주님을 잃는 일이다.

> (말 너머의 말은—나는 여기 『유켈의 책』의 후기를 쓰고 있다—존재의 내밀한 비이성 속에서 호명된 대상보다, 제 실제적인 원인보다 오래 살아남는다. 논리의 쇠창살 너머로 모습을 드러낸 흰 구름. 움직임을 잃은 몸에서 숨결이 새어나오듯, 말을 잃은 말로부터 날아오른 말. 점토와 피의 기억을 지닌, 영혼-말.
>
> **빛이신 주님**$^{La\ Lumière}$께서는 우리들의 창백한 지식^{lumières} 끝에 계신다.)

그러나 어쨌든, 책은 태양의 침묵으로 이루어진다.

> ("말 속에서, 인간은 주님께 소리이고 거처이며, 주님께

서는 인간에게 몸짓이고 기호이다."

• 렙 아강

*"책은 주님에게 있어서는 얼굴이요, 사람에게 있어서는
손이다."*

• 렙 메르)

그대는 바람이 움직이는 소리가 혹은 물이 스스로의 주름을 펴는 소리가 들리는가? 관계lien[1]라는 것은 칼집에서 뽑힌, 말 없는 단검이다. 그리하여 관계를 맺는다는 것은 칼날에 줄을 두르는 것과 마찬가지이며, 매듭 맺기가 불가능한 곳에 끊임없이 매듭을 고쳐 짓는 일이다.

자유는 우리 모두에게 동일한 굴레를 씌우는, 구속lien 안에 있다.

나는 살아 있다, 이 점에 기적이 있다. 나는 잘린 매듭 안에서의 줄의 생명이다.

정지의 인간, 후광의 인간이여, 나는 그대가 필요하다. 존재를 이어 나가기 위해서가 아니라, 그 반대로, 내 삶의 종지부를 잉크 속에 찍기 위해.

잿더미와 화재의 씨앗들 사이에.

이제 나는 알고 있다, 단어가 종속된 기호에 멍에를 씌우듯, 페이지는 또 다른 페이지에 멍에를 씌운다는 것을.

기호를 지닌 기호 또는 기호의 부재를 지닌 기호.

새벽이 실밥 뜯듯이 미리 빼낸 시간들의 끝에서, 사라가 유켈을 잃

---

1) '관계' 이외에도 '줄' '끈' '사슬' '속박'을 의미하기도 한다. 매거나 묶는 행위를 가능하게 하는 다양한 사물들, 그리고 추상적인 의미에서 '매인 상태'를 지칭하는 말이다.

어버린 길의 끝에서, 유대인이 다른 유대인과 함께 제 신앙을 지키기 위해 스러진 길의 끝에서, 책으로 돌아간다는 것은 근원적 생기로의 귀환이요, 맹세로의 귀환이다.

그대가 그대의 셈에 따라 집을 짓는 날에, 그대가 이해해야 할 것은 그대 자신뿐이리라. 나를 따라, 나와 함께, 이번에는 그대가 최후의 책의 밑받침이 되어라.

> (단어는 대상을 덮친다. 새벽은, 밤을 덮친다. 그때부터, 대상과 단어는, 하늘과 땅이 시간의 흐름에 따라 그러하듯, 서로가 서로를 비추기 시작한다. 단어는 대상을 대상의 경계 너머로 끌어간다. 대상은 스스로 말의 모험의 동기이자 의미가 되길 원한다. 단어는 대상을 볼 수 있게 해주고, 들을 수 있게 해준다. 대상은 제 빛에 속하는 부분과 어둠에 속하는 부분을 단어에게 내어준다. 대상과 그 대상을 가리키는 단어는 동일한 단절을 겪게 된다. 그것들이 돌파하고자 하는 공간은 그것들을 가르는 문간이다. 하나가 되고자 하는 희망이 그것들로 하여금 공空과 맞서게 한다. 그러나 그러한 약속이 머무르는 무無, 그것은 바로 죽음이 아닌가?)

엘로힘Elohim[2])께서 그분 백성들의 죽음으로 인해 돌아가신 것은 어느 날 아침, 새벽이 조금 지나서였다. 사막은 그분의 주름 개수를 헤아렸고, 독수리와 매는 곧바로 이 소식을 널리 퍼뜨렸다.

---

2) '주님'을 지칭하는 여러 가지 표현 중 하나. 신의 전능함을 강조하고자 할 때 사용된다.

그 이후로, 열두 시간 동안, 날은 날의 죽음을 애도하는 상장喪章을 달게 되었다.

번개와 빛

"인간 안에 머무르시는 주님, 그러나 그것은 매번 치열하게 진위를 다투는 마음의 황홀에 있어 비로소 가능하게 된 주님의 불가능성이다."

• 렙 엘퍼에

"그대는 시의 공간이고, 나는 그 막다른 길이다."

• 렙 리마

1

"이스라엘 백성들보다 더 헐벗은 백성들이 있단 말인가? 그들은 순수함으로 제 몸을 꾸미나니."

• 렙 게타

"만약 내가 그대에게, 기도 시간에 울려 퍼지는 랍비의 노래가 우리에게 우리들의 땅을 돌려준다고 말한다면, 그대는 믿을 수 있겠는가? 우리들의 우주는 목소리이고, 오열이며, 몇 마디의 거룩한 말씀이다."

• 렙 알레

"나는 있다. 그렇게, 나무가 돌연 나무에게 말을 걸고, 조약돌이 돌연 순진한 조약돌에게 말을 건다."

• 렙 사에드

"그대는 책에 대해 말하기를 어려워하고, 나는 그러한 사실을 그대에게 말하기 어려워한다. 불편함은 책 안에 있다."

• 렙 데랭

"그대는 내 아들이다. 그리고 그대의 책은 내 책의 자식이 되리라."

• 렙 아크랭

2

"주님께서는 **장소**가 될 수 있는 무궁한 기회를 인간에게서 얻으신다."

• 렙 아싸르

"주님의 계시는 주님을 향하는 피조물에 대한 인간의 계시이다. 그렇기 때문에 주님에 대한 인식 없이는 인간에 대한 인식도 불가능한 것이다.

유죄선고를 받은 렙 사아랭은 감옥에서 이렇게 부르짖었다. "주님께서는 감옥에 계신다." 그러나 죽음에 의해 빚어진 삶이 인간의 자유라는 시련인 것처럼, 주님의 영靈은 주님의 자유인 죽음 속에서 인간보다 오래 살아남는다."

• 렙 세다드

"죽음은 주님과 한 몸을 이루는 주님의 부재이다."

• 렙 사브라

"우린 무척 많은 것들에 대해 거의 말할 것이 없다. 주님께서는 너무도 적은 것들에 대해 무척 말씀하실 것들이 많다. 주님께서는 **무無** 속에서 입을 다무셨다. 인간은 모든 것 안에서 입을 연다. 하지만 그가 어떻게 제 이야기를 들리게 하겠는가?"

• 렙 라카

3

"사유의 우회는 그대를 두렵게 할 수 없다. 그것은 육체의 길을 빌린다."

• 렙 아스크리

"그대는 그대의 주석에 주석을 단다, 그렇게 계속하여, 그대가 그대 아들의 증손자에 지나지 않게 될 때까지."

• 렙 사베르

"모래의 습격을 받는 모래, 종잇장의 습격을 받는 종잇장, 이는 일곱 종자에 대한 명령이지 않은가, 연안의 고장이 다가옴에 따른 깨어남이 아닌가?"

• 렙 엘레프

시련과 책

"나는 주님의 숨겨진 밭 속 밀의 말이다."

• 렙 아탈

*"영혼은 장딴지의 탄력을 갖고 있다. 나는 땅에 속한
다. 그대들은 나를 짓밟는다. 그대들은 나의 영원함 속
에서 나를 짓밟는다."*

• 렙 르아르

마치 밤과 낮이, 그 안에서 낮이 밤을 잇고 밤이 낮을 이으며, 그 안
에서 계절들은 이백오십 계절의 네 배인 시 천 편의 선두船頭를 이루
듯이, 천 가지 이야기들의 이야기인 한 권의 책, 나는 그것이 지닌 극
도의 완강함에 부딪혀가며, 그 뒤를 쫓았다.

세상은 이름 속으로 망명한다. 이름 안에는, 세상의 책이 있다.

쓴다는 것은, 기원에 대한 정열을 갖는 일이다. 글쓰기는 바다에 도
달하고자 하는 시도이다. 바다는 언제나 또 다른 시작이다. 죽음 안
에서는, 분명, 여러 바다들이 모여 가장 깊은 밑바닥을 구성한다. 따
라서 쓴다는 것은, 목적지에 가서 멈추는 것이 아니라, 끊임없이 목
적지를 넘어서는 것을 의미한다.

나는 다섯 번의 여름 전부터, 한 권의 책을 쫓아왔다. 이 책은 작품
이 들어서는 무無 속을 거니는 신중한 발걸음이자, 열에 들뜬 종잇장

을 거쳐, 기호의 씨주머니에 도달하고자 하는 매일의 시도이다.

천과 천 사이를 잇는 장식 레이스처럼, 위험과 위험을 잇는 한 권의 책.

임종의 침상에 누워 있던 어느 80대 노파에 관한 기이한 이야기, 그것이 여전히 내 머릿속을 떠나지 않기에, 나는 그 이야기를 꼭 해야만 하겠다. 숨이 꺼지기 직전에, 그녀는 자신이 유년 시절에 쓰던 언어로 이야기했다. 그 언어는 젊은 시절 이래, 그녀가 줄곧 잊어왔던 언어였다. 무의식의 안개 속을 헤매는 존재가 보여준, 이와 같은 행동은 내게 시인의 행동을 예시해주는 것처럼 보였고, 지금도 그러하다. 시인은 제 작품 속에서, 결코 말하지 않는 것처럼 말하니까.

모든 작품은 어둠의 무효화이자, 마술에 걸린 기억에 대한 기억 저편의 송가다. 아름다움은, 보잘것없는 삶이 아름다움 속에서 살 수 있게끔, 죽음이 삶에게 내어주는 선물이다.

책을 포기한다는 것은, 미래의 책에 대한 서원誓願에 매달리는 일이다. 일말의 나약함이 우릴 제자리에 못 박는다.

푸른 하늘은 둥지들에 둘러싸여 있고, 그로부터 새들이 깃을 치고 날아오른다. 새들의 비상은 내게 감탄을 불러일으킨다. 시간은 우리 두 눈 속에 자리 잡는다. 더는 찢긴 상처에 대해 생각하지 않으면서, 나는 나를 찢는 무엇인가에 대해 놀라워한다. 나의 피를 보고서야, 나는 내가 피 흘렸음을 확인한다.

나는 언젠가의 늦은 오후를 기억한다. 그날 사막에 홀로 있던 나는 그림자가 바늘을 쥐고 우주에 별들을 수놓는 장면을 목격했다. 바늘은 무척이나 예리했다. 그래서 나는 순진하게도 이렇게 생각했다. 하늘 가득히 울고 있는 여인들이 있어서, 바늘에 한 번 찔릴 때마다, 불의 비명을 내지르고 있는 것이라고. 그러나 그 비명이 무아지경에 이른 여인에게서 나온 것인지, 꿰뚫린 우주로부터 나온 것인지에 대해,

나는 확신을 갖고 이야기할 수가 없었다. 나는 또한, 내가 처음으로 침묵의 무게를 인지했던 일을 뚜렷이 기억한다. 나일강의 물살을 바라보고 있을 때였다. 흙을 가득 싣고 떠내려가는 그 물결은, 먹이를 나르고 있는 불개미 무리의 끝도 없는 행렬을 떠오르게 했다. 희망은 숨을 강하게 만들었다. 세상은 제 완전한 명징 속에서 세상과 결별하였다. 세상은, 그것이 받아들인 것처럼 보이는 삶의 가장 놀라운 가르침 속에서, 죽음에게 저를 드러냈다. 그리고 나는 책이 저 두 침묵 사이에서 흔들려야 한다고 생각했다. 펜의 끝에서 책이, 주님을 따라 인간들이 읽어갈 단어들을 위해, 휘어야 하듯이.

모든 앎의 표현은 질문을 받게 된다, 기계적인 움직임, 사유 또는 입술의 가장 보잘것없는 중얼거림이 소집하는 천사들, 불가사의하고 신비한 능천사能天使들로부터.

하찮은 방법들을 통한, 절대에 대한 우리의 탐구 속에서, 주기적인 질문들은 우릴 그들의 영원성에 희생시킨다. 치켜올려진 돌들이 호수의 모험을 증언하듯, 우린 그들의 대담성을 증언한다.

이러한 이치 속에서 조금씩 조금씩 나날의 책은 영원한 세월의 책에 열리게 되었으며, 나는 그 느리지만 확실한 개화에 참여하였다. 나는 이제, 내가 그것을 잃어버릴 수 있을 거라고는 상상할 수가 없다. 책 속에서 내 삶은 내 죽음과 동행한다. 내가 다가가고 향유할 수 있는 기회를 얻게 될 존재와 사물들은, 우선 선택되고 상실되었다가, 또 다른 존재들과 새로운 사물들 속에서 되찾아질 것들이다.

증명은 서곡이다. 주님에게로의 도약은, 뒤쪽을 향한 도약이다.

그러나 불가피한 미래의 보증 없이는, 이러한 과거로의 회귀는 명백히 불가능하다. 뿌리의 부름이 다다르는 곳은 가시나 꽃봉오리가 아니라 활짝 피어난 장미이다.

그렇게, 우리가 마주할 하루하루는 거꾸로 살아야 할 하루, 죽어야 할 하루이다. 이와 같은 세월의 이중의 압력은 영혼의 산물들을 통해, 그리고 세월이 우리를 종자와 들판 삼아 지은 농사의 산물들을 통해 행해진다.

삶과 죽음은 연장延長이라는 동일한 욕망을 품고 있다. 영원성이 그 둘을 엮는다.

책 속에서, 바다의 색은 부재의 상아색에서 잉크의 검은색으로 변해간다. 바다는 해안을 적시고, 내 발걸음은 그 해안을 다시 찾는다. 그곳의 조가비들에서, 나는 내 이름의 메아리가 신음하는 소리를 들었다.

지중해는 나의 것에 앞선 시선들을 재생시켰다. 그러한 이유로 나는 바다가 책 속에서, 천년 세월을 품은 유동하는 끈이 되기를 바란 것이고, 또한 그러한 이유로 나의 몽상들은, 떠남으로 인해 마음 찢긴 사람들에게 있어 구조救助의 의미를 갖게 되는 것이다. 살 수 있는 자들은 살아남아라! 저기에는, 어쩌면 우리들을 위한, 삶이 있으니까.

물결이 핥지 못하는, 켜켜이 쌓인 소금, 사해死海는 파멸한 바다의 영상이다.

지중해와는 조금도 닮지 않았다. 아침의 바다, 충동적이고, 산만하고, 상상력에 넘치는 바다, 사랑스러운 바다, 부드러운 바다, 항적과 헤엄의 바다인 지중해와는.

두 손 모아 퍼낸 밀은, 허기 속에서, 사람들의 단결을 예고한다. 주먹의 위협은 사람들의 자폐를 마무리 짓는다. 사랑은 손가락들에 오른 금金 속에 있다. 땅은 사랑의 황금이다.

나의 나무들은 화염목火焰木과 대추야자다. 나의 꽃은 재스민이다. 내 강은 푸른 나일강이었고, 나의 사막은 모래 그리고 아프리카의 부싯돌들이었다.

그러나 그것들이 나의 동공과 심장을 통해 내 안에 들어왔다는 이유로, 그리고 내 입이 그것들의 소유를 주장했다는 이유로, 그것들을 내 것으로 간주할 권리가 과연 내게 있던 걸까?

나는 한 사람의 방황이요, 발자취이자 노정이다. 그 사실을 나는 이렇게나 망각했었단 말인가? 나는 체념과 평정 속에서, 또한 의식적인 용기를 갖고 주어진 조건을 받아들였다. 실재 속을, 그리고 책의 각 음절들에 근거한, 실재의 꿈속을 헤매겠다는 조건을.

주님의 말씀은 명령이 아니라 통신通信이다.

어느 날, 렙 베아르는 그의 스승인 렙 에프라앵 숄랑에게 이렇게 물었다. "뱀과 무지개 사이에는 어떤 공통점이 있습니까?"

렙 애프라앵 숄랑은 그에게 이렇게 답했다. "가장 섬세한 자라면, 그것들의 밑그림을 그릴 때 원을 활용한다는 점이지."

시각은 우리에게 자유로운 움직임과 타고난 몸짓의 깊은 열망을 감출 때가 많다. 삶은 저 너머, 잠들지 않는 삶 속에 있다.

책의 이후로, 내 삶은, 한계와 한계 사이에서, 그리고 발음할 수 없는 **이름**의 빛나는 기호 아래에서 이루어진 밤샘 글쓰기였던 것이 되리라. 낮과 저녁에 포위당한 밤. 세상은 세상도 모르게 변모한다. 그리고 이 긴 횡단의 여정은 잠과 혼동되는 것이다.

반복이란, 신에 대한 지고의 사색 속에서 영속할 수 있는 인간의 힘이다. **제1원인** 속에서 신의 행위를 반복하기. 그렇게 예상할 수 없는 **말씀**의 전횡 속에서, 말의 흐름을 열 수 있는 유일한 존재인 인간은 주님과 동등한 자가 된다. 나는 비굴히 복종한다. 나는 변모의 대가大家이다. 모험은 단어의 덕성이다.

> ("주님께서는 주님의 뒤를 잇고, **책**은 **책**의 뒤를 잇는다."
>
> • 렙 조르나)

몰락과 망명

1

("나의 기도는 산의 먼지 한 톨이 올리는 기도, 바다의 물 한 방울이 올리는 기도, 태양이 뱉어내는 한 숨 불의 기도.

그대는 비탈이자 봉우리. 그대는 가장자리. 그대는 거듭 밀려오는 파도이자 포말. 그대는 소금. 그대는 새벽이자 황혼.

그러한 이유로 나의 기도는 매번, 그 기도가 아닌 다른 기도가 되네. 그러한 이유로 그대는 결코 그대이지 않고, 간혹 그대 자신에게 반反하는 존재이기도 한, 그대로부터 낳아진 그대가 되는 것을 반복하네.

저의 주님, 저는 경멸받아 마땅한 피조물임에 틀림없습니다. 저는 기도하는 법을 알지 못하기 때문입니다."

• 렙 보오르

렙 아크리는 이렇게 말했다. "모든 명상의 중심에는 바다가, 바다의 위협과 바다가 지닌 수갑이 있다. 그대는 바다 혹은 밤의 손에 이끌려 감옥에 들어간 적이 있는가? 이 무슨 모험이란 말인가. 미리 경고해줄 수 있는 이도 없다.

우린 곧장, 흘러든다. 장님이 되어 속죄한다. 그러나 물고 기처럼 숨 쉬고 별이 되어 반짝인다. 그리고 그것이 최악 이다.

죽음의 한복판에서 살아 있기. 대기와 물이 하나의 동 일한 리듬, 쓰러진 리듬을 이루는 곳에서 일어나 있기.")

2

"내 시선은 오직 무한만을 향했다. 내게는 나날들을 그저 흘려보내 는 경향이 있었다. 흘려보낸 나날들, 그것들이 날 벌하였다."

• 렙 알방

"인간에게 있어 여성적인 부분은 잠이다. 모든 거처는 휴식에 대한 사랑이 드러나는 장소이다. 우주는 태양의 동반자다."

• 렙 바아라

"나는 확신한다, 죽음 이후에, 나는 읽히기 위해 거기 있으리라. 내 이름은 책 속에 있으며 죽음은 가장 찬란하게 꽃 핀 이름이니까."

• 렙 베티

3

"더는 말 한마디가 없다. 주님께서 내게 말씀하신다. 나는 그분께 답한다. 더는 어떤 소리도 없다. 다만 침묵에 귀 기울이는 침묵이 있을 뿐이다."

• 렙 사피르

"과거가 반짝인다. 경험된 미래도 반짝이리라. 모든 별들을 품은 하늘은 과거의 책이다."

• 렙 아리아

"두 눈 들어 그대는 과거를 응시한다. 분노함에 있어, 어떤 미래가 저 과거와 견줄 수 있겠는가?"

• 렙 도마나스

"내일은 그대의 미래다. 그러나 태양은 나타나자마자 제 재산을 요구한다."

• 렙 아르베

"세상은 날과 함께 소진되어 간다."

• 렙 아르지

"몇 방울의 눈물이 흐르면, 그것은 이미 그대를 향한 사다리이다."

• 렙 카랍

4

노래

길가에는
나뭇잎들이 있다
나뭇잎인 데 지친 나머지
져버린 나뭇잎들이

길가에는
유대인들이 있다
유대인임에 지친 나머지
쓰러져버린 자들이

잎들을 쓸어라
유대인들을 쓸어라

봄이면 같은 나뭇잎들이 자라날 테다
짓밟힌 유대인들을 위한 봄은 있으려나?

5

("그대는 몰락을 가리켜 망명이라 부른다. 그렇게 그대
는 살아남는다."

• 렙 타디에)

대지

1

("명백한 나의 출생에 주목하라. 나는 반항하는 자요,
부재하는 자다."

• 렙 베리드

"그대는 모든 것을 이야기하려 하고, 모든 것을 가지려
한다. 그대는 마침내 사라질 수 있으리라고 생각한다."

• 렙 아르다

"우리들의 한계가 우릴 구한다. 동시에 하나의 사물이
자, 사유이자, 영상이라는 점이 우리로 하여금 숨김없이
우리 자신을 드러낼 수 있게 한다. 우릴 빠져나가는 것은
우릴 우리 자신으로부터 뽑아내며 우릴 파멸시킨다. 나는
찾아질 수 없는 것을 찾는다. 나는 유산된 공空이며, 가장
의미 없는 탐구이다."

• 렙 카보르

"더는 희망이 없다, 혹은 차라리, 원대한 희망이 있다.
유리의 우주 속에서 나는 보이지 않는 존재이다."

"내 영상의 나이는 내 기억의 나이와 같다. 나는 반영反映에 대한 찬가이자 모욕이다."

• 렙 아로다드

"나는 모호한 어둠의 사제, 언젠가 **그대**를 보기 위하여 나의 시각을 돌보네."

• 렙 로아맹

"밤은, 길들여진 불길이 네발로 기어 풀을 뜯으러 가는 어두운 골짜기. 그림자는 새벽이 밝아올 때까지 뜯어 먹힌다. 쪽빛 하늘은 더욱 맑아지리라."

• 렙 아도싸

"그대는 먹어 치워 존재하고자 하는 열망 속에 쇠약해져간다.

예전에 그대는, 수분受粉할 수 있는 꽃부리였다."

• 렙 망도싸)

2

렙 아캉은 이렇게 말했다. "고독은 망명의 풀이다. 그대가 꽃들을 믿는다면, 그대는 대지를 믿는 것이다."

렙 테씨에는 이렇게 답했다. "내게는 땅이 없다. 그러므로 나는 그 어떤 것도 갖고 있지 않다."

렙 아캉이 말을 이었다. "내가 그대에게 구석 땅 한 뙈기를 주겠다. 거기서 그대는 뿌리의 삶을 살아갈 수 있으리라."

"나는 이제까지 바위들과 존재를 공유한다고 생각했었다. 렙 아캉, 그대는 내게 정원을 내어줄 정도로 부유한가?"

"렙 테씨에, 물은 모래의 주인이다. 우물에서 그대의 몫을 떠라. 오아시스는 축축한 손안에 있다."

렙 테씨에는 대답했다. "내게는 사막이 없다. 그러므로 나는 그 어떤 것도 갖고 있지 않다."

렙 아캉이 말을 이었다. "내가 그대에게 사막의 한구석을 주겠다. 거기서 그대는 물을 찾을 수 있으리라."

"나는 이제까지 모래 알갱이와 존재를 공유한다고 생각했었다. 렙 아캉, 그대는 내게 수원을 내어줄 정도로 부유한가?"

"렙 테씨에, 그대가 바로 수원이다. 그대는 사람 손을 타지 않은 물이요, 향기로운 재스민이다."

3

　—그대는 계속되는 행위들을 통해 죽음의 심기를 어지럽히고 있다. 죽음의 격분을 두려워하라. 죽음의 노여움으로부터 달아나라. 사람들은 그 격분과 노여움을 주님의 것으로 여긴다.

　—주님께서 오직 죽음 안에서만 행동하신단 말인가?

　—인간이 공空 속에서 공전하도록 놓아두시고자 주님께서는 뒤로 물러나신다.

　—무無 속으로 들어간다는 것은, 주님과의 논쟁을 재촉하는 일인가? 죽음 안에서, 사람은 시각을 되찾는가?

　—주님께서는 그분의 감긴 두 눈의 어둠을 인간의 영혼으로 주셨다. 본다는 것은, 주님을 거부하는 일이다.

　—주님께로 나아간다는 것은, 그 끝에 이르기까지 밤 속으로 빠져드는 일인가?

　—매번의 걸음마다, 주님께서는 뒤로 물러나신다. 그대의 두 눈을 감아라, 그러면 주님께서는 멈추셔서 그대를 기다리신다. 그대의 잠이 길어지게끔 하라. 주님께서는 그대가 돌아오기를 바라신다.

　　　　(—우리 영혼은 주님의 그림자 속에서 다듬어졌다.
　　　　—악은 그림자인가? 악은 주님 안에 있는 것인가?

—그림자는 선과 악의 피난처이다.

—밤에는 선과 악을 무엇으로 구분할 수 있는가?

—그림자의 열기를 통해, 문자의 싸늘한 도박을 통해.

—선민選民들은 바싹 마른 낯빛을 하고 있다. 태양은 반항적인 그림자들을 쫓아낸다.

—빛은 그림자 안에 있다.

—그러므로, 우리 영혼은 빛 속에서 다듬어졌다.)

4

"신과 인간의 대립. 단 하나뿐인 사랑이 입은 부상. 우주는 새벽빛처럼 밝은, 금빛의 물감 얼룩."

• 렙 잘랑

"주님, 당신의 천국으로 돌아가소서. 당신의 두 귀를 틀어막으소서. 제게서, 당신의 얼굴을 돌리소서. 우주의 규모에 어울리는 사랑이란, 바람의 방향에 따라 좌로 우로 틀어야 하는 돛과 같은 것. 제가 당신을 사랑할 수 있도록, 당신께서 저를 사랑하시는 것은 그만두소서. 선회 속에서, 바람 속에서 우린 대립합니다. 우린 우리의 힘겨운 패배를 기릴 것입니다. 당신께서는 인간 없는 주님이 되실 것이고, 저는 주님을 위한 인간이 될 것입니다."

• 렙 세키르

"그대 자신에게 반하는 행동 속에서 그대는 나를 신으로 만든다."

• 렙 네뭉

"주님 안의 인간은 스스로의 모습을 인간에 비춰본다. 하지만 얼굴이란 것은 세월의 흐름에 따라 바뀌는 것이다. 그렇게, 주님께서는 매번 미래의 **얼굴**이시다. 죽음 안에서, 그러한 변모는 가속된다. 그러나 누가 단언할 수 있겠는가, 가장 첫 번째 얼굴이기도 한, 마지막 얼굴에, 우리가 어디서 또 언제—무구의 시작에서인가, 끝에서인가?—다다를 수 있을지를?"

• 렙 가보르

"사랑은 주님이 그 안에서 사랑하시는 사랑에 맞서 궐기한다."

• 렙 세로르

("그대가 그림자라면, 그대 재빨리 깨닫게 되리라, 그림자들은 서로 닮지 않았다는 것을."

• 렙 아리드

"무엇이 우리를 서로 구분되게 하는지가 언제나 명백한 것은 아니다. 마찬가지로, 무엇이 화살과 불화살을 구분되게 하는지도 언제나 명백하지는 않다."

• 렙 소앙

"말은 침묵을 퍼뜨린다. 등잔불은, 빛을 발하는 부재를 퍼뜨린다."

• 렙 아가르)

진주와 검

"새의 꽁지깃과 검 사이에는 다소간 유사성이 있
다. 눈동자와 진주 사이에도 다소간 유사성이 있다."

• 렙 베텔랭

1

단어는 제 사행蛇行 속에서, 펜으로 인해 죽는다. 작가 또한 동일한
무기로 인해 죽는다, 그를 배반한 펜이라는 무기로 인해.

렙 아코르는 작가인 질리에게 이렇게 물었다. "그대는 무엇을 살해
한 죄로 기소되었는가?"

질리는 이렇게 답하였다. "주님을 살해한 죄로 기소되었다. 그러나
나 자신의 변호를 위해 한마디 덧붙일 수 있다면, '나 역시 **그분**과 함
께 죽어간다'고 말하리라."

> (작가는 자신의 죽음을 결정할 수 있는 유일한 존재이
> 다. 그는 그가 스스로에게 부여한 과업을 완수할 것을 맹
> 세한다. 현재를 희생해서, 새하얀 우주를 읽을 수 있게 한
> 다는 과업을. 이 맹세의 증표는 외기둥 사다리의 발판이
> 요, 까다롭고 철저한 질문이다.)

죽음 안에서, 단어는 가시적인 것이 된다. 그것은 읽힌 **법**이다. 기호의 이러한 부활은 글쓰기가 드러내는 신비이다. 그것은 책 없이는, 그 누구도 짐작할 수 없을 인간의 신비이다.

문장 안에는 창조의 모든 양상이 담겨 있다. 죽음은 휴게지이다. 삶은 그곳에서 모종의 의미를 얻고, 목걸이를 빠져나온 진주는, 그곳에서 결코 소멸되지 않는 제 근본적인 자유를 깨친다.

2

"말은 말 속에서는 *찬성*이고자 하며, 글 속에서는 *반대*이고자 한다."

• 렙 탈렙

"단어는 모래 위에 찍은 인장이며, 바다 밑바닥에 찍은 문장紋章이다. 말은 해변 위에 지푸라기로 그린 Y자 문장이다."

• 렙 아글렙

3

그것의 이름을 불러 대상을 드러냄으로써, 단어는 죽을 수밖에 없는 어느 존재를 개시한다.

내 사랑아, 나는 너를 죽음에서 벗어난 이름으로, 신성한 빗장이 걸린 불가침의 이름으로 부르고 싶었다.

나는 너를 "LM"[3)]이라고 부르고 싶었다. 나는 그 이름, 역사를 탈각한, 나이도 빛도 없는 이름의 공덕이었다.

　나는 그 이름을 마주하여, 너 없이, 너와 함께 있었다. 나의 감정은 지상의 것이 아니었다.

　나는 글쓰기를 가로질렀다.

> ("주님께서 위태로이 멈추실 때, 그분에 관한 모든 탐구들이 허용된다."
>
> ● 렙 코메
>
> "저희 백성의 찬사를 받아주소서. 저의 고독으로부터는 봉인의 수를 받아주소서."
>
> ● 렙 돌바)

---

3) "Elle aime"(그녀는 사랑한다)와 발음이 같다.

바늘과 시계판

*"진리의 한계 속에서, 맞바람을 흘려가며 진리로
나아가는 한, 그대는 진리 안에 머무르리라."*

• 렙 나티에

"붙잡히지 않고자 하는 것은 영원하다."

• 렙 아리파

1

나의 소유물들이 소멸하는 장소를—나는 진리와 자주 접촉함으로써, 진리의 재산들을 내 것으로 삼으며 거기 불을 놓는다.—차지하는 것은 마찬가지로 배타적인 어떤 진리의 소유물들이다. 내가 그러고자 마음만 먹는다면, 나는 그것들 또한 내 것으로 만들 수 있으리라.

그리하여, 나 자신의 영상들로 죽기 위해, 나는 이 지상을 일주하리라. 세상에는 햇살이 잘 드는 드넓은 영토들 위에 군림하는 진리들이 있다. 나는 그 모든 진리들을 맞이하러 가리라. 하나의 질문을 형성하기 위해 꼭 필요한 시간 동안, 나는 그들의 건강한 동반자들을 활용하리라. 나는 그들의 이성과 시선을 받아들이리라.

책상으로 돌아와, 나는 여행기를 작성하리라. 나는 내가 받은 가르침들을 활용할 것이고, 그러면 내 책들은 진정성 있는 어조를 띠게 되리라. 내 책들을 읽는 누구도 나의 진정성을 의심하지 못하리라. 나 자신을 제외하고 말이다. 그도 그럴 것이, 이후로 나는, 사방의 벽에 갇힌 채, 어떤 한 진리의 손님이 되지 않겠는가? 그 진리는 다른 진리들에 대해 적대적일 것이며, 내가 그것을 떨쳐낼 수 있는 유일한 방법은 방화가 아니겠는가? 나의 불만이 불을 질러 일어난 화재 속으로, 주인인 진리를 떠밀어 희생시키는 것만이, 그것을 떨쳐낼 유일한 방법이지 않겠는가?

> (렙 엘룽은 렙 마쎄에 대해 이렇게 말했다. "그는 진실한 인간이다. 그는 재의 융단 위를 걷는다."
>
> "주님께서는 진리 중의 진리이시며, 불길 안에서 꽃을 피우는 불길이시다."
>
> • 렙 페랭)

2

바닷속으로 삼켜지는 바람처럼, 나는 내 책들의 숨이다. 모든 파도는 포말과 높이 매달린 물로 이루어진다. 모든 가치는, 하늘이 택한 가치다. 그러나 파도를 일으킴으로써, 파도와 파도에 매달린 술의 형상을 만들어냄으로써, 바람은 파도와 함께 다시 태어나고, 파도 곁에서 제 힘이 모두 소진될 때까지 대양을 주파한다. 바람의 힘은 다른 곳에서부터 온다. 하지만 바람의 의지는 바람에게 고유한 것이다.

3

어떤 책도 완결되지 않는다. 나도 내 책을 세 차례 개정하지 않았는가? 태양은 밤이면 별들에 둘러싸이고, 낮이면 우리가 그 기억을 간직하고 있는, 펜에서 나온 존재들에게 둘러싸인다.

한 장 한 장을 따라가며, 잠의 세계 속 별들의 반짝임을 읽는 것, 새의 날갯짓과 새의 납치를 읽는 것, 그것은 글쓰기에게 지고의 권력이 있음을 인정하는 일이 아니겠는가? 무엇보다 앞서, 죽음이 점유하고 있는 지고의 권력, 세상을 변모시킬 수 있는 힘, 이해할 수 없는 그 천변만화 속 우주의 영상을 승인할 수 있는 힘, 그러한 권력이 글쓰기에게도 있음을?

죽음의 화려한 이력. 나는 그것이 데뷔하는 자리에 참석했던가? 죽음은 호사스럽게, 또는 소박하게 죽음을 기념한다. 모든 출발은 계획된 것이고, 모든 추월에는 안테나들이 갖춰져 있다. 태엽은 시곗바늘을 시계판의 열두 주둥이 옆에 붙인다. 태엽감개는 우리 손에 있다. 숫자는 메아리를 뛰어넘는다.

4

("렙 스미옹, 그림자가 시원합니다. 이제 태양을 향해 선회할 수 있겠군요."

"렙 세르나, 아직 때가 아닙니다. 우린 이제 첫마디를 뗀 시점에 서 있는 걸요."

"렙 스미옹, 우리가 있는 곳은 시원하고, 우리가 입은 옷은 가볍습니다."

"렙 세르나, 대화가 시작되는 곳은 언제나 서늘한 법입니다."

"렙 스미옹, 태양은 우릴 맑은 정신과 단단한 몸으로 만들 것입니다."

"렙 세르나, 우린 곧 따뜻해질 것이고, 해는 질 것입니다.")

닫힌 커튼

"둔탁하게 울리는 단어의 묶음, 주님께서는 그 안
에서 말씀하신다. 선을 행하는 그림자, 닫힌 커튼. 어
두운 페이지 안에서 행은 연장한다, 접힌 주름과 몽
상을, 행간을."

• 렙 리쎌

1

―희망은 다음 페이지에 있다. 책을 덮지 말라.

―나는 책의 모든 페이지들을 넘겨보았지만 희망을 만나지는 못
했다.

―희망은, 어쩌면, 책 자체다.

2

"내가 이어나가는 대화에서 답변은 지워져 있다. 하지만 때로 질문
은 그 자체로 답변의 파편이다.
나의 길은 그러한 결정結晶투성이다."

그리고 유켈은 이렇게 말했다.

"답변이란 것이 가능하다면, 죽음은 삶의 곁을 걷지 않을 것이요, 삶은 그림자를 갖지 않게 되리라. 우주는 빛이 되리라.

모순은 현재 속에서 갈가리 찢긴 영혼의 울부짖음이다. 렙 세드라는 이렇게 쓰지 않았던가, '여기 그대 밭에 뿌릴 종자들이 있다. 삶의 씨앗과 죽음의 씨앗이. 삶의 씨앗은 그대 죽음의 양분이 될 것이요, 죽음의 씨앗은 그대 삶의 양분이 되리라.'"

("죽음이 나를 이길 것이다. 주님께서는 오로지 무無 속에서만 나를 구원하실 수 있다."

• 렙 젤렝)

공간과 시간

"인간은 인간의 시간이며, 주님께서는 귀중한 공간이시다."

• 렙 에스캉

"선線은 미끼다."

• 렙 세압

1

"믿음이 진심에서 우러난 맑은 글에 매달리는 곳에서, 나는 가장 명철한 신자다. 낮은 도약이고, 밤은 통합이지 않은가? 렙 실롱은 이렇게 말했다. '주님, 저는 당신을 이성을 통해 사랑하기에 이르렀습니다. 이제, 저는 당신을 사랑으로 사랑할 수 있나이다.'"

• 렙 에칼

2

—그대는 한 주 가운데 가장 아름다운 날입니다. 그대는 안식일입니다.

—매일매일이 나를 첫째 날로부터 떼어놓습니다. 마지막 날은 바닷가입니다.

—그대를 잃기 위한 6일이 있고, 그대를 찾기 위한 6일이 있습니다.

—유켈, 나는 세월의 한가운데 있는 뗏목입니다. 나는 나날들을 잃었습니다.

—왕관을 쓴 날은 책의 흰 날입니다.

3

조약돌이 조약돌을 발견하고 이렇게 말했다. "내 모습이 보이네, 누가 나를 내게서 떼어놓았을까?"

놀란 조약돌은 조약돌에게 이렇게 답하였다. "너도 나처럼 조약돌이구나, 너는 어디에서 왔니?"

실망한 조약돌은 이렇게 말했다. "그럼 너는 내가 아니구나? 우린 목소리가 다르네."

조약돌은 조약돌에게 이렇게 답했다. "우린 둘 다 움직일 줄을 몰라. 그러니 내 자리에서 나는 너야. 네가 있는 자리에서 너는 나고."

"우린 언젠가, 하나의 조약돌이 되는 걸까?
우린 어디에서나, 동일한 조약돌이 되는 걸까?"

그러자 조약돌은 이렇게 말했다. "이 땅의 어디에서든, 우린 같은
바위야."

유켈 세라피가 참여한,
학자들과 우연한 손님들 간의 새로운 대담

*"이성이 광기를 상대로 사유의 노름판을 벌인다고
할 때, 이성은 광기 앞에서 무엇을 발견하게 되는가?
—사기 주사위 한 개."*

• 렙 바디에

*"주님께서는 그분이 매이는 곳에서 스스로를 부정
하신다."*

• 렙 아크리드

—그는 이렇게 말했다. "선은 우릴 가득 채우고, 악은 모든 것을 비
워낸다." 그리고 그는 이렇게 생각했다. '무無는 악이다.'

—그는 이렇게 말했다. "간혹 악이 선이 걸친 옷일 때도 있다." 그
리고 그는 이렇게 생각했다. '별은 밤들이 이루는 품이 넉넉한 외투
의 장식 단추이다.'

—그는 이렇게 말했다. "선은 치장된 몸과 대조되는 나체다." 그리
고 그는 이렇게 생각했다. '선은 공空이 내어주는 선물이다. 악은, 유
기遺棄다.'

─그는 이렇게 말했다. "무無에 바쳐진 무, 그것이 악이다." 그리고 그는 이렇게 생각했다. '공空에 매어진 공, 그것이 선인가?'

─그는 이렇게 말했다. "악은 난파요, 화재다." 그리고 그는 이렇게 생각했다. '물은 선이 아니란 말인가? 그렇다면 불은?'

─그는 이렇게 말했다. "불은 하늘을 태우지 않는가? 비는 하늘을 물속에 잠기게 하지 않는가? 그림자는 하늘을 파묻지 않는가? 따라서 불, 비, 그림자는 모두 악이다." 그리고 그는 이렇게 생각했다. '선은 두 눈의 아침이요, 땅을 비옥하게 만드는 비요, 잠이 드리우는 그림자다.'

─그는 이렇게 말했다. "선과 악은 동일한 으뜸 패들을 쥐고 있고, 동일한 음모에 연루되어 있으며, 동일한 무기들을 갖고 있다." 그리고 그는 이렇게 생각했다. '악은 선의 적수다. 인간 안에서, 세상 안에서, 지독한 원수 관계에 있는 선과 악은, 서로를 꼭 닮은 서로의 적이며, 그들의 힘은 동등하다. 그들의 계략도, 그들의 무모함도, 동일한 것이다.'

─그는 이렇게 말했다. "우린 악이 될 수도 있고, 선이 될 수도 있다. 우린 그 둘 다이다. 우리는 때로 뾰족한 칼끝이기도 하고, 때로는 책등에 불거져 나온, 종잇장들을 엮는 끈이기도 하다." 그리고 그는 이렇게 생각했다. '따라서 무질서는 질서의 뿌리를 뽑는 일이다. 따라서 거짓말은, 진리가 맞닥뜨리는 맞바람이다. 질서는 붕대에 감긴 찢긴 상처에서 비롯하며, 진리는 폭풍우에 깊이 파인 홈에서 비롯한다.'

—그는 이렇게 말했다. "따라서, 사랑은 사랑의 운명이다."

—그는 이렇게 말했다. "분노의 고개인 반항이—렙 아쎄이예는 이렇게 쓰지 않았던가, '보라, 저 고개는 주님의 주먹이 피어나는 꽃병이다.'—우리들의 존재를 지배한다." 그리고 그는 이렇게 생각했다. '우리는 그 고갯마루에 다다를 수 있을까?'

—그는 이렇게 말했다. "주님의 주먹은 태양을 위협하며, 죽음을 눈멀게 한다." 그리고 그는 이렇게 생각했다. '반항은 몽상에 의한 정신의 혼미이다. 상승의 강철은 반항 속에서 녹는다.'

—그는 이렇게 말했다. "보다 높은 곳에서, 대상은 자기 받침대를, 자신에게 가까운 덕성의 단계를 사랑하게 된다." 그리고 그는 이렇게 생각했다. '꼭대기가 제 높이에 이의를 제기하는 곳에서, 죽음은 그 부조리한 잣대를 없애버린다.'

—그는 이렇게 말했다. "대상이란 새벽이고, 분출이다."[4] 그리고 그는 이렇게 생각했다. '과도함으로부터 양분을 얻는 반항은 죽음의 딸이다.'

—그는 이렇게 말했다. "삶은 반항을 쌀알 한 톨로 환원시킨다." 그리고 그는 이렇게 생각했다. '죽음은 논을 불태워버린다.'

—그는 이렇게 말했다. "사람에게 크디큰 호흡이란 것이 가능한

---

4) '새벽'(aube)과 '분출'(jet)의 발음을 이으면 '대상'(objet)이 된다.

가?" 그리고 그는 이렇게 생각했다. '인간의 폐는 삶의 감옥이다.'

　—그는 이렇게 말했다. "사람은 자기 초극 속에서 완성된다. 죽음은 그를 신과 동등한 존재로 만든다." 그리고 그는 이렇게 생각했다. '죽음이 우릴 데려가는 곳에서, 불가능한 것은 가능하게 된다.'

　—그는 이렇게 말했다. "더 이상 미소 짓지 않는다는 것은, 죽은 것이 아닌가? 생각을 그만둔다는 것은, 죽은 것이 아닌가? 눈을 감은 채로 있다는 것, 입을 다물고 있다는 것, 두 손을 땅에 묻는다는 것은, 더는 살아가지 않는다는 것이 아닌가? 걷기를 거부한다는 것은, 대지를 잃어버렸다는 것이 아닌가?" 그리고 그는 이렇게 생각했다. '우린 땅에 흔적을 남기지 않고 걸었다. 우린 그렇게 세계를 일주했다. 죽음이 우릴 꼼짝 못하게 만들었다. 시선, 미소, 몸짓은, 거기서 삶이 우릴 소진하는 등대이고, 층이며, 휴게지다.'

　그는 이렇게 말했다. "죽음이란 삶에 절망하는 자에게 제시되는 충만한 삶이다." 그리고 그는 이렇게 생각했다. '경이롭게도 죽음 속에서 주님께서는 주님을 맞이하러 가신다.'

　그리고 유켈은 이렇게 말했다.

　"원이 보였습니다, 그 곡선을 부수도록 하시오. 길은 길을 두 배로 늘입니다. 책은 책을 주님께 바칩니다."

고리

렙 아갱은 이렇게 말했다. "나를 몹시 불안하게 만들었던 것들 중하나는, 내 삶이, 내가 막을 방도도 없이, 고리의 형상을 이루기 위해둥글어져 가는 것을 보는 일이었다."

렙 아르다슈는 이렇게 썼다. "진리 안에 있다는 것은, 미美와 마찬가지 자격으로 추醜를 받아들인다는 것이다. 종교는 영혼의 영역이며, 그 속에서 진리는 진리 자신으로부터 보호된다. 신은 그분의 권능에 대한 영상, 마음을 놓이게 하는 하나의 영상을 두고 신과 경쟁한다. 신성한 **진리**라는 것은 없다. 있는 것은 **선**善 안에서 활활 타오르는 신의 욕망과 광기이다. 그리고 그러한 선 속에는 반드시 원이있다."

이에 대해 렙 세리는 이렇게 답했다. "이는 신성모독이다. 주님의**진리**는 세상의 여름이지, 독이 아니다. 진리는 첫 번째 아침 하늘의금빛이다. 진리에 대해, 그대는 다만 진리의 기생충만을 알아볼 뿐이다. 그대는 진리의 병에 시달리고 있다. 아! 그대가 그 병에서 낫길바란다."

그러자 렙 아르다슈는 이렇게 말했다. "고리를 닫는 것이 언제나심장인 것은 아니다. 때로 고리를 닫는 것은 이빨들일 수도 있다. 하늘에는 주님의 절망을 증언하는 이빨자국들이 나 있다."

2부

　—그대는 젊었던 시절의 그를 알고 있다. 말해다오, 유쾰은 누구인가?

　—그의 책 속에 없다면 어떠한 것도 나는 그대에게 알려줄 수 없다.

　—나는 그의 책들을 읽어보았으나, 그가 누구인지 모르겠다.

　—그는 책 속의 넝쿨 식물이었고 보강재였다. 책에서 쫓겨나기 전까지는.

왕-세기

"악과 불행에 있어, 우리의 세기는 왕이다."

• 렙 젤라

1

유켈의 편지

나는 침대에 관한 기억을 간직한 채 그 나라를 떠났다. 내가 그 위에서 자고, 꿈꾸고, 사랑을 나누었던 침대의 기억을.

아마도 나는 정복자의 나라에서 죽게 되리라. 그러나 만약에, 요행히도, 내가 고국에 돌아갈 수 있다면, 나는 다시 그 침대 위에서 자고, 꿈꾸고, 사랑할 수 있을까?

내 기억이 희미해져감에 따라, 파리도 빛을 잃어간다. 파리는 한 사람의 여인, 나의 약혼자, 사라이다.

우리가 그곳으로 달아날 생각을 했던 런던에서는 지붕들이 무너져 내리고 있다.

우린 이제 막 열아홉 살이 되었다. 몽상들마저 희게 만드는 겨울은, 벌써부터, 우리 두 뺨에 차가운 시멘트를 펴 바른다.

계절들은 인간을 지어낸다. 여름은, 새벽의 가루를 갖고. 봄은, 꽃잎들과 꿀을 갖고. 그리고 가을은, 노랗게 물든 단풍잎들을 갖고 인간을 지어낸다.

오, 내 사랑이여, 안녕!

가장 큰 여관은 형리刑吏의 여관이다. 형리들은 모든 곳에서 끌려온 희생자들을 그곳에 수용한다.

길은 내게서 모든 열정을 앗아가리라. 사라, 나의 우주는 그림자로 인해 금이 가고, 내 이마는 헤아리는 일을 거절하고 있다. 죽음을 보다 잘 준비하기 위해 나는 열의도 없이 가까스로 삶을 살아낸다.

하늘은 구름들로 가로막힌 하늘을 예감한다. 콧구멍들에게 바다는 푸른색이다. 그렇게, 보이지 않는 주인이 다가옴에 따라 개는 목청에서 시선에 이르기까지 인간적이다.

나는 부른다.

2

중심

> "계곡에서 나는 밤새 산정山頂을 지킨다. 침상 아래에
> 서, 밤새 어린 군주를 지키는 노예처럼."
>
> • 렙 나알

두 구름이 부딪히고 비가 내린다.

요란한 첫 천둥소리에 그들은 달아났다.

번개는 가장 젊은 사람의 이마를 꿰뚫었다.

벼락은 내리꽂히며 나무 한그루를 쪼갰다.

벼락은 또한 땅에 구멍을 내었으며 한 남자를 찢어버렸다.

504

렙 알람은 이렇게 말했다. "나는 자장가에서 태어나고 싶다. 나는 무구한 죽음에서 태어나고 싶다."

렙 사아다는 이렇게 말했다. "내 삶이 미루어진 삶이었더라면 더 좋았으리라."

저녁의 게으른 자매, 자장가는 아이를 제 시선 속에서 재우기 위한, 단어들로 이루어진 거울이다.

결코 낮을 보지 않기, 얼마나 많은 유대인들이 비밀스럽게 그것을 소망했던가? 결코 수평선을 넘지 않기를.

> ("책은 은밀함을 싫어한다. 아침에게 있어, 메시지는 때 이른 페이지이다."
>
> • 렙 리더)

아, 동음이의와 불행의 길들 위에서 둔한 사냥개들에게 쫓기는 내 사랑이여!

그리고 유켈은 이렇게 말했다.

"통제할 수 없는, 무자비한 귀환들.
불가결하고, 계속적인 왕복.
책은 그대에게 움직이지 않는 것처럼 보이리라, 오, 시간의 걸음 속 세기들의 걸음이 던진 미끼여!"

3

망각의 가르침

"연안이 자고 있을 때, 바다는 꿈이요, 책은 망각이다."

• 렙 에바

"그대는 미쳐서, 시선을 잃었다.
그대는 돌연, 잊어버렸다."

• 렙 네메스

"그는 자기 부모를 잊었다. 그는 그의 마을과 나라를 잊었다. 그러자 다음과 같은 기이한 일이 벌어졌다. 그의 부모는 열린 대문이 되었고, 그의 마을과 나라는 영원한 출구가 된 것이다."

• 렙 사디에

그리고 렙 아바디에는 이렇게 말했다.

"나는 그대들에게, 눈들이 부정했던 남자에 관한 기이한 이야기를 들려주겠다. 때로 주님의 목소리는, 보이지 않을 정도로 미세한 눈알과 같다. 그것은 눈 속의 눈이다. 장님은 제 우애로운 눈꺼풀 속에서, 주름 없이 매끈한 그의 우주 안에서, 그 목소리에 귀를 기울인다. 우리 각자는 시각의 여러 단계에 따라 그 목소리를 듣는다. 사유는 언제나 시선에 오르는 것이 늦기 때문이다. 그리고 그로 인해 우린 오래도록, 세상의 일부가 우리에게 감춰져 있다고 믿었다.

본다는 것과 사랑한다는 것은 동일한 허기이다. 모든 경계는 길의 내적인 밤을 위한 심지다. 미미한 빛들로부터 빛을 얻어, 마찬가지로 미미한 빛이 밝혀진다.

망각의 가르침은 파도의 망가진 기억 속에 있다. 주님께서는 망각의 희생자다. 바다 전체는 **말씀** 안에 있고, 소금 알갱이는 기진氣盡한 채로 헤엄치는 자의 말 속에 있다."

―렙 아바디에, 우리에게 눈들이 부정했던 남자에 관한 기이한 이야기를 들려다오.

―나는 그대들에게, 입속에 있는 혀가 그러하듯, 안쪽에 있는 **다른 곳**에 관해 들려주겠다.

> "내가 말을 하면, 촉각을 곤두세운 우주는, 껍데기 바깥의 민달팽이가 위험을 무릅쓰듯, 말 속에서의 위험을 무릅쓴다."

> (유켈의 수첩)

4

안쪽의 다른 곳

> (물결이 이는 책의 표지. 몇 장의 페이지들이, 얼마나 많은, 읽을 수 있고 또 읽을 수 없는 흔적들이, 물의 밑바닥에 이르기까지, 분주하게 돌아다니는 동물 무리에 의해 남겨진 것인가.

해초와 바위가 그대를 두고 다툰다. 그림자와 태양은, 사람이 거기 오직 잠시만 머무를 수 있는, 단어 가운데의 죽음 자字를 통하지 않고서는 그대에게 이를 수 없다.

나는 물속에 잠겨들었고 그대를 보았다. 그대는 나를 붙잡지 않았다. 다시금 수면으로 올라온 나는 해안까지 헤엄쳐 갔고, 거기서 나는 등을 대고 누워 불붙은 소라고 둥 같은 별들이 잃어버린 바다를 노래하는 것을 들었다.)

중심은 우물이다.

중심은 울부짖음이고, 갓 입은 상처며, 열쇠다.

랩 페이야는 이렇게 말했다. "파도들이 진정할 것이라고 기대하지 말라. 바다는 원한을 품고 있다."

랩 마디에스는 이렇게 절규했다. "중심은 어디인가? 버림받은 물은 매가 사냥감의 뒤를 쫓을 수 있게 하는구나."

중심은 어쩌면, 질문의 이동인지도 모른다.

원을 그리는 것이 불가능한 중심점.

(랩 베크리는 이렇게 말했다. "나의 죽음이 내게서 올 수 있기를. 나는 동시에, 윤곽과 휴지休止의 구속이 되리라."

"'나'는 우주다.

'너'는 메아리다.

장소도, 목소리도 갖지 않는

우리는 누구인가?

─나의 목소리이다."

• 렙 느엥)

최후의 장애물, 궁극의 경계, 그것은 어쩌면, 중심일지도 모른다.

중심에서는 모든 것이 밤의 끝으로부터, 유년기로부터, 우리를 찾아오리라.

중심은 문간이다.
렙 나망은 이렇게 말했다. "주님께서는 **중심**이시다. 그렇기 때문에 자유사상가들은 **그분**께서 존재하지 않는다고 주장했던 것이다. 그도 그럴 것이, 만약 사과 한 알의 중심 또는 별의 중심이 그 행성 또는 과실의 심장이라면, 대체 무엇이 과수원과 밤의 진정한 중앙이란 말인가?"
폭풍우와 시간은 중심을 변경한다.
선과 악도 그와 마찬가지다.

그리고 유켈은 이렇게 말했다.

"중심은 실패다. **창조자**는 창조된 것에게 버려진다. 우주의 광휘. 사람은 창조하며 스스로를 파괴한다."

(여기 책 속에 유켈이 묻혀 있다.
여기 책 속에 사라가 묻혀 있다.

여기, 책 속에, 사람이 묻혀 있다.

우리가 그의 글들에 관해 논의하는 자가,

거처도, 책도 소유하지 않지만,

그의 펜이 새하얀 심연의 중심을 이루는 자가,

새하얀 심연 속에서

스스로의 목을 매달았던 자가.)

"그대의 목소리는 나의 목소리다. 그대의 죽음은 나의 옛 죽음이니 말이다."

• 렙 엘파

"중심Centre은 어디에 있습니까?

—재Cendre 아래에."

• 렙 셀라

"나는 **그대**의 이름을 부르고 내 이름으로 죽는다."

• 렙 아라

중심은 애도다.

계약

("유대인 아기에게 있어, 그의 요람은 죽음이요, 자장가
는 죽음의 저주이다."

• 렙 아싸

"나는 우선 스스로를 작가라고 생각했다. 그러고 나서,
난 내가 유대인임을 깨달았고, 그러고 나니, 더는 내 안에
서 작가와 유대인을 구분할 수가 없었다. 둘은 모두 하나
의 오래된 말이 겪는 고통에 지나지 않기에."

(유켈의 수첩)

"아침, 오후, 저녁은 세 차례에 걸쳐 낮과 나를 이야기하
고, 세 차례에 걸쳐 책을 이야기한다."

(유켈의 수첩)

"그대는 민족 작가다. 그대의 불안은 내 불안의 자매다.
우리들의 회의懷疑는 동일한 어휘들의 한복판에서 우릴
찢는다."

• 렙 마델라)

렙 사나는 이렇게 썼다. "우린 알고 있다. 빠르든 늦든, 언젠가 우리

날개가 빛에 닿아 시들고 말 것임을.

그러면 우린 비로소 유대인이 되리라. 우리의 휘청이는 발걸음은 다리 떼인 곤충의 발걸음을 연상시키리라.

우리에게 있어 모든 노래의 원천은, 날개의 희생 그리고 날아오름에 대한 그리움이다.

율법이란 모험의 도취가 아니라, 그 안에서 기호가 타들어가는 중앙 난로이기에."

하늘은 아이들의 손에는 닿는다. 하늘은 어른들의 손에는 닿지 않는다. 유년기의 신비이다.

나는 열두 살에 하늘을 잃었다. 나는 그 이후로, 내 최선을 다해 하늘에 다가가고자 했다.

하늘이 피난처로 삼는 것은 가장 조그마한 손바닥 안이다. 성인의 손은 하늘에 맞서 단단히 굳고 만다.

나는 내 두 손바닥을 관찰해본다. 나의 선조들이 밟았던 모든 길들이 거기 그려져 있다. 엑소더스ᵉˣᵒᵈᵉ에 관한 완벽한 지도다.

나는 내 글 속에서, 푸른 하늘을 쥔 내 어린아이의 손과 사막들을 움켜쥔 내 성인의 손이 화합을 이루기를 바란다. 젖의 말들과 피의 말들이 조화를 이루기를 바란다.

우린 결코 자기 나이를 확신할 수 없다. 그렇게, 시간은 시간을 가로지르며 주님께서 침묵하시는 곳에 이르러 사라진다.

우린 말로 인해 늙어간다. 우린 번역됨으로 인해 죽으리라.

나무가 무구의 세계 속으로 들어서는 일은 아이가 언어를 의식하는 것에 상응한다.

나는 청소년의 나이에 인간의 모습을 띤 부싯돌을 찾아 기자의 피라미드들 너머로 길을 떠났다. 영원의 인간이란 것이 날 사로잡고 있었다.

종잇장은 내게 말의 개화를 드러내주었고, 바위는, 제 깊은 불변성을 드러내주었다.

> ("아이의 언어는 호의이자 열의이다. 어른의 언어는 가면이고 아몬드이다."
>
> • 렙 엘라오
>
> "글 속의 모든 것은 막혀 있다. 사람은 헛되게도, 그 속에서 숨구멍을 찾으려 한다."
>
> • 렙 엘리아랭)

나무는 숲을 소개한다. 촘촘한 줄기들 사이로 가지들을 타고 올라갔다가 새로운 방향으로 떠나기 위해 제자리로 돌아오며, 아이는 길을 그린다. 그의 상상력이 뚫는 길, 예상 밖의 길, 위험한 길을.

꽃부리에서 꽃부리로 이어지는 이 길은, 벌과 나비의 길이다. 답의 맛을 좋아하지 않는 아이는 거기서 질문들을 섭취한다.

뿌리들의 말보다는 과실의 말. 즙과 이슬의 말. 질문은 새벽의 둥근 산봉우리들이 지닌 부드러운 빛깔들을 띠고 있다.

태양의 유혹 속에서, 젊은이는 제 씩씩함을 다시금 점검한다. 지평선은 그의 기억이다. 새벽과 황혼은 그의 초조한 부름의 두 극이다.

낮의 기쁨.

저녁의 우울.

꿈속에서, 옷을 벗은 소녀는, 입술가에 몸을 뻗고 누운 말이다.
살의 책은 붙들렸다.

(사라, 기억하고 있습니까?

죽음이 그대를, 그리고 다른 사람들을 덮쳤습니다. 죽음
은 평소보다 더 다급해보였죠. 그 죽음은 우리들의 현자
들이 우리에게 존중하고, 또 사랑하라고 가르쳤던 그 죽
음이 아닙니다.

증오에 의해 태어난 죽음이었죠.

사라, 기억하고 있습니까?

당시—비참과 전쟁의 시기 말입니다—수백만의 사람
들이 십자군 원정을 떠났지요. 흉곽은 쪼그라들었고, 두
손바닥은 허리와 엉덩이를 타고 미끄러졌던 동류 형제
들의 분파의 코와 입과 이마와 영혼에 맞서기 위해 말입
니다.

사라, 기억하고 있습니까?

당시—이 일은 널리 퍼지고, 예찬된, 주어진 말 속에서
일어났는데—젊은이는 함정에 빠진 그의 부모가, 모욕당
한 장미가 짊어져야 하는 짐인 일제 검거의 부푸는 중심
이 되는 것을, 그리고 장미향과 함께 사라져가는 것을 보
았습니다.

당시의 일들을 그대는 기억하고 있습니까?

유켈은 사라를 기다렸고,

사라는 죽음에 젖은 계단 위에서

유켈을 기다렸습니다.

당시, 당시에—사라, 그대는 기억하고 있습니까?—정

복자가 뱉은 침은, 밤중에, 기지개 켠 별과 빛남을 겨루었고 세상은 돛도 없이 표류하고 있었습니다.)

중심은 수많은 절멸 수용소들로 구성되어 있다. 중심은 또한, 주님을 다시금 문제 삼았으며, 유대인들을—중심에 의해 선택받은 이들—심지어는 더는 생각하는 것이 불가능한 상태였던 이들까지도, 그들의 민족에 관한 질문들과 드잡이하게 만들었다.

렙 아쌩은 이렇게 썼다. "주님과의 **계약**이 갱신된 것은 질문 안에서였다. **율법**의 해석은 우리 매일의 과업이다. 질문은 주님 안에 있는 우리들의 진리의 증표다."

그리고 렙 아들랑은 이렇게 썼다. "말의 날개는 질문이다."

렙 아디아르는 이렇게 말했다. "답이란 것은 오직 최후의 질문에 대해서만 주어질 수 있다. 그리고 최후의 질문이란 것은, 오직 주님께서만 던질 수 있는 것이다. 따라서, 답은 오직 **아도나이**를 통해서만 올 수 있다."

렙 사르는 이렇게 썼다. "주님과 주님 사이에서 이루어지는 지고의 대화 속에서, 인간은 배제되어 있다. 아니 혹은 이렇게 말하는 것이 더 나을지도 모르겠다. 지고의 대화 속에서, 주님께서는 인간을 위해 주님께 답변하신다고."

『질문의 책』안에서, 순박한 영혼은 제게 어울리는 자리를 갖게 된다. 무구한 자의, 마음을 움직이는 질문. 그것은 꽃과 과일이 가득한 가지이며, 궁극적인 질문의 봄이다.

렙 아쎄랭은 이렇게 말했다. "나는 자문한다. 시기는 불의 계절이거나 추위의 계절이다."

순박한 영혼의 제한된 세계 안에서, 질문은 열쇠의 명백함을 지닌다.

("어른의 불투명한 말과 어린아이의 투명한 말 사이에
는, 다이아몬드와 루비 사이의 차가 있다."

• 렙 도미앙

"산꼭대기에 조각된 그 얼굴은 바위의 인질이다. 주님
께서는 거친 해안이시다."

• 렙 델팽

"핏줄기 얼룩이 진 메스가 주님과의 계약에 조인調印한
다. 명확히 드러난 상처 속, 비밀스러운 벤상처."

• 렙 라미

"날고 있는 새는 '더'의 표상이다. 날개를 접은 새는
'덜'의 표상이다. 나는 그의 운명을 말하고 있는 것이다."

• 렙 라바)

구멍

("내 사랑아, 만약 시간이 그대의 목소리를 가진다면,
그대는 계절들의 부름이 되겠지. 하지만 그대는 멀어져
가네.

　어제가 나의 삶이네."

(유켈의 수첩)

"시대에 앞서, 내가 그 안에서 그림자이며 파인 곳인 밤
보다 앞서."

(유켈의 수첩)

"밤은 무척 낮다. 손가락들이 그 속에서 그림자들을 공
유할 수 있을 정도로 낮다."

(유켈의 수첩)

"이마를 장식하는 데는 해초 한 포기로 충분하다."

• 렙 아티

"거기서 열리는 과실들의 맛이 쓰다면, 강물에 의해 부
양받는 나무를 어째서 찬양해야 하는가?

　세상은, 존재들은 딱한 강들이다.

나는 그에 적응한다."

• 렙 게드다)

1

대상

*"낮에, 그대는 대상을 발견한다. 밤의 가장 깊은 곳
에서, 그대는 그 대상을 본다."*

• 렙 모낭

책은 미궁이다. 그대는 거기서 빠져나온다고 생각하지만, 실은 빠
져들고 있다. 그대가 구조될 확률은 전혀 없다. 그대는 책을 부숴야
만 한다. 그러나 그대는 그러한 결심을 내리지 못한다. 나는 그대의
불안이 느리지만 확실하게 차오르는 것에 주목한다. 벽을 지나 또다
시 벽. 이 길의 끝에 그대를 기다리는 것은 누구인가?―그런 사람은
없다. 누가 그대의 페이지를 들춰볼 것이며, 누가 그대를 해석하고
사랑할 것인가?―아마도 그럴 사람은 없다. 그대는 밤 속에 홀로, 세
상 속에 홀로 있다. 그대의 고독은 죽음의 고독이다. 발걸음 소리가
또 하나. 어쩌면 누군가 이 벽을 뚫고 그대를 위해 길을 내어주러 올
지도 모른다. 아아! 그럴 리가! 누구도 그런 위험한 일을 감수하지 않
으리라. 책은 그대의 이름을 갖고 있다. 그대의 이름은 냉병기冷兵器
를 움켜쥐는 손처럼 그대의 이름 위로 접혀 든다.

땅에 배를 붙인 그 자세는 우스꽝스럽다. 그대는 기어간다. 그대는

벽의 아래쪽에 구멍을 뚫고 있다. 그대는 쥐처럼 빠져나가길 희망한다. 백주대로를 빠져나가는 그림자처럼.

그런데 피로와 굶주림에도 불구하고, 계속 서 있고자 하는 이 의지는 무엇인가?

하나의 구멍은, 단지 구멍일 뿐이었고,

책의 가능성일 뿐이었다.

       (그대의 작품은 구멍-문어인가?

       문어는 천장에 매달렸고 그 촉수들은 반짝이기 시작

했다.)

그것은 단지

벽에 난 구멍 하나에 지나지 않았다.

너무도 좁은 구멍이어서

그대는 결코

그곳으로 빠져나가

도망칠 수 없었다.

그대들은 저택을 조심하라. 모든 저택이 손님을 환대하는 것은 아니다.

모든 빛은 바닷속에 모여든다. 축제의 나날에, 우린 그것들이 재잘대는 소리를 듣는다. 생각들이 빛의 반영 속으로 잠겨드는, 불면의 밤들이면, 빛들은 우리 머리 위에서 출렁인다.

렙 아리폴은 이렇게 단언했다. 그에 따르면 우주는 저 옛날 하나의 대양이었는데, 태양의 불길 아래 거의 전부가 증발해버렸다고 한다.

하지만 결코 빛이 닿지 않는 해저 지역들도 존재한다. 바위의 중심보다 더 검은 한 행성이, 물을 통해 전달되는 제 고동으로, 시간들에게 그 고동의 리듬을 강제한다.

> ("*내 생각에, 거짓말에게 어울리는 것은 미광微光이다. 절대로, 아, 절대로 짙은 어둠이 아니다.*"
>
> • 렙 아쎄)

낮에, 사람은 대상에게 쉽게 속고 만다. 겉모습은 겉모습을 이루는 부속물들을 떼어내고 기대했던 대로의 모습을 드러낸다. 대상은 우리가 그 대상에 대해 떠올린 생각에 부합한다. 그러나 밤이면, 대상의 존재 여부가 다만 가늠될 뿐인 밤이면 그것은 무엇이 되는가?

렙 오드는 이렇게 말했다. "우리가 그것에게 일으키는 변화들에 준비되지 않은 대상은 없다. 대상은 심지어 우리에게 그러한 변화를 일으켜주길 간청하는 것처럼도 보인다. 대상은 마치 앞으로 나아가고 있는 제 삶에 대한 우리의 인정을 기대하고 있는 듯하다."

저 사물의 삶을 손에 넣고, 그에 대해 의식하기 위해, 우린 본능의 인도를 받아 사물의 변모 속에 잦은 개입을 해야 하고, 그것들에 대해 책임을 져야 하며, 그것들의 한계를 정해야만 한다. 이러한 변화들은 사물 안에서 일어나게 되며, 우린 그 안쪽에서 그 변화를 지켜보고 증언한다. 하지만 치명적인 오류를 저지르지 않도록 주의하자. 사물들은 우리 손에 의해 죽는다.

사물은 천 장의 꽃잎을 지닌 삶을 갖고 있다.

렙 아싸는 이렇게 썼다. "나는 살면서 세 차례, 고향 마을의 시나고그에 돌아가 성궤에 입을 맞추었다. 나는 성궤에 대해 상세히 기억하고 있었으나, 성궤의 모습은 매번 달라 보였다. 첫 번째 귀향 때, 나는 오랜 세월 동안 바다에 머물러 있었고, 그리하여 바다 밑바닥의 냄새를 간직한 궤를 볼 것을 기대했다. 두 번째 귀향 때, 나는 제 노래에 감싸인 『기원의 책』 두루마리를 보호하고자 하는 의지에 굳은 하늘의 두 문짝을 볼 것이라 생각했다. 세 번째 귀향 때, 나는 내가 이마를 부딪친, 영원한 삶의 차폐막을 두 손바닥으로 어루만질 준비를 했었다. 오, 아들아. 네가 네 차례에 너의 입술을 저 낡은 나무 궤에 맞추고자 할 때, 성궤는 네게 또 전혀 다르게 보이려나?"

렙 엘로제는 이렇게 말했다. "시나고그에는 무수한 구멍들이 뚫려 있고, 그 구멍을 통해 하늘이 들어온다. 그리하여, 시나고그의 존재는 시간의 끝에 이르기까지 그림자와 빛으로 이루어진다."

그리고 렙 라브리는 이렇게 말했다. "하늘을 쓰러트릴 수는 없듯이, 시나고그도 파괴할 수 없다."

("가장 단순한 글자 안에서는, 미궁도 단순하다."
• *렙 에쏘)*

2

기념할 만한 메아리

"그리고 죽은 메아리가 메아리를 나를 것이며, 낮의 쇠락에 달린 거대한 두 날개가 새벽을 나를 것임을 모두가 알고 있었다."

• 렙 세피라

떠남. 우리 아가, 너는 남아 있구나.
나와 더불어, 시간들이 흘러간다.
나는 바로 곁에 있으며 무척 멀리 있구나.
나는 갈대의 계략을 갖고 있지만
메아리와 더불어 피 흘리네.
내일은 너의 미래이자
어쩌면, 나의 휴식이구나.

(새로운 자장노래)

("주님께서 반향을 찾으시는 곳에서, 비단 숄을 두르고 성가를 노래하는 이여, 그대의 오열이 거대한 숨결이 되게 하라. 모든 약함은 열에 들뜬 무한의 균열이기에."

• 렙 카데프

"예언: 말에 앞선 말, 툭 불거져 나온 문."

• 렙 에젤

"예언자는 메아리와의 계약을 갱신한다. 메아리, 그것은 책으로의 접근이자 심연."

• 렙 도쎄

"울부짖음은 메아리 속에 적힌다. 공간의 책에 실리는 자유분방한 문장들."

• 렙 데맹

"생명의 울림들. 내 심장의 고동 소리는 엘로힘에 대한 날개 돋은 희망의 반향이다."

• 렙 세프라

"기호의 모든 변모를 내게 알려다오. 그중에서 나는 내 이름을 발견할 수 있을지도 모른다."

• 렙 데모

"—그대에게는 **이름**이 보이지 않는다, 그럼에도 불구하고 그대는 이름을 읽어낸다.
—보이지 않는다는 것이 읽을 수 없음을 의미하는가?
—나는 글을 쓴다. 나는 그대가 읽는 **이름**을 본다."

• 렙 캉

"시대는 계약이다."

• 렙 데밀라

"**아도나이**, 당신께서는 당신의 죽음을 겪으시기 위해,

당신과 가까운 단어 속의 한 자리를 제게 마련해주고자 하셨나이다.

저는 강세의 공백에 저 자신을 맞춥니다. 공백은 갈증이자 숨이며, 균열이자 매혹입니다."

• 렙 파로트)

세 가지 질문

(그리고 유켈은 이렇게 말했다.
"책은 나를 이끌었다.
새벽에서 황혼으로,
죽음에서 죽음으로,
사라, 그대의 그림자와 더불어,
유켈, 함께 무리를 이루고
내 질문들의 끝으로,
세 가지 질문의 발치로."

렙 아오로트는 이렇게 답하였다. "질문들은 셋이다. 그
것들은 우리 패배의 세 불길이다."

"하지만 그것들이 무엇이란 말인가? 스승이여, 내게 밝
혀다오."

"그것들은 언젠가, 그대의 질문들이 되리라. 그것들은
죽음을 상징하는 세 개의 깃발이다."

"그리하여 우린 낮에 구두점을 찍는 일 없이, 낮을 건너
가게 되리라."

"붉은색, 노란색, 검은색, 그대 목소리의 색상들,
그 속에서 낮이 쇠락하는, 반투명의 꽃부리들."

• 렙 알팡)

1

새벽
또는 첫 번째 질문

("새벽은 잠을 맞이하러 간다, 그러면 아이들이 눈을
뜬다."

• 렙 엘리저

"만약 답변이 질문을 달랠 수 없다면, 스승이시여, 우리
가 무엇을 근거로 당신께서는 스승이시고, 저는 제자임을
알 수 있습니까?

—질문들의 순서를 보고 알 수 있노라."

렙 아탈은 이렇게 썼다. "모든 별은 하나의 질문이다. 별
들의 수는, 우리 계산을 벗어난다. 우린 영영 인간의 한계
를 알 수 없으리라.
이해받고자 한다는 것은, 저 모든 별들을 떨어트리자고
주장하는 것과 같다.")

유켈, 새벽은 봉오리이다. 거기서 세상 모든 질문들은 이슬에 젖은 채, 막 피어나려 하는 참이다. 우주의 선재先在. 곧, 보이는 것이라곤 그 안에 그림자들이 잠든 한 송이 장미뿐일 것이고, 정오가 되기까지, 그 장미가 취하게 될 색들은 맞지 않는 짝과 휴지休止의 색이리라. 시들 때가 되면, 장미는 장미들 속에서 죽기 위해 스스로의 수를 불리리라.

만약 우리 안에, 꿈이 남긴 흔적들이 보이지 않는다면, 그것은 우리가 으레 그러한 흔적들을 등잔 불빛에 혹은 낮의 햇빛에 의지하여 찾고자 하기 때문이다. 밤이면, 우리가 그 속으로 미끄러져 들어가는 검은 부재 속에서, 번쩍이는 인광이 흔적들을 드러낸다.

그대의 명확한 욕망. 나는 내 모든 상실들로 인해 무겁다. 의혹은 우리를 어둠에게 내어주지만, 사랑은 그 자리에 태양을 옹립한다. 나는 사랑한다, 그러면 때는 아침이다.

나는 추위 속에서 이를 딱딱거린다, 그러나 내가 어루만지는 부위에서 그대가 온기를 느낄 것이란 생각에 기뻐한다.

세상은 우리의 순진함을 갖고 있다. 어제와 내일은 동일한 문장이며, 그 문장은 단순하다.

2

정오
또는 두 번째 질문

("그대는 나를 명명한다. 나는 수긍한다.
장미가 법을 만든다."

• 렙 에랍

"인간 그리고 대지와 함께,
주님께서는 시간 속으로 들어가신다."

• 렙 리퉁

"잉크와 밤을 동냥하는 사람.
그에게 주어지는 것은 색상."

• 렙 세디

"밤 속에서, 그리고 경계 너머에서, 매듭들이 묶이고 또
풀리는 곳은 바로 여기이다. 세상은 여기서 죽어가고, 제
가장자리에서는 죽음을 부인한다."

• 렙 앗슬랭)

사라, 내 사랑아, 삶이 최고조에 이르렀을 때, 마음의 동요動搖는 연
못과도 같다. 비행을 하던 중 사냥꾼의 탄환에 놀란 오리 떼가 흩어
져 둥둥 떠다니는 연못 말이다.

비가 오기 전, 베일을 쓴 우는 여인들, 때는 가을날, 동방은 눈물 속

에 잠겨 있다. 한편, 저쪽 하늘은 푸르다. 정오 대 정오. 귀를 기울이는 자에게, 침묵은 계시를 내리는 항적航跡이다.

　오 내 사랑아, 배에 오르자! 태양은 심오한 도박이다. 다음 날이 오면, 또다시 다른 하루다.

　　　　(*"불꽃에 대한 믿음.*
　　　　불의 실수.

　　　　화재는 정오의 잘못을
　　　　거듭거듭 이야기한다.

　　　　오 푸른 하늘의 상처여.
　　　　오 평화여, 가까운 물이여."

　　　　　　　　　　　　　　　　　　• 렙 싸

　　　　"정오, 수천 개의 바늘들.
　　　　자정, 금빛의 거미들."

　　　　　　　　　　　　　　　　　　• 렙 코드레

　　　　"삶을 편찬하는 일은 헛되지 않다. 우린 돛줄을 매다는
　　　　곳에 책 묶는 끈을 꿰었다."

　　　　　　　　　　　　　　　　　　• 렙 알로)

3

자정
또는 세 번째 질문

영광 또는 역경, 밤은 거절이다. 그림자는 그림자를 짓밟는다. 납작한 채로, 끈들이 있다. 내 사랑아, 우리는 계속해서 뻗어 있도록 하자. 우리 몸은 최후의 바다에 실려 있고, 우린 죽음과 같은 수준水準에 있다.

> (랩 탈랑은 이렇게 썼다. "우리 고장에서, 새벽은 장밋빛의 4층 궁전이다.
> 현자가 온다. 그는 2층에서는 자문을 한다. 3층에서는 세상에게 질문을 던지고, 4층에서는 불가사의한 무無에게 질문한다. 그러고 나서, 그는 제 헛되지만 끈질긴 질문들에 둘러싸인 채, 태양 속에서 타오른다."
>
> "나는 밤이 종잇장 위에 뿌리는 잉크의 밑기울이라는 주장을 받아들였다.
> 단어들이 사람을 위협하는, 여백의 미덕. 나는 희고, 희고, 또 흴 것이리라."
>
> (유켈의 수첩)

그리고 유켈은 이렇게 말했다.

"세 개의 질문이

책을 유혹한다.
또한 세 개의 질문은
책을 마감하리라.
끝나는 것은,
세 차례 시작한다.
책은 셋이다.
세상도 셋이다.
그리고 주님께서는, 인간에게 있어,
세 개의 답변이시다."

("밤은 낮을 향해 나아가는 것인가, 아니면 낮으로부터 멀어지는 것인가? 어둠이 태양을 삼키는 것인가, 아니면 태양이 어둠에 불을 지르는 것인가? 이처럼, 우린 결코 알 수 없으리라. 질문이 우릴 **답**에 가까워지게 하는 것인지, 혹은 **답**으로부터 우릴 멀어지게 하는 것인지를."

• 렙 수리아

"주님께서는 발자국이시다."

• 렙 세댕)

그리고 유켈은 이렇게 말했다.

"발자국이 스스로 계약이고자 하는 곳에서,
책은 주님의 의향이다."

3부

"선은 나를 지도하고, 악은 나를 부수네."

• 렙 카미

간격과 강세

"내일은 우리 두 손의 그림자요, 반사성이다."

• 렙 데리싸

1

("나는 내가 책 안에 있는 것인지 아닌지를, 그리고 언제 내가 책 안에 없는지를 아는가? 책은 보다 먼 곳에서 책과 재회하기 위해 책으로부터 떨어져 나간다. 그러므로 두 페이지 사이 또는 두 작품 사이의 빈 공간은, 거기서 우리들의 잉크의 경계와 울부짖음의 경계들이 맺어지고 또 풀어지는 장소이자 면소免訴이다."

(유켈의 수첩)

"아침 이른 시간, 그대들은 낮을 알지 못한다. 우린 동일한 계획을 가졌고, 동일한 운명을 짊어지며, 이중의 종속성을 가진다."

• 렙 라니에)

그리고 유켈은 이렇게 말했다.

"세상을 읽어내는 데에는 일정한 공간이 필수적이다. 가독성은 뒤로 한 걸음 물러섰을 때 확보되는 간격 안에 있다."

렙 아쏘르는 이렇게 썼다. "우린 **주님**을 뵐 수가 없다. **그분**께서는 편재遍在하시기 때문이다."

그리고 렙 르베르는 이렇게 썼다. "우린 서로가 서로에게서 천 리를 떨어져 살아간다. 지금 내 손이 그대 어깨 위에 얹어져 있다는 것은, 거리와 시간에 대해 거둔 찬란한 승리이지 않은가!"

그렇게, 우주를 거북하게 만드는 일 없이 여러 세계들이 만나게 되리라. 사라와 유켈의 사랑 노래는 제거되는 것을 피한 매듭처럼 엉겨 붙은 털실이었고, 허공을 상감象嵌해서 메운 흑금黑金이었다. 그림자와 빛의 열개裂開가 청각과 시각을 겨냥한 하나의 동일한 메시지의 경이로운 이어 읊음이 되기 위해서는, 무한을 한 차례 휘게 하는 것으로—마치 그로부터 과실을 따기 위해 우리가 나뭇가지를 휘듯—충분하다.

렙 아그립은 이렇게 물었다. "만약 허공이란 것이 커져가고 있는 유리 용기에 지나지 않는다면 어떠할까?"

렙 사에랭은 이렇게 노래했다. "그대는 움직인다. 하지만 세계도 그대와 더불어 움직인다. 그렇게, 그대는 언제나 그대의 자리에 머무른다. 그대는 별, 별이다."

풍요의 날이 있고, 굶주림의 날이 있다. 하나는 창공 안의 뿔5)이요, 다른 하나는 해변에 다다른 조가비이다.

(렙 엘야는 이렇게 썼다. "욤 키푸르의 대大단식은 우리

---

5) 유대교 전통에서, 욤 키푸르의 단식이 끝났음을 알리는 것은 뿔피리의 일종인 쇼파르(ﬡﬢﬣ)를 부는 소리이다.

로 하여금 우리 죄를 응시하게 하고, 용서를 애원하게 한다. 그렇게, 강조점은 거기서 껍데기가 벌레를 숨기고 있는, 간격에 놓인다."

"욤 키푸르는 막다른 길의 희망이다. 우린 젖가슴에게 모래를 털어낸 부싯돌을 구걸한다."

• 렙 메씨아)

렙 아데바는 이렇게 썼다. "어느 날 밤, 내가 사막에서, 내 사랑에 대한 모종의 답변을 찾기 위해 하늘을 살피고 있던 때였다. 나는 별 하나가 사라지는 것을 보았고, 마치 어느 영원한 질서로부터 단절된 것처럼, 그것이 또 다른 별 속으로 녹아드는 것을 보았다. 또 다른 별의 갑작스러운 광휘는 나를 경탄케 했다. 나는 내 상상력의 희생양이었던가? 잠시 뒤에, 사라졌던 별이 다시금 모습을 드러냈다. 그때 나는 속으로 생각했다. 나는 그 별이 가진 욕망의 내밀한 궤적을 좇았던 것이며, 황홀에 멀어버린 내 두 눈이, 잠시나마, 두 별의 연합을 가능하게 했던 것이라고."

2

("예전에는 상아였던 무엇으로써 단식의 끝을 선포하기 위해, 주님을 찬송하는 자, 신앙에 의해 주름을 펴는 자랑스러운 자는 졸고 있는 뿔피리 안에 숨을 불어넣는다. 공기도, 무한도, 약함에서 오는 첫 추위에 굴복하기에."

• 렙 주알레)

식사가 끝났다. 사바티노 루레는 담배에 불을 붙였다. 그는 26시간의 단식을 훌륭하게 참아내었지만, 올해에도 시나고그 출석은 거부했다. 그는 하루 종일 세속적인 도서들을 읽었고, 글을—그가 어떤 기억들을 기록했고, 어떤 고찰들을 썼는지, 언젠가는 우리가 알 수 있을까?—썼다. 그는 표지가 단단한 공책들에 글을 쓰고 있었고, 집 안 사람들은 그 공책들을 전혀 건드리지 않았다. 그는 그 공책들을 자기 수납장 안에 보관하고 있었다. 때때로 그는, 마치 그것이 흐름을 재확인해야 하는 이야기라도 되는 양, 모든 공책들을 꺼내어 순서대로 읽어보곤 했다. 그는 공책들을 읽으며 몸을 굽히기도 하고, 때로는 그 공책들에 대해 맹인이 취할 법한 거리를 취하기도 했다. 사람들은 그를 방해하지 않도록 조심했다. 사람들은 그가 그의 사유 속에 잠기도록 내버려두었고, 그가 글쓰기에 집중할 수 있도록 내버려두었다. 그의 모든 공책들은 하나의 작품을 구성하고 있었다. 그의 가족들은 적어도 한 번 이상, 그의 작품이 완성 단계에 있는지의 여부를 물어보았었다. 그러나 저자의 고집스러운 침묵 앞에서, 가족들은 더는 그러한 일에 흥미가 없다는 태도를 꾸며냈었다.

사바티노의 어머니는 식탁에서 일어서며 이렇게 말했다.

"거실로 자리를 옮기세요들. 쥐디트, 에스테르와 함께 주방에서 좀 할 일이 있어요."

("엘로힘께서는 답 하나에 질문 하나를 접붙이신다. 그렇게 셀 수 없이 많은 것이 유일한 것을 대체한다."

• 렙 르델

"종과 세계의 다양성, 즉각적인 응답 안에 거부가 들어 있는 질문의 몸값. 우리가 무엇인가를 바라볼 때, 우린 동

일한 승리의 계획 위에 서 있다."

• 렙 마즐리아)

아들들에게 둘러싸인 채, 안락의자에 자리를 잡고 앉은 아버지는 이렇게 말했다.

"죄란 기도 안의 향이 날아간 향수이다. 시간의 순수함. 공기에서는 공기의 냄새가 난다."

막내아들인 조제프는 이렇게 말했다. "단식 중인 사람의 숨결에서는 죽은 글자들의 냄새가 납니다."

사바티노는 이렇게 말했다. "반복되는 기도는 익숙한 초원입니다. 그 초원에는 땅의 면적만 한 가치가 없습니다. 우리가 우리의 피를 흘려 부어 윤택하게 만드는 땅인데도 말입니다. 우린 언제나 이웃집에 머무르고 있습니다. 모자람 없이 채워진 말은 배불뚝이 상인과 닮아 있습니다. 굶주림은 우선, 굶주림의 언어 안에 있습니다. 여윈 말이 있고, 넋이 나간 말이 있고, 떠도는 말, 모욕당하는 말, 불태워지고, 포위되고, 피투성이가 되어버린 말이 있습니다."

아버지는 이렇게 답했다. "너는 새의 찬란하고도 비참한 비상을 찬미하며, 천년을 이어온 행위는 배척하는구나. 있기 전에도, 새는 있었다. 새는 제 날개와 눈 속에 깃든 날아오름과 휴식이었다. 무한으로 나아가는 각각의 단계에는 그에 어울리는 기도 모음이 있다. 우리 선조님들이 읊조렸던 시편 구절들은 우리에게 그 길을 보여준다. 영원성은 그들의 무덤을 경유한다."

조제프도 비난조로 말을 이었다. "형은 빛을 거부하고 있어요. 제가 막 다녀온 시나고그에서, 저는 우리 신앙의 50세기를 겪고 왔습니다. 시나고그의 벽들은 기원을 뿜어냅니다. 형은 우리에게 형의 차원에 있는 **신전**을 권하지요. 그 신전 벽의 도료는 채 마르지 않은 듯하고, 거기서 형은 고립되어 있습니다."

그리고 조제프는 이렇게 덧붙였다. "다 함께 홀로 있기라, 이는 **주님**의 고독의 높이로 올라가는 것이 아닌지요?"

사바티노가 말을 이었다. "제가 가기를 거부하는 곳까지 여러분을 좇을 수는 없습니다. 천상의 노래는 제 노래가 아닙니다. 언어는 말들의 연장된 부재로부터 솟아올라 울부짖음처럼 강요됩니다. 저는 그 첫 번째 속박입니다."

아버지는 이렇게 말했다. "너는 언제나 두 번째 말일 것이다. 너는 책에서 나온 책이 되리라."

사바티노가 답했다. "저는 두 번째 책 안의 첫 번째 책입니다. 저는 단식 중에 맹세된 말입니다."

그러자 아버지는 이렇게 말했다. "아들아, 아직은 늦지 않았다. 네 책들을 불태워버리거라."

("공空은 거대한 간격이요, 이로운 단식이다. 굳은 땅은 내가 좋아하는 종잇장이었다."

• 렙 아쎄이야)

540

온벽

"이마를 벽에 댄다, 두 손바닥으로 벽을 짚는다. 밤
이여, 돌감옥이여! 내 주먹은 별 하나를 쥐고 있다. 못
이다."

• 렙 엘비

"나는 지푸라기를 꼭 쥐고 있는 내 손안에서 질식한다."

• 렙 레디안

1

책의 주석가는 **질문자들**에게 그들의 독방으로 물러나줄 것을 간청
했다.

그는 질문자들에게 이렇게 말했다. "모든 사유는 수인囚人이 아닙
니까? 사유는 그와 공모하는 다른 사유에 의해 풀려납니다. 우리는
그것과 함께, 다만 감옥을 옮길 뿐입니다."

그는 이렇게 덧붙였다. "그리고 저는 죽음에 이르기까지, 벽들의
터무니없는 압제를 겪지 않겠습니까?"

("슬쩍 열어보는 것조차 힘이 드는 어둠의 책이 있다.
그 정도로 책의 표지에 보석들이 많이 박혀 있기 때문이

다. 그리고 아침의 책이 있다. 아침의 책의 산들바람은 종
잇장들을 날려 보낸다."

• 렙 토타

"그대가 책을 펼친다.
그대는 벽들을 무너지게 한다."

• 렙 카나)

내가 지나갈 때에
그대는 날 보지 못했다.
내가 부르는 동안에
그대는 우리들의 성안으로 피신했다.
그대는 내 말을 듣지 못했다
성벽은 그 정도로 두꺼웠다.
그대의 입술은 내 이름을 속삭였고
그러자 그것은, 다시 한번 여명이었다.
해도, 사랑도 더는 기대하지 아니했고
사람들은 더더욱 기대하지 않았던,
우리 두 사람을 위한 하루.
우리들처럼, 홀로 있는
단 하루.

2

그리고 유켈은 이렇게 말했다.

"우린 벽들을 의심할 이유가 전혀 없었다. 그러나 어느 날 아침, 벽들은 우릴 고발했다.

—당신들입니까?

돌의 안쪽에서 솟아오른, 제복 차림의 두 남자가 우리에게 물었다.

—네, 아마도 그렇습니다.

—따라들 오시오.

그들이 가진 총의 위협 아래, 우린 그들과 함께 떠났다. 우린, 그렇지 않은가, 영혼 밑바닥에 이르기까지 유대인으로서의 우리 운명을 완수해야 했던 것이다."

이 대목에서 어느 평자는 개입의 필요성을 느꼈다. 그는 이렇게 말했다.

"이상의 서술은 실제로 벌어졌던 일과는 차이가 있다. 사라는 거리에서 체포되었고, 유켈은 그보다 몇 달 뒤에, 그가 몸을 의탁하고 있던 친구의 집에서 정체가 발각되었다. 그러나 이 대목에서 중요한 것은 어쨌든 두 사람이 체포되었다는 사실이다. 따라서 나는 위의 이야기를, 그 간결함에 있어 인정할 수밖에 없다."

3

주석가들은 사유의 주된 표명에 있어, '벽들'이 처음부터 맡고 있는 역할이 무엇인지를 정확히 짚어내는 데 어려움을 겪고 있었다.

그들 중 한 사람은 이렇게 말했다. "모험적인 사변과, 그러한 사변이 지닌 다채로운 설득의 수단에 대해, 돌이 품고 있는 약간의 정열을 상기시키는 것으로 나는 만족하겠다."

("포석이 명을 내린다. 영영, 우린 복종하리라."

• 렙 레이야

"벽들의 시간에, 색들은 피난처가 된다."

• 렙 제르다

렙 세니아는 이렇게 썼다.
"캔버스 위의 색 하나.
지평선을 가리는 벽 하나."
그러나 렙 솜메크는 그에게 이렇게 답했다.
"벽들의 투명함.
침묵은 푸른 하늘.")

예리코의 장미[6)

> "축축한 책을 내어놓아 말려라.
> 그러면 책은 제 어휘들로부터 다시금 개화하리라."
>
> • 렘 아율

렘 아망은 이렇게 외쳤다. "내 책의 향을 들이마셔
라! 내 책에는 영원한 장미향이 배어 있지 않더냐?"

1

모래 알갱이가 오렌지에게 말했다. "나는 가슴속에 과실을 품고 있
었다."

오렌지가 모래 알갱이에게 대답했다. "바다는 그대가 자고 있는 사
이에 물러났다. 그대와 꼭 닮은 무엇인 소금 알갱이가 없으면 그대는
한층 더 외롭지 않은가? 민물이 나를 그대에게 보냈노라."

그리고 마지막으로 도착한 이는 이렇게 말했다.

---

6) 학명은 아나스타티카 히에로쿤티카(Anastatica hierochuntica)이며 속칭 '부활
초'라고도 한다. 건조한 지대에서 자라나며, 바싹 말라 죽은 것처럼 보이는 상
태에서도 수분만 공급되면 다시금 잎과 꽃을 피워내는 성질을 갖고 있다.

"내가 내 발걸음들을 알아보는 땅,
내 발자국들이 내 발걸음을 기다리고 있던 땅.
시선과 앞으로 내민 두 손의 포로로서,
드러나고, 숨이 막힌, **말씀**의 땅.
인내와 오렌지 나무의 땅,
평화의 대가와 희망의 무게의 땅.
나와 재회한 땅, 내가 그곳으로 가고 있다는 것도 알지 못한 채,
나의 방황의 무대가 되었던 땅이여, 나 자신이여."

렙 이스리는 이렇게 말했다. "이스라엘은 우리가 보는 일도 없이, 나라에서 나라로 옮겨 다니며 쓰는 책이다. 우리 가슴에는 이스라엘의 페이지들이 보존되어 있고, 우리의 검은 눈물은 펜을 통해 이스라엘로 귀화한다."

> ("저 세상을 바라본다는 것은, 삶이라는 베일 저편을 보고자 하는 일이다. 그것은 죽기를 희망함이다."
> • 렙 네싸
>
> "**신**이 보일 수 있는 존재라면, **신**은 보이지 않는 피조물이 될 것이요, 보이지 않는 인간은, 보다 선명하게 드러난 신이 되리라."
> • 렙 아쌍)

렙 아카르는 애원하였다. "어째서 나를 마을에서 추방하려는 겁니까? 나는 여러분 모두를 돌보았습니다. 나는 우물 밑바닥에, 내 영상이 어렴풋이 빛나는 것을 보았습니다.

우린 우리의 입술로부터, 같은 물을 길어 마셨습니다."

"또한 렙 메싸데는 이렇게 적지 않았습니까? '내가 어딜 가든, 나는 내 유년기의 우물로부터 물을 길으리라. 내 갈증의 이름은 어디에서나 동일하다.'"

육체는 죽음과 함께하려 하고, 영혼은 삶과 함께하려 한다.

사라는 말했다. "유켈은 내가 없는 땅을 원치 않으리라."
유켈은 말했다. "그대의 마음을 사로잡은 초고草稿는, 세상의 거짓말입니다.
사라, 나는 내 참말을 외칩니다."

　　　　〔"천 곳의 장소들을, 단 한곳이 포괄한다. 그곳은 장소 아닌 장소로서의, 면소免訴. 그대는 그곳에 거주하며, 그곳은 그대의 조국이다."

　　　　　　　　　　　　　　　　• 렙 아쏘르

　　　　"그대는 보았다. 그대는 본다. 그대는 볼거리를 준다. 그대는 사람이다."

　　　　　　　　　　　　　　　　• 렙 다미다

　　　　"그대는 벌거벗었다. 그대는 밤이다.
　　　　오 내 사랑아, 곧 볕이 날 것이다.
　　　　우린 더는 존재하지 않으리라."

　　　　　　　　　　　　　　　　(유켈의 수첩)〕

("그대는 무척 많은, 무척이나 많은 몸짓을 사용한다. 그대의 문장은 형용사들이 심긴 산책로다."

• 렙 알레

"그대는 그대의 성안에 있으며 어디에도 없다. 나는 여기 사막 안에 있다."

• 렙 베이야보

"영상 안의 영상, 포장을 합해 무게가 재어진 달걀. 그렇게 날개를 구할 수 있는 것은 단어뿐이다."

• 렙 아바브)

"광대한 침묵이 인간을 그의 동포들로부터 갈라놓는다. 우린 나지막이 이야기한다고 생각하지만, 실은 절규하고 있다.

이따금 나는 불시에 모든 간격이 사라지게 된다면 무슨 일이 벌어질 것인지 자문해본다. 그럼 오래 지나지 않아 우린 청각을 상실하게 될 것이다. 그리고 만약 푸른 하늘과 그림자가 사라지게 된다면 무슨 일이 벌어질까? 그럼 서로서로에게 용접된 별들이 하늘의 불타는 천정을 이루게 되리라. 태양은 홀로 날을 이루게 될 것이고, 우린 불길 속에서 스러지리라."

• 렙 베앙

("정당한 보상. 그림자의 초석을 위하여, 낮은 스스로 밤이 된다. 그러면 모든 별들이, 따로따로, 돋보이게

된다."

• 렙 데미바)

그리고 유켈은 이렇게 말했다.

사라의 광기는 렙 베이야보의 광기의 자매이며, 사라의 무구함은 렙 아쏘르의 무구함의 자매다. 지혜의 정부情婦는 조화다. 혼돈은 벌어진 상처다. 모든 성찰의 매개는, 바다다.

만약 신심 깊은 그대의 형제가 내 믿음의 오만 때문에 성을 낸다면, 그에게 뜨거운 악수로 화답하라. 한때나마 우릴 묶어주었던, 뜨거운 악수로.

  (**"모든 것의** 끈질긴 존속 안에서, 마침내 다시금 **아무것도 아닌 것이** 되기."

• 렙 아베마요르)

예리코, 장미의 성채여. 일주일 동안 우린 우리네 죽은 꽃줄기들에 숨을 불어가며 네 향기에 감싸여 있었다. 이구동성의 울부짖음이 네 꽃잎들을 뜯어내었다. 그러고 나서, 너와 함께, 박탈에서 흘러나온 진액을 마시고 우린 다시 태어났다.

거절과 피난처

"사라, 우린 책의 한 페이지에 종속된 힘 속에서 살 겁니다."

(유켈의 수첩)

"책을 파괴하지 마라. 두 삶이 그곳을 피난처로 삼고 있다."

(유켈의 수첩)

1

렙 자셰르는 이렇게 썼다.

"별들이 뛰어넘을 수 없는 간격 속으로 도피하듯, 우린 거절 속으로 피난을 간다. 그렇게, 우린 우리의 반짝임 속에서 결코 도달할 수 없는 존재가 된다."

유켈은 이렇게 말했다. "그리고 그들은 자신들이 죽음 안으로 나아가고 있음을 깨달았다. 그들이 향하고 있던 죽음은 그들을 기다리고 있던 죽음이 아니라, 예전에는 그들의 뒤에 서 있던 죽음이었다. 그것은 태어남과 동시에 죽어버린 세상의 죽음, 영영 입을 다물어버린 말의 죽음이었다. 그들은 눈이 먼 채로, 다음 피난처를 향해 나아갔다. 그곳에서 그들의 육신은, 잿더미 앞에 유기될 터였다. 그러나 그들이 앞으로 어떤 일을 겪게 되든 무슨 상관이랴. 그들 안의 죽음이 그들을 죽음으로부터 보호하고 있었다. 그들에게는 이해받은 영혼의 출중한 용기가 있었고, 그들의 발걸음은 땅에 리듬을 부여하고 있었다. 그들은 누구였는가? 그들의 이름에 더는 어떤 의미도 없었다. 그들은 함께 모여 **이름**이었고, **유일한 자**였다. 서로의 시선이 마주칠 때 그들은 미소를 지었다. 그들 모두는 같은 얼굴이기 때문이었다.

아! 언젠가 당신 역시도 그들을 제거하고자 했었다. 하지만 그들은 당신의 고문과 당신 가마의 불길을 견뎌내고 살아남았다. 그들은 당신의 손에 죽는다는 것에 대한 거절로 나아간다. 그들의 죽음은 신의 죽음이고, 별에 홀린 눈물 속에서 부활한 우주의 죽음이다.

그리고 그들 가운데 사라와 유켈이 있다. 한 권으로 묶인 두 권의 책처럼."

2

렙 앙라가 말했다. "주님께서는 주님께 헌신하신다. 그분께서는 인간을 거절하신다. 그렇게, 주님의 영원성은 거절 속에 있다."

"인간은 주님에 대한 사랑 속에서 인간에게 헌신하지 않는가?"

렙 앙라는 이렇게 말을 이었다. "사랑 속에서가 아니라, 눈부신 **부재** 속에서 그러하다. 아침에는, 오직 주님만이 보실 수 있다."

"인간은 신의 시선 속에서 인간을 향해 나아가지 않는가?"

"**아도나이**께서는 **아도나이**를 바라보고 계신다. 인간은 **그분** 자신의 영상 위로 고정된 **주님**의 시선 속에서 움직인다."

그렇게 삽과 우물은 큰 강 속 동일한 하나의 돌이다.

> (렙 바디에는 이렇게 말했다. "주님, 당신께서는 제 심장을 뛰게 하십니다. 그리고 당신께서는, 제가 그 속에서 헛되이 제 이름을 찾고 있는 책의 책장을 넘기십니다.
> 한 번만 제 이름을 불러주소서, 그리하여 제가 살 수 있도록."
> 그러나 렙 팽아는 그에게 이렇게 답했다. "그대는 침묵이 이름의 검은빛을 지운다는 것을 모르는가? 아! 바닷속에 잠기도록 하라, 그러면 그대는 누군가가 그대를 부르고 있음을 알게 되리라."
> 어느 날, 렙 바디에는 이렇게 물었다. "누가 나를 부르고 있는가?"
> 그에게 렙 팽아는 이렇게 답했다. "그대를 부르는 것은 그대 자신이다. 주님께서는 그대 안의 연안, 그분의 지고한 목소리의 강변에서, 절명하신다.")

렙 세리아는 이렇게 썼다. "죽음은 보이지 않는 삶이며, 곧 주님의 삶이다. 지고의 거절인 침묵은 **그분**의 왕국이다. 그러므로 관자놀이와 손목의 맥박은 모두 시간에 대한 도전, 하나의 동일한 도전이다."

사라, 그대 두 손을 열어다오. 나는 그 안에 내 머리를 잠기게 하리라. 그림자와 빛은 하나의 긴 애무가 될 것이고, 나는 그대 삶의 비로드 안에서 표류하리라.

그리고 사라는 이렇게 말했다.

"유켈, 그대와 함께할 때, 여행은 곧 언어입니다."

땀 구슬들

("흘러내리는 땀방울은 어찌나 고여 있던지, 우리에게
는 그것이 샘처럼 보였다."

• 렙 베타

"목소리는 얼굴을 원한다.

우리가 그 얼굴 속에서 더는 아무것도 보지 못할 얼
굴을.

달이 없는, 오 무거운 밤이여."

(유켈의 수첩)

"그대의 차례가 되어, 그대도 망명길에 올랐다.

아 그대는 혼자가 아니었다. 그렇게 그대는 홀로 나아
갔다."

• 렙 제씨아

"내가 떠나는 땅이여,

삶의 모든 소금은

훗날 나를 죽게 만들

추억 속에 있다.

닻에 의해 붙들린 배처럼,

나는 바닥에 매여 있다.
물은 내 단말마다."

• 렙 세코트)

구릿빛 가슴팍에 맺힌 구슬땀들처럼, 내 작품 세계에서는 갈증이 빛난다. 나는 새벽빛으로부터 떼어낼 수 있을까, 써야 할 페이지를, 암반수보다 더 시원한, 신중함이 담긴 단어들로, 식혀야 할 페이지를?

죽음에는 그림자의 상냥함이 있다. 갈증은 제 침상에 만족한다.

밤이 펼쳐지는 동안 나는 글을 쓴다.

그렇게, 책의 보이지 않는 형태는 주님의 읽을 수 있는 몸이다.

불 속에서, 말은 석탄재다.

신의 없는 나비, 죽음은 제 흡관 속에 머무른다.

나는 바람의 뒤를 따라 걷는다. 그러면 숨 막힌 단어들의 절규는 내 발걸음에 밟히는 약간의 먼지일 따름이다.

이제 책은 완결되었다. 책의 교훈은 세 차례 반복되었다. 밤은 그 안에 있다, 계속해서.

나는 망각의 의지로부터 길을 떠났고, 공空은 내게 길을 내어주었다. 그러한 만큼, 우리가 자신의 뿌리 밖에서 다시 푸르러질 수 없다는 것은 확실하다.

내 쓰러진 나무들의 말라붙은 가지들. 숲은 제 넘쳐나는 생명력을 믿는다.

수평선 너머를 향한 충심,

뱃머리의 정열로 내 배는 대양을 가른다, 새가 높이 날아오르면서 옮겨놓는 바다를.

모든 도주의 유동성,

물은 스스로를 비틀고, 뛰어오르고, 흐른다.

나는 그대가 담겼던 시선이 죽어가는 것을 바라본다.

> ("모래사장에 둘러앉아, 우린 자신만만한 토론을 벌였었다. 길이 우릴 갈망한다. 그렇게 길은 사라진다. 밤에게는 그림자 하나로 족하다. 낮에게는, 미나리아재비 한 포기로 충분하다. 잉크는 공간을 글자로 바꾼다. 그대는 대지의 조각난 기다림 속에서 대지 위에 흔적을 남길 것이다. 그대는 하늘의 흩어진 불가능성 속에서 하늘에 흔적을 남길 것이다. 풀 또는 모래의, 창공 또는 구름의 장방형. 햇빛은 펜대이다. 그 안에 잉크를 가득 채워 넣는 것은 밤이다."
>
> • 렙 아달)

말의 운명은 우리 정념의 운명이다. 작가는 주님의 무한한 고독 속에서 끝없이 자문한다. 작가는 주님에게서 생기 없는 몸짓을 물려받았다. 매번, 신의 몸짓을 되살리는 일, 그러한 것이 빛에 대한 우리의 기여다.

우린 창조의 한가운데 있다. 우린 **모든 것** 안에는 없고, **부재**의 골수 내지 일렁임 안에도 없다. 우리와 함께하며, 우리에게 의지依支가 되어주는 것은 **아무것도 아닌 것**이다. 그것은 우리가 존재하고, 또 살아남기 위한 수단이다. 그리하여 우린 창조 행위 가운데서, 우리 자신의 초극에 이르기까지, 재생자再生者인 **모든 것**을 마주한 **아무것도 아닌 것**이다.

책에게서 쫓겨나고 책에게서 요구되는 책이여. 내가 그것의 성찰이자 고통이었던 말은 깨닫는다, 진정한 장소는 주님께서 머무르시는 면소免訴임을. 장소 아닌 장소인 그곳에서, 존재하고 있지 않으며 결코 존재한 적도 없다는 사실에 의해, 주님께서는 반짝이신다. 따라서 **엘로힘**에 대한 모든 해석과, **아도나이**에 대한 모든 접근은 다만 개인적인 것일 수밖에 없다. 모든 법은 개인적인 법일 수밖에 없으며, 모든 진리는, 그 진리가 우리에게서 끌어내는, 절규 속 외로운 진리일 수밖에 없다. 그리고 이는 공인된 진리의 전달 가능성 안에, 공통되고 완결된 법의 전달 가능성 안에 있다.

작품의 본능, 무류無謬의 후각. 렙 가브리아는 그의 깃털 펜을 사냥개의 코에 빗대지 않았던가?

작품은 우리에게 제 선택을 강요한다. 작가는 이를 한참 나중에서야 의식한다. 작품의 선택이 담대하다고 해서, 작가가 그 담대함을 자기 것이라고 주장할 수 있을까?

죽음은 이 세계에 속한다. 그러므로 우린 식물과 함께, 낮과 함께, 여기 우리들의 행성 위에서 죽음을 경험하게 될 것이다.

내가 어딜 가든, 밤이 날 앞지른다. 그리고 그것은 자신들의 짧은 생 안에 있는 사라와 유켈이다. 그리고 그것은 시간 밑바닥에 있는 죽은 시간이다.

—내가 어딜 가든,

그들의 눈물 속이든,

그들의 심장 안이든—

아! 태양은 불안한 창백함 속에 있는 나를 습격하리라.

그렇게 된다면 나는, 영영 그림자의 의식일 수밖에 없는 노릇일까?

그러나 그럼에도 불구하고,

나는 내가 글쓰기라는 수정 안에서 살아간다는 확신이 있다. 글쓰기의 광채, 나는 그것을 내 맘껏 끌어안을 수 있다. 우주는 내 안에 있고 나는 그 우주 덕에 존재한다.

책의 처음 몇 문장에 사로잡힐 적에, 나는 알았던가, 책이 나를 문간에서 문간으로 이끌며 죽음의 여름까지 데리고 갈 것임을?

그렇게, 영원의 손에 의해 덧없는 일상에게서 등 돌리는 미래, 그러한 미래를 위해 과거는 과거의 변모들 속에 참여한다.

애매함 위에 건물을 지을 수는 없다.

오직 화강암만이 적절하다.

파리는 과거의 영화를 먹고산다. 길목 길목의 눈망울마다 뿌연 몽상이 맺혀 있다. 미친 새들의 그림자처럼, 행인들은 서로 얽히고 또 떨어진다.

청명한 가을 아침, 태양은 땅을 살피고, 대기는 다갈색에 물든다. 사라와 유켈의 이야기는 불행한 연인들의 입술 위에 머문다. 그들은 순간이 순간을 꽃피우는, 영육의 봄을 알게 되었음에 미소 지었다. 그들은 폭풍우가 해변을 쓸어가는 것을 보았음에 눈물 흘렸다.

아! 살갗 아래에도, 연인의 어루만짐이 닿으면 좋으련만! 뼈와 피마저를 쓰다듬을 수 있다면 좋으련만!

파리는 하얗다. 파리는 파리의 흼 속에서 파리로 돌아간다. 파리의 건물들이 다시 한번 시간을 마비시킨다.

5년 전, 여기, 오데옹 사거리에서, 유켈은 내 앞에 나타났었다. 나는 막 외출한 참이었다. 집을 나와 몇 걸음 떼지도 않았을 때, 그는 이미 내 곁에 있었다. 누가 누구에게 먼저 말을 걸었는지는 기억나지 않는다. 우린 나란히 걸어갔다. 우린 두 숨결이었고, 두 메아리였다. 우린 오래전에 중단되었던 대화를 이어나가는 듯한 기분이었다. 그리하여 간격에 의해 버려진, 우리들의 문장은, 옛 질서 아래 다시금 복속

되어, 한 문장 한 문장씩 침묵의 다른 쪽 끝에 새겨지고 있었다.

그 이래로, 경청되고자 하는 포부를 갖고, 우리 두 사람을 대체하게 된 저 등장인물들은 대체 누구란 말인가? 그들을 사막의 책에서 파낸 것은 나인가?

사라는 길가의 포도다. 우리의 현자들은 죽은 바다와 올리브의 나라, 독수리와 전갈의 왕국에서 살았다. 그들은 우리에게 그들의 노래와 오열을 물려주었다.

쓴 물과 검은 과실이 사라의 연인을 죽음으로 내모는 동안, 전갈은 그녀의 눈길을 찔렀고, 독수리는 그녀의 이마를 파먹었다. 한 나라 전체가 악착스레 그들을 쫓았다.

잔인한 이스라엘, 그러나 또한, 금세 환대하는 이스라엘. 충성스러운 하녀가 들어올린 은쟁반처럼, 우리들의 탄식과 희망이 들어올린 조국. 내 책의 말들은 조국의 자비로운 기질 위에 자리를 잡는다. 둥글게 모여 앉은 개척자들과 초대받은 자들, 학인들과 예언자들이여, 그대들은 차례대로 내 말들을 마실 것인가?

잔인한 이스라엘, 사람의 팔과 허리가 감당하기 힘든 노동을 요구하는 불운의 밭이여.

오렌지 나무가 달래는 땅이여.

우린 그 줏대가 바람마저를 궁지에 몰아넣는, 상처 입은 미덕의 귀감이요 엄격함이다.

나는 피난처에 머무르지 않으리라.

나는 주님께서 선택하시는 지구상의 모처를 맴돌며 예언의 증인으로 남으리라.

나는 그대의 산맥 아래에서 여름 이삭이 흔들리는 동안, 물의 방문을 받은 젖은 모래가 무거워지는 동안, 계속해서 침묵과, 울부짖음으로 남으리라.

나는 알갱이 하나하나가 조그만 거울을 이루는, 파괴할 수 없는 무
無의 기억을 통해 사막을 이야기하였다.

내 형제들에게 낯선 이로서,

나 자신에게 낯선 이로서,

또한 세상 사람들에게 낯선 이로서,

책이 규제하는 운명 속에서.

> (렙 가바르는 이렇게 지적했다. "태양은 한 소녀가 지구
> 주위로 굴리고 있는 불타는 굴렁쇠다. 지금껏 누구도 그
> 소녀를 발견하지 못했으나, 그녀는 백주 대낮을 달리며
> 놀고 있다."

> "그대가 그림자에게 질문을 던진다면, 그림자는 밤의
> 활로써 그대에게 답할 수 있다. 그러면 그대는 화살처럼
> 날아드는 새로운 별들을 마주해야 하리라."
>
> • 렙 레레)

오 죽음이여, 질문을 던지는 탐색이여!

그리고 유켈은 이렇게 말했다.

"저기 방이 있다. 저기 침대와, 탁자와, 벽과, 지붕이 있다.

그리고 저기에, 사라가 살고 있었다.

그리고 저기에, 유켈이 살고 있었다.

저기 사라와 유켈의 방에는, 그들의 거처에는 현실이 있다.

거리에, 수용소에, 그리고 사라를 맞이했던 정신병원에 현실이 있

는 것과 마찬가지로.

책 속에서, 현실은 스스로의 정체를 알게 되고 또한 드러낸다. 현실의 정체는 소집된 단어 속에 자리하고 있는 현실 밑바닥에서, 우리가 현실 자신과 더불어 대면하게 되는 눈에 보이는 비현실이다.

> (*"만약 풀이 삶의 질문이라면, 모래는 아마도, 그에 대한 답이 되었으리라. 그리고 나는 내 생애를 사막을 괴롭히는 데 바쳤으리라."*
>
> • 렙 미트리)

그리고 책은 마무리되었다, 본질적인 세 질문을 담은 페이지를 삽입함으로써 말이다.

그렇게 그것은 책이었다. 세계와 사과의 둥긂은 나로 하여금, 간혹 원죄라는 것은 다만 신성한 조화에 대한 분별없는 탐구가 아니었을까 하는 생각을 하게 하였다. 책은 그러한 세계와 사과의 영상을 본뜬 것이었다. 책은 손안에서 그리고 단어 안에서 우주가 된다. 그것은 쓰인 것을 이야기하고, 읽힌 것을 창조한다.

그렇게 그것은 책의 영원한 시작이었다. **주님**께서 **기호**로 머무르시는, 스스로의 의식적인 엄격함과 자유로움 속에서, 책은 영원히 다시 시작된다.

눈을 훈련하는 것은 이상이 될 수 없다. 나는 언제나 이해와 사랑에 대한 알 수 없는 욕망에 떼밀려, 보다 먼 곳을 바라본다. 보다 먼 곳에서 나는 내 새로운 출발지점을 찾게 되는 것이다. 만약 내 모든 나아감이 기원으로의 운명적 회귀라고 한다면, 대체 내가 생각하는 나의 목적지가 무슨 상관이랴. 우린 결코 우리 자신의 발걸음을 넘어서지 못한다.

이미 언급한 바 있는, 회전식 양수기에 매인 암물소에 관한 기억이 내 머릿속을 떠나지 않는다.

나는 누군가에게 마실 것을 내어주었던가? 오직 갈증만을 알고 있던 나,

내가 없는 나,

몇 문장으로 그 삶이 요약될 수도 있을, 이 유켈 세라피는?

나의 운명은 스스로 원한 밤 속에 짓눌린 저 짐승의 운명이었다.

나는 내 작품들이 나의 세 횃불이 되기를 바라며,

내 주인공들의 심장과 동조하여 뛰기를 멈춘 내 심장이, 그들의 것과 마찬가지로 주어진 낱장 가까이서 흥분을 가라앉히고 얼어붙기를 바란다.

인간은 존재하지 않는다. 주님께서도 존재하지 않는다. 오직 세상이 존재할 따름이다. 주님과 인간을 통하여, 펼쳐진 책 속에서.

지은이 **에드몽 자베스**

1912년 이집트 카이로에서 유대인 은행가의 아들로 태어났다. 국적은 이탈리아였으나, 문화적으로 프랑스어권에 속한 가정에서 자랐다. 이집트의 프랑스 학교에서 교육을 받았고, 보들레르와 말라르메의 시와 프랑스 초현실주의자들의 저서를 탐독하며 문학의 꿈을 키워갔다. 1929년에는 이집트의 초현실주의자 조르주 에넹과 함께 출판사 '모래의 못'을 설립한다. 1930년에 첫 작품집인『감정적인 환영들』(*Les Illusions Sentimentales*)을 발표한 이래, 활발한 문필 활동을 이어가며 프랑스 문단과도 교류하게 된다. 1934년과 1941년에는 각각 '파시즘과 반유대주의에 반대하는 청년 모임' '파시즘에 반대하는 이탈리아인 모임'을 창설하여 정치 활동을 펼치기도 한다. 자베스는 제2차 중동전쟁의 여파로 1957년 이집트에서 추방되었다. 평생을 고향으로 알고 살아왔던 이집트에서 단지 유대계라는 이유로 추방당해야 했던 것이다. 자베스는 가족과 함께 파리로 망명했고, 1967년에는 프랑스로 귀화한다. 이집트인으로서의 정체성을 갖고 있던 자베스는 아이러니하게도 이 추방을 통해 유대인의 정체성에 눈뜨게 되었고, '사막에서 책으로' 나아가게 된다. 오랜 세월 나라 없는 민족으로 살아온 유대인들에게 있어, 유일한 거처는 두문자가 대문자로 표기되는 거룩한 '책'뿐이었기 때문이다. 자베스의 대표작으로는『질문의 책』(*Le Livre des Questions*),『닮음의 책』(*Le Livre des Ressemblances*),『환대의 책』(*Le Livre de l'hospitalité*) 등이 있다. 박해받는 민족이자 '책'의 민족인 유대인에 관해 깊이 사유한 작가인 에드몽 자베스는, 파울 첼란 및 프리모 레비와 더불어 대표적인 '아우슈비츠 이후의 작가'로 거론된다. 1991년 파리에서 사망했다.

옮긴이 **이주환**

서울대학교 불어불문학과에서 학사와 석사 학위를 받았다. 2016년부터 2018년까지 공군사관학교에서 불어 교관을 지냈으며, 이후로는 전문 번역가로 활동하고 있다. 옮긴 책으로는『Y교수와의 대담』(2016),『자유 또는 사랑!』(2016), 『공교육에 관한 다섯 논문』(2018) 등이 있다.

HANGIL GREAT BOOKS **181**

질문의 책

지은이 에드몽 자베스
옮긴이 이주환
펴낸이 김언호

펴낸곳 (주)도서출판 한길사
등록 1976년 12월 24일
주소 10881 경기도 파주시 광인사길 37
홈페이지 www.hangilsa.co.kr
전자우편 hangilsa@hangilsa.co.kr
전화 031-955-2000~3 **팩스** 031-955-2005

부사장 박관순 **총괄이사** 김서영 **관리이사** 곽명호
영업이사 이경호 **경영이사** 김관영 **편집주간** 백은숙
편집 박희진 노유연 최현경 이한민 김영길
관리 이주환 문주상 이희문 원선아 이진아 **마케팅** 정아린
디자인 창포 031-955-2097
CTP출력·인쇄 예림 **제책** 예림바인딩

제1판 제1쇄 2022년 12월 5일

값 38,000원

ISBN 978-89-356-6659-1 94080
ISBN 978-89-356-6427-6 (세트)

● 잘못 만들어진 책은 구입하신 서점에서 바꿔드립니다.

한길그레이트북스 인류의 위대한 지적 유산을 집대성한다

1 관념의 모험
앨프레드 노스 화이트헤드 | 오영환

2 종교형태론
미르치아 엘리아데 | 이은봉

3·4·5·6 인도철학사
라다크리슈난 | 이거룡
2005 『타임스』 선정 세상을 움직인 100권의 책
『출판저널』 선정 21세기에도 남을 20세기의 빛나는 책들

7 야생의 사고
클로드 레비스트로스 | 안정남
2005 『타임스』 선정 세상을 움직인 100권의 책
2008 『중앙일보』 선정 신고전 50선

8 성서의 구조인류학
에드먼드 리치 | 신인철

9 문명화과정 1
노르베르트 엘리아스 | 박미애
2005 연세대학교 권장도서 200선
2012 인터넷 교보문고 명사 추천도서
2012 알라딘 명사 추천도서

10 역사를 위한 변명
마르크 블로크 | 고봉만
2008 『한국일보』 오늘의 책
2009 『동아일보』 대학신입생 추천도서
2013 yes24 역사서 고전

11 인간의 조건
한나 아렌트 | 이진우
2012 인터넷 교보문고 MD의 선택
2012 네이버 지식인의 서재

12 혁명의 시대
에릭 홉스봄 | 정도영·차명수
2005 서울대학교 권장도서 100선
2005 『타임스』 선정 세상을 움직인 100권의 책
2005 연세대학교 권장도서 200선
1999 『출판저널』 선정 21세기에도 남을 20세기의 빛나는 책들
2012 알라딘 블로거 베스트셀러
2013 『조선일보』 불멸의 저자들

13 자본의 시대
에릭 홉스봄 | 정도영
2005 서울대학교 권장도서 100선
1999 『출판저널』 선정 21세기에도 남을 20세기의 빛나는 책들
2012 알라딘 블로거 베스트셀러
2013 『조선일보』 불멸의 저자들

14 제국의 시대
에릭 홉스봄 | 김동택
2005 서울대학교 권장도서 100선
1999 『출판저널』 선정 21세기에도 남을 20세기의 빛나는 책들
2012 알라딘 블로거 베스트셀러
2013 『조선일보』 불멸의 저자들

15·16·17 경세유표
정약용 | 이익성
2012 인터넷 교보문고 필독고전 100선

18 바가바드 기타
함석헌 주석 | 이거룡 해제
2007 서울대학교 추천도서

19 시간의식
에드문트 후설 | 이종훈

20·21 우파니샤드
이재숙
2005 서울대학교 권장도서 100선

22 현대정치의 사상과 행동
마루야마 마사오 | 김석근
2005 『타임스』 선정 세상을 움직인 100권의 책
2007 도쿄대학교 권장도서

23 인간현상
테야르 드 샤르댕 | 양명수
2007 서울대학교 추천도서

24·25 미국의 민주주의
알렉시스 드 토크빌 | 임효선·박지동
2005 서울대학교 권장도서 100선
2012 인터넷 교보문고 MD의 선택
2012 인터넷 교보문고 MD의 선택
2013 문명비평가 기 소르망 추천도서

26 유럽학문의 위기와 선험적 현상학
에드문트 후설 | 이종훈
2005 서울대학교 논술출제

27·28 삼국사기
김부식 | 이강래
2005 연세대학교 권장도서 200선
2012 인터넷 교보문고 필독고전 100선
2013 yes24 다시 읽는 고전

29 원본 삼국사기
김부식 | 이강래

30 성과 속
미르치아 엘리아데 | 이은봉
2005 『타임스』 선정 세상을 움직인 100권의 책
2012 인터넷 교보문고 명사 추천도서
『출판저널』 선정 21세기에도 남을 20세기의 빛나는 책들

31 슬픈 열대
클로드 레비스트로스 | 박옥줄
2005 서울대학교 권장도서 100선
2005 연세대학교 권장도서 200선
2008 홍익대학교 논술출제
2012 인터넷 교보문고 명사 추천도서
2013 yes24 역사서 고전
『출판저널』 선정 21세기에도 남을 20세기의 빛나는 책들

32 증여론
마르셀 모스 | 이상률
2003 문화관광부 우수학술도서
2012 네이버 지식인의 서재

33 부정변증법
테오도르 아도르노 | 홍승용

34 문명화과정 2
노르베르트 엘리아스 | 박미애
2005 연세대학교 권장도서 200선
2012 인터넷 교보문고 명사 추천도서
2012 알라딘 명사 추천도서

35 불안의 개념
쇠렌 키르케고르 | 임규정
2012 인터넷 교보문고 필독고전 100선

●한길그레이트북스는 계속 간행됩니다.